현용수의 쉐마교육시리즈 24

제2의 이스라엘 민족
한국인

〈부제: 한국인과 유대인의 유사점 107가지〉

현용수 지음

2020

IQ·EQ 박사 현용수의 유대인 자녀교육 총서 ㊵
쉐마교육 시리즈 24

제2의 이스라엘 민족 한국인
한국인과 유대인의 유사점 107가지〉

초판	1쇄 2020년 6월 30일	
지은이	현용수	
펴낸이	현용수	
펴낸곳	도서출판 쉐마	
등록	2004년 10월 27일	
	제315-2006-000033호	
주소	서울시 강서구 공항대로71길 54	
	(염창동, 태진한솔아파트 상가동 3층)	
전화	(02) 3662-6567	
팩스	(02) 2659-6567	
이메일	shemaiqeq@naver.com	
홈페이지	http://www.shemaIQEQ.org	
총판	한국출판협동조합(일반)	
	생명의말씀사(기독교)	

Copyright ⓒ 현용수(Yong Soo Hyun), 2020
본서에 실린 자료는 저자의 서면 허가 없이 복제를 금합니다.
Duplication of any forms can't be published without written permission.

ISBN 978-89-91663-81-7

값 25,000원

도서출판 쉐마는 무너진 교육을 세우기 위한 대안으로
인성교육과 쉐마교육의 원리와 실제를 연구하여 보급합니다.

Biblical Jewish Shema Educational Theology Series 24

Mustard Seed Nations: How God Used Small Nations For His Purpose

<107 similarities between Koreans and Jews>

By
Yong Soo Hyun (Ph. D.)

Presenting
Modern Educational Problems
and It's Solution

2020

Shema Books
Seoul, Korea

①

대한민국의 애국가는 원래 찬송가였다. 사진은 윤치호가 1908년 발행한 노래집 '찬미가'. 찬미가 제14장이 현재의 애국가와 거의 비슷하다. 건국의 아버지 이승만 대통령은 건국 초기에 한국을 기독교입국으로 목적을 정했다. 이는 한국과 이스라엘이 신본주의 국가라는 점에서 유사하다.

유대인의 절기는 그들의 고유 민속적인 전통과 사고방식, 즉 그들의 논리적인 수직문화를 형성하는 데 결정적인 역할을 했다. 뿐만 아니라 전통적인 의식주생활은 물론 신본주의 사상, 민속 문학, 일상적인 의례 및 민속 예술 등을 형성하는 데 가장 중요한 역할을 했다. 사진은 하누카 유월절 초막절 오순절 심핫토라 및 로쉬하쉬나(신년) 절기를 지키는 데 필요한 도구들. 이 도구들은 각 절기의 내용을 상징한다

한국인의 절기도 한국인의 수직문화를 형성하는데 결정적인 역할을 했다. 사진은 추석에 마을에서 주민들이 강강수월래 춤을 추는 모습

한국인과 유대인은 여성교육이 유사하다. 순결을 강조한다. 온 몸을 가리는 옷을 입는다. 모성애가 강하다. 눈물로 기도한다. 등등.

사진은 여름인데도 온 몸을 가린 옷을 입고 하나님에게 기도하는 유대인 어머니(상)와 한국인 어머니(하)의 모습. 두 어머니의 어린 딸들은 어려서부터 어머니의 기도 모습을 보며 자라야 커서 어머니가 된 후 기도하는 어머니가 된다.

그런데 현대 한국의 어머니들은 새벽기도에 자녀들을 데리고 가지 않는 것이 문제다.

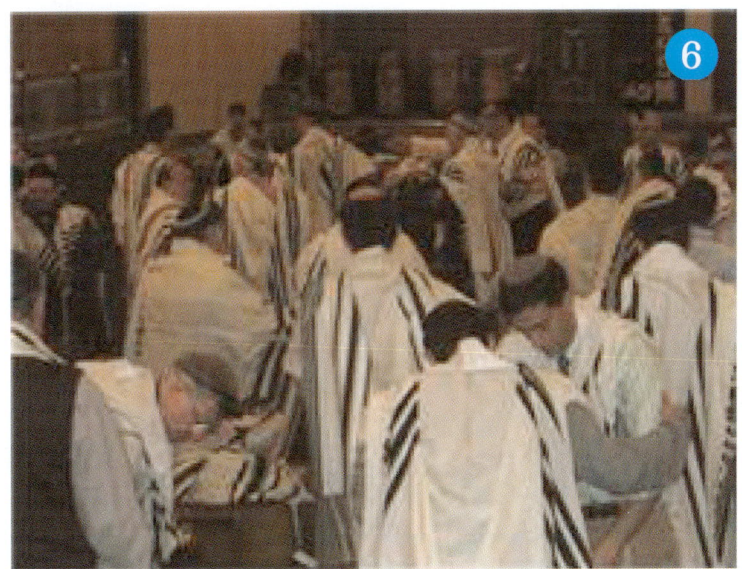

유대인 남자들이 회당에서
흰 기도복(Tallit)을 두르고
새벽기도를 하는 모습

한국인 남자들도 흰 옷을 좋아한다. 흰 옷은 순결을 상징한다. 사진은 공동체 행사에 참석한 흰 옷을 입은 한국인 남자들

한국인과 유대인은 무궁화를 사랑한다. 사진은 뉴욕 예시바대 박물관이 소장한 실크 위에 자수한 그림. 이스라엘 국기와 국가(國歌)가 무궁화 꽃 위에 놓여져 있다.

한국 대통령의 권좌를 수호하는 두 마리 봉황의 문장(하)은 유대인의 성막 안에 있는 속죄소의 그룹(상)과 유사하다. 이스라엘의 샤론의 꽃과 속죄소는 예수님을 상징한다. 한국의 국화 무궁화는 샤론의 꽃과 유사하다.

사진에서 보듯이 두 그룹이 마주 보며 속죄소를 수호하듯이(상), 두 봉황이 마주보며 예수님을 상징하는 무궁화를 수호한다는 것(하)이 얼마나 성경적인가! 참고로 중국의 상징은 붉은 용, 즉 성경적으로 사탄이다. 한국이 초강대국의 영향 하에서도 그들의 용을 닮지 않았다는 것은 하나님의 은혜다.

차 례

칼라 화보 · 4

저자 서문: 《제2의 이스라엘 민족 한국인》
〈부제: 한국인과 유대인의 유사점 107가지〉를 펴내며 · 21

IQ-EQ 총서를 펴내며: 무너진 교육의 혁명적 대안을 찾아서 · 30

서 평

- 본서를 읽으며 놀라운 사실들이 우리 역사에 존재했다는 것을 알았다 · 40
  - 정지웅 박사 / 김지자 박사 공동 서평 (서울대학교 명예교수/서울교육대학교 명예교수)
- 세계선교의 비전과 사명을 구현하는, 새로운 선교신학적 역작이다 · 46
  - 김진섭 박사 (구약학, 백석대학교평생교육신학원 학장)
- 왜 하나님께서 한민족을 이스라엘 민족처럼 사용하시는지에 대한 탁월한 분석 · 48
  - 이현국 박사 (부산 해운대 운화교회 담임목사)
- 한국인과 유대인의 유사점을 일맥요연하게 정리한 것은 저자만이
  지닌 특별한 지혜입니다 · 52
  - 안병만 박사 (열방교회 담임)
- 유대인 생존의 비밀을 정확히 지적: 토라와 탈무드 가정 교육 · 55
  - 랍비 마빈 하이어 (로스앤젤레스 예시바 대학교 학장)

제1부
선민 측면에서 본 유대인과 한국인의 유사점

제1장 서론: 왜 한국인과 유대인의 유사점 연구가 필요한가

I. 문제제기: 한국인과 유대인의 유사점을 연구하는 것은 왜 선민의 조건을
연구하는 것인가 〈한민족은 왜 제2의 이스라엘 민족인가〉 · 62

II. 연구의 조건: 한국인과 유대인의 차이점 · 66

제2장 지리와 역사적 측면에서 본
한국과 이스라엘의 유사점

첫째, 한민족(韓民族)과 유대민족은 동양의 셈족의 후손이다 · 70

둘째, 한국과 이스라엘은 지리학적으로 초강대국에 둘러싸였다 · 71

셋째, 한민족과 유대민족은 미천한 약소민족이다 · 73

넷째, 한국인과 유대인의 고난의 역사가 유사하다 · 75

다섯째, 한국과 이스라엘은 초강대국에 흡수당하지 않았다 · 76

여섯째, 한국과 이스라엘은 남과 북이 갈라졌던 분단 국가였었다 · 77

일곱째, 한국과 이스라엘은 타국을 침공하지 않았다 · 78

여덟째-열두 번째, 한국과 이스라엘 건국에 대한 간단한 유사점 5가지 · 79
    여덟째, 두 나라의 건국일이 거의 유사하다
    아홉째, 두 나라 모두 타력의 힘으로 독립했다
    열 번째, 두 나라 독립에 도움을 주었던 영국과 미국은 기독교 국가였다
    열한 번째, 두 나라 모두 유엔이 인정한 합법 정부다
    열두 번째, 두 나라 모두 위대한 건국의 아버지가 있었다

열세 번째, 한국과 이스라엘은 고난의 건국 과정이 유사하다 · 81
    A. 김구의 애족(愛族)은 사실이지만, 애국(愛國)은 실체가 없었다
        A박사의 문제제기7:
        현용수의 반론7:
    B. 국부 이승만 박사의 두 가지 위대한 특징
        A박사의 문제제기8:
        현용수의 반론8:

열네 번째, 한국과 이스라엘은 건국 후 70년 동안 계속 적의 도발에 시달린다 · 87

열다섯-열일곱 번째, 한국인과 유대인의 동족 사랑 유사점 3가지 · 88
　열다섯 번째, 한국인은 유대인처럼 애국애족심이 강하다
　열여섯 번째, 작은 나라지만 선민의식이 강하다
　열일곱 번째, 타민족과의 결혼을 부끄럽게 생각했다
　* 명사 특강: 영국 기자 마이클 브린이 본 대한민국의 우수성 · 91

제3장 가족의 가치와 제도 측면에서 본 한국과 이스라엘의 유사점

첫째-셋째, 한국인과 유대인의 가족의 가치 유사점 3가지 · 96
　첫째, 한국인과 유대인은 가문의 번성을 강조한다
　둘째, 한국인과 유대인은 가문의 혈통적인 족보와 명예를 귀중히 여긴다
　셋째, 한국인과 유대인은 장자권을 우대했다

넷째-열 번째, 한국인과 유대인의 아버지 권위와 기능의 유사점 7가지 · 98
　넷째, 한국인과 유대인은 가정에서 아버지가 머리다(부계사회)
　다섯째, 한국인과 유대인은 가정에서 아버지의 권위가 강하다
　여섯째, 한국인과 유대인은 아버지가 가정의 경제 의무를 진다
　일곱째, 한국인과 유대인은 아버지가 가정의 보호자다
　여덟째, 한국인과 유대인은 아버지가 가정의 인도자다
　아홉째, 한국인과 유대인은 아버지가 자녀의 교사다
　열 번째, 한국인과 유대인의 아버지는 힘, 권위 및 사상의 상징이다

열한-열아홉 번째, 한국인과 유대인은 여성교육이 유사하다 · 101
　열한 번째, 한국인과 유대인은 여성의 순결을 강조한다.
　열두 번째, 한국인과 유대인에게는 '남녀칠세부동석'이란 격언이 있다.
　열세 번째, 한국인과 유대인은 딸을 야하지 않은, 정숙한 미인으로 키운다.
　열네 번째, 한국인과 유대인 여성은 옷으로 온 몸을 가린다.

열다섯 번째, 한국인과 유대인은 여성의 예절; 고운말과 바른 몸가짐을 강조한다.
열여섯 번째, 한국인과 유대인 여성은 모성애가 매우 강하다.
열일곱 번째, 한국인과 유대인 여성은 사랑과 정서와 눈물이 많다.
열여덟 번째, 한국인과 유대인은 가정의 가사 일을 도맡아 한다.
열아홉 번째, 한국인과 유대인 여성은 기도를 많이 한다.

스무 번째, 한민족과 유대민족은 효사상이 투철하다 · 106
스물한-스물여덟 번째, 한국인과 유대인의 가정과 사회윤리, 삼강오륜이 유사하다 · 107

〈동양의 삼강(三綱)과 유대인의 유사점〉 · 107
스물한 번째, 한국인과 유대인은 신하는 임금을 섬기는 것이 근본이다
스물두 번째, 한국인과 유대인은 아들
스물세 번째, 한국인과 유대인은 아내가 남편을 섬기는 것이 근본이다

〈동양의 오륜(五倫)과 유대인의 유사점〉 · 108
스물네 번째, 한국인과 유대인은 임금과 신하 사이의 도리를 지킨다
스물다섯 번째, 한국인과 유대인은 부모와 자녀 사이의 도리를 지킨다
스물여섯 번째, 한국인과 유대인은 남편과 아내 사이의 도리를 지킨다
스물일곱 번째, 한국인과 유대인은 연령적 질서를 지킨다
스물여덟 번째, 한국인과 유대인은 친구 간에 신의를 지킨다

스물아홉 번째-서른두 번째, 한국인과 유대인의 양반교육, 신언서판 교육이 유사하다 · 112
스물아홉 번째, 한국인과 유대인은 예(禮)를 지킨다
서른 번째, 한국인과 유대인은 말에 거짓이 없는 신용을 지킨다
서른한 번째, 한국인과 유대인은 지혜의 글을 쓰게 한다
서른두 번째, 한국인과 유대인은 선악을 구별하여 악을 물리친다 (권선징악)

서른세 번째, 한국어와 히브리어의 '아빠'와 '엄마'가 유사하다 · 115
서른네 번째, 한민족과 유대민족은 일부 장례방식이 유사하다 · 116
서른다섯 번째, 한국인과 유대인은 아버지의 이름을 못 부른다 · 117

제4장 교육과 문화 측면에서 본
한국과 이스라엘의 유사점

첫째, 한국과 이스라엘은 교육 이념이 유사하다 · 120

둘째-셋째, 한국과 이스라엘의 교육의 목적과 양육방법 유사점 2가지 · 121
    둘째, 한국과 이스라엘은 교육의 목적이 유사하다
    셋째, 한국과 이스라엘은 자녀 양육에 '사랑의 매'가 있다

넷째, 한민족과 유대민족은 더불어 사는 공동체가 발달되었다 · 124
다섯째, 한국과 이스라엘은 평화를 사랑한다(인사법이 안녕과 샬롬) · 125
여섯째, 한민족과 유대민족은 흰옷을 사랑한다 · 126
일곱-여덟째, 한민족과 유대민족은 수염을 기르고 머리에 갓을 썼다 · 127
아홉-열 번째, 한국인과 유대인은 고유 1) 언어와 2) 문자를 소유했다 · 130
열한 번째, 한민족과 유대민족은 두뇌가 발달된 민족이다 · 130
열두 번째, 한민족과 유대민족은 '빨리 빨리'를 좋아하는 민족이다 · 132
열세 번째, 한민족과 유대민족은 교육열이 강하다 · 133
열네 번째, 한민족과 유대민족은 근면성이 유사하다 · 134
열다섯 번째, 한민족과 유대민족은 용기와 의지력이 강하다 · 135
열여섯 번째, 한민족과 유대민족은 절기를 철저히 지켰다 · 137

제5장 종교적 측면에서 본
한국과 이스라엘의 유사점

첫째, 한국과 이스라엘은 건국이념(경천애인)이 유사하다 · 148
둘째, 한국과 이스라엘은 하나님이 건국하셨다는 점이 유사하다 · 149
셋째, 한국인과 유대인의 조상은 하나님께 제사 드리는 제단을 쌓았다 · 152
넷째, 한국과 이스라엘은 악귀를 쫓는 방법이 유사하다 · 154
다섯째, 한국인과 유대인은 사랑하는 꽃이 성경적이다 · 155
여섯째, 한국 대통령 권좌의 문장은 이스라엘 지성소 안의 속죄소 그룹과 유사하다 · 157
일곱째, 대한민국의 애국가는 이스라엘 국가처럼 성경적이다 · 160
여덟째, 근현대 한민족은 영적 이스라엘이라 할만하다 · 164
아홉째, 한국과 이스라엘은 이데올로기 전쟁에 시달린다 · 165
열 번째, 한민족과 유대민족은 세계선교형 디아스포라가 많다 · 167
열한 번째, 종말론적 입장에서 이스라엘 회복운동의 시작과 한국 교회의
　　　　 태동이 동시대에 이루어졌다 · 168
열두 번째, 한국에 복음을 전한 최초의 선교사는 유대인이다 · 170
열세 번째, 최근 한국 교회가 유대인과 이스라엘에 관심이 많아진 것은
　　　　 종말론적 현상이다 · 175
　　　A. 한국인 기독교인 중에 이스라엘을 사랑하는 이들이 너무 많아졌다
　　　B. 한국인 기독교인 중에 이스라엘 선교사 지망이 많아졌다

열네 번째, 종말론적 입장에서 한국교회가 이스라엘 선교를 해야 하는 이유 · 179
열다섯 째, 한국과 이스라엘은 우상숭배를 하면 망한다 · 181
열여섯 번째, 한국과 이스라엘의 생존은 하나님께 의존할 때만 가능하다 · 182
〈생존의 비밀이 신본주의라는 점에서 한국과 이스라엘은 유사하다〉
　　　A. 이스라엘의 생존은 하나님만 의지할 때 가능했다
　　　B. 대한민국의 생존은 하나님만 의지할 때 가능했다

* 명사특강- 미국 선교사가 본 조선인: 갓을 쓰고 다니는 조선인 · 187

* 현용수의 선민 유머 · 189

제6장 경제발전 측면에서 본 한국과 이스라엘의 유사점

I. 서론: 악조건 속에서 성취한 한국과 이스라엘의 경제성장 · 192

  1. 한국과 이스라엘의 경제 발전의 악조건 비교 · 193

    A. 한국의 경제발전 조건이 이스라엘보다 어려웠던 것들 · 193

      첫째, 전쟁의 피해 면에서 · 193

      둘째, 세계화 면에서 · 194

      셋째, 경제적인 측면에서 · 195

      넷째, 인재(人才)면에서 · 196

      다섯째, 디아스포라적인 면에서 · 197

      * 기억합시다: 누가 이분들에게 '꼰대세대'라고 하는가! · 198

    B. 이스라엘의 경제발전 조건이 한국보다 어려웠던 것들 · 202

      첫째, 국토와 인구 면에서 · 202

      둘째, 국토의 환경적인 면에서 · 202

      셋째, 천연자원적인 면에서 · 203

      넷째, 영토 분쟁적인 면에서 · 203

      다섯째, 전투 횟수 면에서 · 204

      여섯째, 안보 면에서 · 204

  2. 2015년 대한민국의 세계적 위상 · 205

  3. 저자가 미국 현지에서 체험했던 한국의 경제발전 · 207

II. 한국 경제발전의 총 기획자 박정희 · 209

  1. 박정희, 왜 그가 위대한가 · 209

  2. 대한민국의 발전 과정, 박정희를 중심으로 · 212

    A. 박정희는 대일청구권자금을 어디에 썼나 · 212

B. 다른 나라들은 대일청구권 자금을 어떻게 썼나 · 213
　　　C. 박태준의 포항제철 건설 사업 성공 · 214
　　　D. 미국이 평가했던 일제 강점기의 조선왕국의 무능력 · 216
　　　E. 한심했던 거지 나라 지도자, 이승만과 박정희 · 217
　　　F. 미국에 거부당한 박정희는 독일에 구걸 · 219
　　　G. 독일을 방문한 박정희, 모두가 통곡했다 · 220
　　　H. 월남 파병이 한국 경제 발전에 미친 영향 · 222
　　　I. 월남과 중동 건설에서 번 돈의 사용처 · 225
　　　J. 다른 대통령들이 그 돈을 받았다면 어디에 사용했을까 · 227

III. 박정희, 이병철, 정주영, 박태준, 이건희가 한국 발전에 미친 공헌 · 229
　　1. 한국 경제의 기초를 놓은 박정희, 이병철, 정주영, 박태준, 이건희 · 229
　　2. 박정희, 이병철, 정주영이란 세 명의 영웅 · 230
　　* 명사 특강: 이병철 회장의 미꾸라지 양식법 · 234

IV. 미국 선교사가 본 한국과 북한: 인요한의 '북한 방문기' · 236
　　1. "남조선이 우리보다 앞선 것 얘기해 보라우!" · 237
　　2. 미국에 "줄 잘 서서 그렇디 뭐" · 238
　　3. "링컨이 박정희보다 백 배 더 독재했습니다" · 239
　　4. 박정희가 기초 닦은 대한민국의 4가지 희망은 · 241
　　5. 김일성, "머슴과 지주를 없애겠다." 그 결과 · 242
　　6. 김일성이 묵었던 '청진 관광려관'에서 겪은 당혹스런 체험 · 243
　　7. 박정희가 일군 국가에서 우리는 다 재벌 같이 삽니다 · 245

V. 왜 하나님은 한국에 교회성장과 함께 경제성장을 주셨나 · 247
　〈한국과 이스라엘 경제성장에 하나님의 간섭이 있었다〉
　　1. 하나님이 한국에 경제성장을 주신 두 가지 이유 · 247

A. 한국교회가 성장했기 때문이다 · 247
   B. 한국교회가 이스라엘을 축복했기 때문이다 〈남한과 북한의 차이〉 · 250
 2. 종말론적 입장에서 하나님의 예정이 있었다 · 253
 3. 하나님이 한국에 경제성장을 주신 목적과 한국교회의 4가지 사명 · 255

VI. 결론 및 한국과 이스라엘 경제성장의 유사점 요약

 1. 요약 및 결론 · 258
 2. 한국과 이스라엘 경제성장의 23가지 유사점 · 259
   첫째, 두 나라는 전쟁의 폐허에서 경제성장을 이루어냈다.
   둘째, 두 나라는 국토가 작고 인구가 적은 데서 경제성장을 이루어냈다.
   셋째, 두 나라는 천연자원이 빈약한데서 경제성장을 이루어냈다.
   넷째, 두 나라는 짧은 기간에 경제성장을 이루어냈다.
   다섯째, 두 나라는 정치 지도자들을 잘 만났다.
   여섯째, 두 나라는 세계적인 경제성장의 주역들이 많이 나왔다.
   일곱째, 두 나라는 과학기술이 매우 빠르게 세계수준으로 발전했다.
   여덟째, 두 나라의 경제성장에는 두 나라 국민들의 강한 교육열이 한몫했다.
   아홉째, 두 나라는 세계적인 상품들이 많이 나왔다.
   열 번째, 두 나라는 마케팅을 세계 시장을 상대로 했다.
   열한 번째, 두 나라는 그들의 강한 수직문화, 즉 정신세계가 경제성장의
      동력이 되었다.
   열두 번째, 두 나라는 애국애족심이 매우 강했다.
   열세 번째, 두 나라는 적과 싸우며 경제성장을 이루었다.
   열네 번째, 두 나라는 경제성장과 민주화를 동시에 이루었다.
   열다섯 번째, 두 나라는 세계인의 무관심과 멸시 속에서 경제성장을 이루었다.
   열여섯 번째, 두 나라는 세계 개발도상국의 모델이 되었다.
   열일곱 번째, 두 나라는 온 국민이 단결하여 경제성장을 이루었다.
   열여덟 번째, 두 나라는 경제 성장에 마을 공동체 조직을 활용했다.

열아홉 번째, 두 나라는 경제성장을 위해 가장 천한 3D업종을 마다하지 않았다.

스무 번째, 하나님은 겨자씨같이 작은 두 나라를 들어 대국들을 부끄럽게 만드셨다.

스물한 번째, 하나님은 한국과 이스라엘의 신앙성장과 더불어 경제성장을 간섭하셨다.

스물두 번째, 두 나라는 최대 기독교 국가인 미국의 도움을 받아 경제성장을 이루었다.

스물세 번째, 하나님이 두 나라에 경제성장을 주신 이유, 즉 종말론적 사명이 있다.

제7장 전체 요약, 결론 및 문제제기

I. 요약 및 결론 · 264

    1. 연구의 결과와 결론 · 264

    2. 연구의 결과가 한국 민족에게 주는 세 가지 유익 · 267

    3. 연구 결과가 주는 교훈 (Implications and Applications) · 269

        A. 연구 결과와 관련된 질문과 답변 · 269

        B. 하나님은 한국교회에 어떤 사명을 주셨나 · 273

           1) 하나님이 주신 사명, 서구교회와 한국교회의 2가지 차이점

           2) 하나님이 한국교회에 주신 4가지 사명

II. 문제 제기 · 276

    1. 유대인과의 유사점이 없어지는 한국인, 하나님은 계속 사용하실 것인가 · 276

    2. 한국교회가 살아남을 수 있는 두 가지 대안 · 279

        첫째, 세대차이를 없애는 쉐마교육을 실천해야 한다

        둘째, 남북통일 후 북한을 복음화하는 것이다

    3. 5%의 오류와 95%의 공헌 · 280

제2부
한국교회성장 문제 해결을 위한
극소수 개신교가 3.1 운동의 리더가 되었던 이유 연구

I. 서론 · 288

1. 문제제기 · 288
   2. 연구의 범위 · 291
   3. 연구의 조건 · 291

II. 소수 개신교가 3.1 운동의 리더가 되었던 신학적 및 윤리학적 이유 · 292
   1. 신학적 이유: 개신교인들이 복음을 받은 후 민족주의자들로 바뀌었기 때문이다 · 292
   * 명사특강: 죽음에 대한 금언 · 295
   2. 윤리학적 이유: 한국의 초대교회 지도자들이 '자기 개조 운동'을 했기 때문이다 · 296

III. 소수 개신교가 3.1 운동의 리더가 되었던 인성교육과 종교심리학적 이유
   1. 조선인에게 강한 수직문화가 있었기 때문이다. · 298
      〈왜 강한 수직문화에 복음이 결합되면 큰 파워가 발생하는가〉
      A. 조선인에게는 수직문화의 마음과 성격의 토양이 옥토였다 · 298
      * 쉬었다 갑시다: 너죽고 나죽고 · 305
      B. 조선인의 강한 성격의 토양이 순교자를 많이 낳게 했다 · 306
      C. 수직문화의 마음과 성격의 토양으로 본 4가지 신앙 타입 · 309
         1) A타입(옥토): EQ의 마음도 풍부하고, 의지력도 강한 사람 · 309
         * 명사특강: 마음만 잘 먹으면 스트레스도 약이된다 · 311
         2) B타입(돌밭): EQ의 마음은 풍부하지만, 의지력이 약한 사람 · 313
         3) C타입(길가): EQ의 마음은 적지만, 의지력이 강한 사람 · 314
         4) D타입(가시덤불): EQ의 마음도 적고, 의지력도 약한 사람 · 316
      D. 4가지 신앙 타입 비교 분석 · 318
   2. 수직문화에 대한 이론을 증명했던 저자의 연구 논문 · 324

IV. 소수 개신교가 3.1 운동의 리더가 되었던 교육신학적 이유:
   선교사들의 바른 신학교육 때문이었다 · 326

V. 요약 및 결론 · 329
   1. 요약 · 329
   2. 결론 · 332

부 록

부록 1: 김진섭 박사 특별 논문 · 338

- 한국인을 제2의 유대인으로 부를 수 있는 성경신학적 고찰 · 338
  - 김진섭 박사 (백석대 평생교육신학원 학장, 전 서울캠퍼스 부총장)

부록 2: 쉐마지도자클리닉 참석자들의 증언 · 368

- 정필도 목사님의 충격 발언, "교회가 앞장서서 가정을 파괴했다는 것을 알게 되니 가슴이 아픕니다" · 369
  - 조우영 목사 (부산 남부주영교회)
- 청년의 때에 이런 귀한 말씀을 들을 수 있다는 사실이 기적이다 · 372
  - 주봉규 대학생 (전남대학교 영어영문과, 늘푸른교회 청년부)
- 충격, 보수의 뿌리인 교회가 오히려 진보 아이들을 키워내는 역기능 역할을 했다 · 378
  - 김성목 팀장 (부산 수영로교회, 정필도 원로목사님의 비서)
- 신앙생활의 궤도 수정을 가져 오게 한 쉐마전문직클리닉 · 381
  - 황홍섭 교수 (부산교육대학교)

부록 3: 쉐마교육 실천사례 모음 · 387

- 쉐마를 실천했더니 가정과 교회에서 허리세대가 살아났습니다 · 387
  - 안병만 목사 (열방교회 담임)
- 현 박사님의 쉐마클리닉 강의를 7번을 들었는데 들을수록 새로웠습니다 · 394
  - 이현국 목사 (부산 해운대 운화교회 담임목사)
- 코로나 사태에 더 빛을 발한 우리교회 쉐마교육 실천기 · 401
  - 조수동 목사 (부산 동상제일교회 담임)

부록 4: 쉐마 국악 찬양 · 404

참고 자료(References) · 411

저자 서문

《제2의 이스라엘 민족 한국인》
〈부제: 한국인과 유대인의 유사점 107가지〉를 펴내며

저자는 기독교교육학 박사학위를 공부하는 동안 '기독교교육 철학' 과목에서 '현대교육과 유대인 교육의 비교' 논문을 쓴 적이 있었다. 당시 현대교육과 종교교육의 문제점을 해결하는 방법은 성경적인 유대인 자녀교육에 있다는 확신을 갖게 되었다.

그 후 1990년 학위를 받은 이후 2020년 현재까지 두 가지 학문의 영역, 즉 '인성교육론'과 '쉐마교육론'을 개발했다. 인성교육과 쉐마교육의 개론(전3권), 인성교육론 시리즈(전7권), 쉐마교육론 시리즈는 27권, 도합 37권의 책을 집필하였다(이후 전체를 '쉐마교육'이라 칭함).

저자의 박사학위 논문을 번역한 '문화와 종교교육' 외에 'IQ는 아버지 EQ는 어머니 몫이다'(전3권), '현용수의 인성교육 노하우'(전4권), '하브루타, 왜 아버지가 나서야 하는가', '하브루타식 4차원 영재교육의 비밀', '다음세대 기독교교육의 한계, 왜 유대인 교육이 답인가', '세계선교의 한계, 왜 유대인의 쉐마교육선교가 답인가', '자녀들아, 돈은 이렇게 벌고 이렇게 써라', '잃어버린 구약의 지상명령 쉐마'(전3권), '자녀의 효도교육 이렇게 시켜라'(전3권), '신앙명가 이렇게 세워라'(전2권), '성경이 말하는 어머니의 EQ교육'(전2권), '성경이 말하는 남과 여, 성신학', '고난의 역사교육 시리즈'(전5권), '한국형 주일가정예배예식서'(전2권) 등이다.

그 핵심은 1) 인성교육학적인 입장에서 자녀를 반듯한 큰 인물로 키우기 위해서는 "한국인의 수직문화(한국인의 정체성)를 가르치라"는 것이다. 그리고 2) 쉐마교육학적인 입장에서 "부모가 가정에서 자녀들에게 자손대대로 말씀을 전수하라"는 구약의 지상명령, 쉐마(창 18:19; 신 6:4-9)를 실천하라는 것이다. 후자는 수평선교가 아닌 수직선교다. 이 지상명령을 실천하기 위해 앞에 소개한 책들, 가정신학, 아버지 신학, 어머니 신학, 효신학, 고난의 역사신학 및 성신학 등을 저술했다.

이번에 출간하는 '제2의 이스라엘 민족 한국인'은 저자의 저서 중 거의 마지막 주제다. 전7장으로 구성되어 있다. 저자는 34년 전 1996년 유대인 자녀교육서인 'IQ는 아버지 EQ는 어머니 몫이다'를 발간했을 때 이미 '한국인과 유대인의 유사점' 11가지를 정리한 적이 있다(제2권 제8부 제2장 '한국인과 유대인의 유사점' 참조). 그런데 이번에 더 깊이 연구하여 107가지를 찾아내어 단행본으로 발간하게 된 것이다.

저자는 늘 이런 질문을 해왔다. 왜 하나님은 아시아권 중에서 한국보다 복음을 먼저 받아들였던 필리핀교회, 중국교회 및 일본교회보다 한국교회를 그토록 사랑하시고 더 많이 사용하시는가?

그리고 왜 많은 이들이 20세기부터 한국민족을 제2의 이스라엘 민족이라고 하는가? 그 이유는 첫째, 교회가 급성장하여 하나님의 백성이 많아져 영적 이스라엘 백성(갈 3:6-9)이 많아졌기 때문이고, 둘째, 하나님이 기뻐하시는 세계선교를 많이 했기 때문이라고 한다. 그러나 이 두 가지는 역사적으로 유럽교회, 영국교회 및 미국과 캐나다교회도 매우 많이 했다.

그렇다면 두 가지 증거 이외에 다른 증거들, 즉 상관관계적 측면에서 한국민족과 유대민족과의 유사점은 없는가? 왜냐하면 한국인을 제2의 이스라엘 민족이라고 칭하려면 유대인과의 유사점이 다른 민족들보다 더 많아야 하기 때문이다. 더 나아가 유대인의 나라 이스라엘과 대한민국과의 유사점도 다른 나라들보다 더 많아야 한다.

그래야 두 나라와 두 민족 간의 상관관계가 높은 것이 증명된다. 또한 이것은 하나님의 선민의 조건을 그만큼 많이 충족시키는 것이다. 그런 면에서 두 나라와 두 국민의 유사점이 얼마나 많은지, 혹은 적은지를 연구하는 것은 종말론적인 측면에서 한국교회의 정체성과 하나님이 주신 특별한 사명을 찾기 위해 대단히 중요하다고 볼 수 있다.

따라서 저자는 본서에서 한국과 한국인과 이스라엘과 유대인의 유사점들을 5가지 영역으로 나누어 연구했다. 그 결과 1) 지리와 역사적 측면에서 17가지, 2) 가족의 가치와 제도 측면에서 35가지, 3) 교육과 문화의 측면에서 16가지, 4) 종교적 측면에서 16가지 그리고 5) 경제발전 측면에서 23가지 등 총 107가지의 유사점들을 발견했다. 물론 이 외에도 더 많이 있을 것이다. 그러나 지면상 이것으로 마감했다. 〈저자 주: 특히 한국 경제발전의 역사는 다음세대 교육을 위하여 좀 더 자세히 다루었다〉

그런데 특이한 점은 그 유사점들 대부분이 오직 한국과 한국인에게만 해당되는 것이 많다는 것이다. 이것은 두 나라와 두 국민의 상관관계가 그만큼 많다(깊다)는 것을 뜻한다. 그리고 이스라엘과 유대인이 하나님의 선택 기준(선민의 조건)에 합격했던 것처럼, 한국인도 상대적이나마 그 기준에 합격했다는 것을 뜻한다.

그렇다면 왜 이렇게 유사점이 많은가? 그것은 마지막 시대에 한국민족을 하나님이 사용하시기 위함이다. 마지막 시대에 하나님의 계획(목표)은 무엇인가? 한국교회뿐만 아니라 전 세계교회가 주님 오실 때까지 살아남을 수 있게 하는 것이다. 더 많은, 충만한 수를 구원하시기 위함이다(롬 11:25).

그 방법이 무엇인가? 그것은 신약시대 서구교회가 2000년 동안 전 세계에 복음을 전하는 수평선교, 즉 신약의 지상명령을 실천했다면, 이제 한국교회는 전 세계에 복음과 함께 가정에서 다음세대에 신앙을 전수하는 수직선교, 즉 구약의 지상명령 쉐마도 전해야 한다는 것이다. 왜냐하면 서구교회는 세계선교에는 성공했지만 선교를 했던 그 당시 교회는 다음세대에 신앙전수에 실패해서 죽었기 때문이다. 따라서 한국교회는 세계선교를 위한 신약의 지상명령과 다음세대에 신앙을 전수하는 구약의 지상명령을 함께 실천해야 한다. 이것이 한국교회와 서구교회의 사명의 차이다.

유대인이었던 12제자나 바울 그리고 유대민족이 초대교회의 기초를 놓았는데, 마지막 시대에는 한국교회가 주님의 재림을 준비하는 사명을 받았다는 것은 매우 영광스러운 일이다.

결론적으로 하나님은 만세 전부터 한국민족을 마지막 시대를 위하여 제2의 이스라엘 민족으로 택하시고 주권적으로 간섭하셨다는 것이다. 그래서 한국과 한국인은 이스라엘과 유대인과의 상관관계가 다양한 면에서 너무나 많고 깊다는 것이다. 이것은 우리가 다른 민족보다 우수해서가 아니라, 온전히 하나님의 주권 속에서 하나님의 은혜로 말미암은 것이므로 참으로 그분께 감사하지 않을 수가 없다.

한 가지 더할 것이 있다. 저자는 한국인과 유대인과의 상관관계가 많다는 것이 증명된 결과 한국은 3가지 유익을 얻게 되었다고 했다. 이것은 "본 연구의 결과가 한국인의 정체성과 자존감에 어떤 영향을 미치는가?"에 대한 답이다(제1부 제7장 '요약 및 결론' 참조). 큰 수확이다.

〈제2부〉에서는 본서가 연구한 결과에 대한 구체적인 예를 보여주기 위하여 저자가 연구한 한국 초대 교회사에 대한 논문을 소개한다. 주제는 "1919년 전 인구의 1.4%에 불과했던 기독교인이 어떻게 전국적인 3.1 독립운동의 주체가 되었는가?"에 관한 것이다.

가장 중요한 답은 당시에 한국인이 유대인과의 유사점, 즉 한국인의 수직문화가 많고 강했기 때문일 것이다. 저자는 그 이유를 인성교육과 종교심리학적 입장에서 설명할 때 수직문화를 1) 성격의 토양과 2) 마음의 토양으로 나누어 복음의 토양을 설명한 것이 눈에 띈다. 그런 면에서 제1부와 관련하여 읽으면 많은 도움이 될 것이다.

특히 한국 교회사 초기에 평양을 왜 '제2의 예루살렘'이라고 불렀는지를 알게 될 것이다. 소수의 기독교인들이 가졌던 강한 민족의식은 온 나라를 변화시켰다.

그런데 유대인의 수직문화는 현재까지 다음세대에 세대차이 없이 전수되어 그들이 하나님의 선민으로 사는 것이 과거와 동일하다. 그런데 2020년 현재 한국인은 1919년대에 비해 그 수직문화가 매우 퇴색되어 교회성장에 빨간 불이 켜졌다. 본 논문에서는 한국인의 특성(수직문화)이 사라진 이유를 밝히고, 그것이 한국교회성장에 어떤 부정적인 영향을 주었는지를 밝혔다. 그리고 인성교육학과 종교심리학적인 입장에서 이에 대한 바른 대안을 제시했다.

이에 더하여 저자의 연구에 없는, 한국인과 유대인의 유사점에 관한 귀한 논문을 김진섭 박사가 특별기고로 보내주셔서 부록1에 첨가하게 되었다. 논문의 제목은 '*한국인을 제2의 유대인으로 부를 수 있는 성경신학적 고찰*'이다. 그 분은 저자와 수십 년 동안 쉐마교육 사역을 함께 해온 귀한 동역자다. 특별히 김 박사에게 감사를 드린다.

<본 연구에서 발견한 주요 교훈들>

본서의 각 장의 요약은 차례의 107가지 제목들을 보면 쉽게 알 수 있기 때문에 생략한다. 다만 본 연구에서 발견한 몇 가지 주요 교훈들을 소개한다.

첫째, 하나님은 왜 한국에 교회성장만 주시지 않으시고 경제성장도 함께 주셨는가?

그것은 한국교회가 하나님의 계획을 완수하는데 경비가 필요하기 때문이다. 뿐만 아니라 하나님은 그 일을 위하여 세계인이 한국인을 믿을 수 있도록 한국의 신용도도 높이시고 명성도 주셨다.

세계 어느 나라도 한국이 이렇게 부강하게 될 줄은 꿈에도 몰랐다. 가장 천한 민족을 들어 강한 민족들을 부끄럽게 만드신 여호와 하나님! 주님께 감사와 찬송 그리고 영광을 올려드린다. 〈제1부 제6장 Ⅵ. '요약과 결론' 참조〉

둘째, 본서의 연구 결과와 관련된 몇 가지 질문을 해보자. 이에 답변하는 것은 한국교회가 자신들의 정체성을 깨닫기 위해, 그리고 하나님의 뜻을 깨닫고 그것을 수행하기 위해 대단히 중요하다.

1) 역사적으로 유대인의 특성은 하나님이 그분이 원하시는 대로 그분이 주신 율법에 의하여 만드신 것이다. 그렇다면 하나님은 한국과 한국인의 특성도 역사적으로 유대인과 닮게 하신 것들이 많은가?
2) 하나님은 두 나라와 두 국민의 유사점이 그렇게 많은데 왜 20세기가 들어서서야 복음을 주시고 한국과 한국인을 들어 사용하시는가?
3) 하나님은 왜 20세기 이전까지는 한국에 혹독한 고난과 가난을 주시고 그 이후에 평화와 경제성장을 주셨는가?
4) 동일한 한민족인데 왜 북한은 사용하지 않으시나? 〈답변은 제7장 I. 2. A. '연구 결과와 관련된 질문과 답변' 참조〉

셋째, 본서는 하나님이 한국교회에 주신 4가지 사명에 대해 설명했다. 〈제7장 I. 2. B. 2) '하나님이 한국교회에 주신 4가지 사명' 참조〉

넷째, 미래 한국교회의 문제점과 2가지 대안: 유대인과의 유사점이 없어지는 한국인, 하나님은 계속 사용하실 것인가

유대인은 아브라함부터 현재까지 4000년 동안 그들의 생활방식과 전통적인 수직문화에 거의 세대차이가 없다. 그런데 21세기 들어 한국인은 세대차이가 너무 많이 난다. 전자는 수평문화를 차단하고 그들의 수직문화만 자녀들에게 전수했기 때문이다.
반면 후자는 수평문화를 너무 많이 받아드리며 자신들의 수직문화를 거의 잃어버렸기 때문이다. 그 결과 유대인은 아직도 자신

들의 종교인 유대교가 강하게 살아 있지만, 한국은 교회성장도 멈추고 세계선교도 한계에 도달했다. 평양은 제2의 예루살렘이었던 시대와는 판이하게 다르다 따라서 이런 질문을 제기한다.

"한국인이 이스라엘과 유대인과 많은 유사점이 있었을 때는 하나님이 한국교회를 그토록 많이 사용하셨지만 그 유사점이 없어지는데도 계속 사용하실 것인가?"

답은 매우 비관적이다. 대안은 무엇인가? 세대차이를 없애는 교육방법, 즉 유대인의 쉐마교육을 남한의 한국인에게 도입하여 가르치고 실천하는 것이다. 세대차이를 없애기 위해서는 이외에는 다른 대안이 있을 수 없다. 이것이 한국교회가 쉐마교육 사역을 계속해야 하는 이유다.

또 다른 방법, 즉 매우 희망적인 것이 있다. 그것은 북한을 복음화하는 것이다. 왜냐하면 그들은 김일성 3대 수령을 우상화하는 것 이외에는 아직도 한국인의 전통적인 수직문화가 상대적이나마 그대로 보존되어 있기 때문이다.

북한은 서구의 수평문화를 철저하게 차단했기 때문에 한국인의 수직문화에 거의 세대차이가 나지 않는다. 이것은 그들에게는 유대인과 유사점이 그대로 보존되어 있다는 것을 뜻한다. 이에 더하여 그들은 고난을 많이 겪어 복음적 토양, 즉 마음 밭은 복음을 잘 받아드릴 수 있는 옥토다.

따라서 그들에게 복음과 함께 쉐마를 전한다면 하나님께서 다시 한 번 한국인을 크게 사용하실 수 있을 것이다. 하나님께서는 이를 위해 북한을 남겨두셨을 가능성도 높다. 인간이 짐작하지 못하는 하나님의 계획에 놀라울 뿐이다.

다섯째, 우리가 명심해야 할 것이 있다. 중국이나 일본은 하나님 없이도 잘살 수 있는 나라들이지만 한국은 하나님 없이는 또 다시 중국이나 일본의 속국이 될 수밖에 없다는 사실이다. 이것은 역사적으로나 지정학적으로 이미 증명된 것이다.

따라서 우리의 자녀들에게 자손대대로 신앙을 전수하여 한국교회가 살아남는 것이 무엇보다도 중요하다. 마지막 시대에 세계선교를 완수하기 위해서라도 일단은 한국교회가 살아남기 위하여 자손대대로 신앙을 전수해야 한다.

결론적으로 대한민국과 한국인 그리고 이스라엘과 유대인의 유사점을 연구하면서 참으로 놀라운 하나님의 경륜과 섭리에 탄복하지 않을 수 없다. 하나님은 인류의 역사를 주관하시는 분이시다. 하나님이 아브라함의 후손으로 이스라엘을 만드시고 이스라엘의 역사를 인류 역사의 해시계로 사용하고 계신다. 이것은 전 세계가 아는 바다.

이에 비하여 한국은 20세기 중반까지 세계가 하나 같이 무관심했던 나라였다. 가장 가난하고 미천했던, 지극히 작은 극동의 조용한 아침의 나라였다. 그런데 하나님은 한국을 제2의 이스라엘 민족으로 택하시어 마지막 시대에 예수님의 재림을 준비하게 하신다. 그 역사의 현장에 우리가 서 있다는 것이 얼마나 자랑스러운가! 할렐루야!

저자 서문 2: IQ-EQ 총서를 펴내며

무너진 교육의 혁명적 대안을 찾아서

왜 유대인의 IQ+EQ교육은
인성교육+쉐마교육인가

현대인들은 교육의 문제점은 많이 지적하지만, 속 시원한 대안은 찾지 못하는 시대에 살고 있다. 저자는 오랜 연구 끝에 그 대안으로 온전한 인간교육을 위해 크게 두 가지가 필요하다는 사실을 깨달았다. 하나는 인성교육이고, 다른 하나는 종교교육이다. 기독교인을 예로 든다면, 인성교육을 바탕으로 한 성경적 쉐마교육(기독교교육)을 해야 한다는 것이다.

따라서 전체 기독교교육은 예수님을 믿기 이전과 이후로 나뉘는데, 이전에는 인성교육을, 이후에는 쉐마교육을 시켜야 한다. 그래서 유대인 자녀교육《IQ는 아버지 EQ는 어머니 몫이다》총서는 유대인을 모델로 한 인성교육론 편과 쉐마교육신학론 편으로 나누어 정리했다. 물론 두 가지 주제는 하나님께서 저자에게 주신 지혜로 개척한 새로운 학문의 영역이다

인성교육론 편(인성교육 노하우 시리즈)
예수님을 믿기 이전: 왜 인성교육은 Pre-Evangelism인가?

'인성교육론 시리즈'는 전체 8권으로 출간 되었다. 1. 문화와 종교교육(저자의 박사 학위 논문), 2. 현용수의 인성교육 노하우(전 4권), 3. 현용수의 쉐마교육 개척기. 4. 가정 해체로 인한 인성교육 실종 대재앙을 막는 길. 5. 유대인이라면 박근혜의 위기 어떻게 극복할까, 등이다. 8권의 내용은 현대교육의 근본적인 문제점을 분석하고, 해결 방안을 제시한다. 즉 다음 네 가지 질문에 답을 준다.

Q 1. 일반 교육학적 질문: 가르치고 가르쳐도 왜 자녀가 달라지지 않는가? 왜 현대교육은 점점 발달하는데 인간은 점점 더 타락하는가?

그것은 IQ교육 위주의 현대교육은 인성교육에 꼭 필요한 세 가지를 놓치고 있기 때문이다.

- 어떻게 자녀들에게 깊이 생각하게 하는 교육을 시킬 수 있을까?
- 어떻게 자녀들이 바른 행동을 하게 할 수 있을까?
- 수직문화의 중요성과 수평문화의 위험성은 무엇인가?

Q 2. 문화인류학적 질문: 왜 한국인 자녀들이 서양 문화에 물들고 있는가?

한국의 젊은 세대는 거의가 한국인의 문화적 및 철학적 정체성의 빈곤에 처해 있다. 부모들이 인성교육의 본질이 수직문화인지를 모르고 가르치지 않았기 때문이다. 그 결과 세대 간의 가치관 차이가 너무나 다르다. 북미주 한인 2세 자녀들이 부모가 섬기는 교회를 떠난다.

Q 3: 기독교인의 인성 문제: 왜 예수님을 믿는다고 하면서 사

람의 근본은 잘 변하지 않는가?

많은 기독교인들이 예수님만 믿으면 모든 인성교육이 잘되는 줄 알고 있다. 그러나 모두 그런 건 아니다. 왜 유교교육을 받은 가정의 어린이들이 기독교교육을 받은 어린이들보다 더 예의 바르고 효자가 많을까? 예수님을 믿고 성령의 은사가 많았던 고린도교회는 왜 데살로니가교회보다 도덕적인 문제가 더 많았을까?

Q 4. 기독교의 복음주의적 질문: 왜 현대인들에게 전도하기가 힘든가?

왜 기독교 가정에서 2세들이 대학을 졸업하면 90% 이상 교회를 떠나는가? 교회학교 교육이 천문학적인 투자에도 불구하고 90% 이상 실패하는 이유는 무엇인가? 왜 현대(2000년대)에는 1970년대 이전보다 복음 전하기가 더 힘든가? 아마 생각 있는 교육자라면 모두가 이런 고민을 안고 살았을 것이다.

한 인간의 마음이 예수님을 믿기 이전 인성교육, 즉 복음적 토양교육이 잘못되었기 때문이다. 예수님의 '씨 뿌리는 자의 비유'에서 말씀하신 네 가지 종교성 토양(길가, 돌밭, 가시떨기, 옥토) (눅 8:4~15) 중 옥토이어야 복음을 영접하기도 쉽거니와 구원을 받은 후 예수님을 닮는 제자화도 되기 쉽다는 말이다. 이를 'Pre-Evangelism'(예수님을 믿기 이전의 복음적 토양 교육)이라 이름했다.

> 현용수의 인성교육론은
> **인성교육**의 **원리**와 **공식**을 제공한다

쉐마교육신학론 편(쉐마교육 시리즈)
예수님을 믿은 후: 왜 쉐마교육은 Post-Evangelism인가?

예수님을 영접한 사람에게는 하나님의 형상을 닮아가는 기독교교육을 시켜야 한다. 이를 '성화교육' 혹은 '예수님의 제자교육'이라고도 한다. '신의 성품'(벧후 1:4)에 참여하는 자(partakers of the divine nature)가 되는 과정이다. 이를 'Post-Evangelism'(예수님을 믿은 이후의 성화교육)이라 이름했다.

교육의 내용은 신·구약 하나님의 말씀이다. 예수님 믿기 이전의 좋은 인성교육이 마음의 옥토를 준비하는 과정이라면, 복음과 하나님의 말씀은 그 옥토에 심어야 하는 생명의 씨앗이며 기독교적 가치관이다(물론 기독교 가정에서 태어난 자녀에게는 어려서부터 인성교육과 쉐마교육을 함께 시켜야 한다).

저자는 성경적 기독교교육의 본질과 원리를 유대인의 선민교육에서 찾았고 그 내용과 방법이 바로 구약의 '쉐마'에 있음을 발견했다. 즉 성경적 교육신학의 본질과 원리가 '쉐마'에 있다는 것이다.

'쉐마'는 한 마디로 부모가 자녀에게 말씀을 가르쳐, 자손 대대로 자녀를 말씀의 제자 삼으라는 '구약의 지상명령'이다(저자의 저서 《잃어버린 구약의 지상명령 쉐마》(쉐마, 2006, 2009), 제1권 제1~2부 참조). 유대인이 아브라함 때부터 현재까지 4,000년 간 하나님의 말씀을 후대에게 전수하는 데 성공한 것은 자녀를 말씀의 제자 삼는 쉐마교육에 성공했기 때문이다(물론 신약시대는 영적 성숙을 위해 신약성경도 필요함).

인성교육(Pre-Evangelism)이 부실하면 복음 받기와 제자교육(Post-Evangelism)이 힘들지만(상), 튼튼하면 복음 받기와 제자교육이 쉽다(하).

1항과 2항이 새로 개척한 학문의 영역이다. 자세한 것은 '현용수의 인성교육 노하우' 제2권 제2부 제4장 Ⅱ. 2 '기독교교육의 새로운 영역: 종교성 토양 교육' 참조.

여기에서 "왜 기독교교육에 유대인 선민교육이 필요한가?"란 질문이 대두 된다. 신약시대에 복음으로 구원받은 하나님의 선민인 기독교인은 영적 유대인(갈 3:6~9)으로 구약에 나타난 선진들(예; 모세, 다윗, 에스라)의 믿음생활과 쉐마교육을 본받아야 한다(히 11장).

예수님도 유대인으로 태어나셔서 유대인의 선민교육(쉐마교육)을 받고 자라셨으며 제자들에게도 그 교육을 시켰다(마 23:1~4).

〈더 자세한 내용은 저자의 저서 '부모여 자녀를 제자 삼아라'(쉐마, 2018), 제1권 제1부 '기독교교육에 유대인 자녀교육이 필요한 이유' 참조〉

기독교의 제자교육에는 교회에서 타인을 제자 삼는 수평적 제자교육과 가정에서 자녀를 제자 삼는 수직적 제자교육, 두 가지가 있다. 유대인의 쉐마교육에는 전도에 필요한 복음은 없지만, 자녀를 제자 삼는 교육의 원리와 방법이 있다. 이 원리와 방법은 타인을 제자로 삼는 데도 적용할 수 있다.

  먼저 가정에서 자녀를 제자 삼은 후에 타인을 제자 삼는 지도자가 성경적 지도자의 모델이다(딤전 3:2-5). 즉 가정에서 쉐마를 실천하는 가장이어야 교회의 지도자가 될 수 있다는 말이다. 이것은 가정 목회에 실패한 사람은 교회 지도자가 될 수 없다는 말이다.

  저자는 구약의 지상명령, 쉐마를 성취하기 위해 필요한 쉐마교육신학들을 다음과 같이 정리했다.

쉐마교육신학론 주제들(쉐마교육 시리즈)

1. 왜 유대인의 선민교육이 기독교교육에 필요한가?
2. 구약의 지상명령 쉐마(교육신학)
3. 자녀신학
4. 유대인의 가정교육(가정신학)
5. 유대인의 아버지 교육(아버지신학, 경제신학)
6. 유대인의 어머니 교육(어머니신학)
7. 유대인의 결혼 및 성교육(부부·성신학)
8. 유대인의 효도교육(효신학)
9. 유대인의 고난의 역사교육(고난의 역사신학)
10. 절기 교육(절기 신학) 등

이것은 구약성경에 근거한 기독교교육의 새로운 패러다임이며 대안이다. 또한 개혁주의 입장에서 신약 교회가 적용할 수 있도록 정리했다.

왜 인성교육론이 'Know-Why'라면 유대인의 쉐마교육신학론은 'Know-How'인가?

유대인 자녀교육의 우수성은 이미 역사를 거듭하면서 증명되었다. 그러나 두 가지 의문이 아직까지 남아 있다. 첫째, 그것이 왜 우수한지에 대한 교육학적, 심리학적 및 철학적 이유를 설명하지는 못했다. 둘째, 왜 유대인 자녀교육이 기독교교육에 필요한지 그 이유를 설명할 수 있는 확실한 교육신학적 해답을 제공하는 데 미흡했다.

두 가지 의문 중 전자에 대한 답이 '인성교육 노하우 시리즈'라면, 후자에 대한 답은 '쉐마교육 시리즈'다. 왜 유대인 자녀교육이 한국인에게 필요한지를 설명한 '인성교육 노하우 시리즈'가 'Know-Why'라고 한다면, '쉐마교육 시리즈'는 'Know-How'가 될 것이다. 원인을 밝히고 당위성을 설명하는 'Know-Why'가 있기에 쉐마교육인 'Know-How'가 더 힘을 받아 자신과 자신의 가정, 그리고 교회에서 적용할 수 있다.

현재까지 천문학적 돈을 교육에 투자하고도 교육의 열매가 바람직하지 못한 것은 교육의 원리와 공식을 발견하지 못했기 때문이다. 물론 현대 기독교교육의 이론이 모두 필요 없다는 뜻은 아니다. 인간교육과 교회성장 위기의 근본 대안이 '인성교육 + 쉐마교육'이라는 뜻이다.

처음 국민일보에서 초판 2권(1996년, 23쇄), 조선일보에서 개정 2판 전3권(1999년, 19쇄)으로 출간됐던 유대인 자녀교육서 《IQ는 아버지 EQ는 어머니 몫이다》가 하나님의 은혜와 교계의 열화 같은 성원에 힘입어 지금까지도 스테디셀러인 것에 감사드린다.

그러나 소수이긴 하지만 목회자들과 신학자들께서 까다로운 질문도 했다. 그도 그럴 것이 구원론과 관계없는 인성교육에 관한 수직문화와 수평문화에 대해, 그리고 기독교가 2000년간 원수처럼 여겼던 복음도 없는 유대인의 교육을 이해하기란 쉽지 않았을 것이다. 덕분에 저자는 계속 연구에 연구를 거듭하는 계기가 되었다.

긴 학문의 순례를 마치는 기분이다. 처음 개척한 두 가지 학문의 영역이기에 더 많은 연구가 필요하다. 그리고 쉐마가 주님의 종말을 준비하는 세계선교까지 가려면 갈 길은 아직 멀었다. 이제 하나님의 은혜로 많은 오해도 풀렸다. 많은 쉐마 동역자들의 도움으로 쉐마교육이 파도처럼 번지고 있다.

이 책을 집필하는 데 많은 정통파 유대인 학자들이 특별한 도움을 주었다. LA 예시바대학교 학장이시며 사이먼 위센탈 센터 국제 본부장이신 랍비 마빈 하이어와 랍비 쿠퍼 부학장님, 그리고 탈무드 교수이며 로욜라대학교 법대 교수인 랍비 애들러스테인 부부와 그 가정, 서기관 랍비 크래프트 씨 부부와 그 가정에 심심한 사의를 표한다. 이들의 특별한 도움이 없었으면 저자의 연구는 완성될 수 없었다.

저자의 논문 지도교수이셨던 바이올라대학교 탈봇신학대학원의 윌슨 박사님과 풀러 선교신학대학원의 저자의 선교학(Ph.D.) 지도교수이자 유대교 교수였던 글래서 박사님에게 특별히 감사드린다. 그리고 저자를 물심양면으로 도와주신 이영덕 전 총리님과 김의환 총장님, 그리고 고용수 총장님 및 국내외 많은 교계 어른들과 쉐마교육연구원 동역자님들께 감사드린다.

저자를 키워주신, 고인이 된 어머님과 형님 내외분께도 감사드린다. 지금도 내조를 아끼지 않는 아내 황(현)복희, 그리고 내일의 희망인 네 아들 승진(Stephen), 재진(Phillip), 상진(Peter), 호진(Andrew)에게도 감사한다. 그리고 서평을 써주신 정지웅 박사님과 김지자 박사님 내외분과 김진섭 박사님, 안병만 박사님, 이현국 박사님 그리고 교정을 봐준 황갑순 제형과 권혁재 목사님 그리고 본서 편집에 수고한 이재현 간사에게도 감사를 전한다

이 책들은 방향 없이 혼란스런 교육의 시대에 참교육을 갈구하는 독자들에게 뚜렷하고 확실한 대안을 제시할 수 있다고 확신한다. 이 연구는 분명히 하나님의 지혜로 하나님이 하셨다. 세세토록 영광 받으실 오직 우리 주 예수님께만 감사와 찬송과 영광을 드린다.

2020년 5월 15일
미국 West Los Angeles 쉐마교육연구실에서

저자 현용수

Book Review

《제2의 이스라엘 민족 한국인》을 읽고

- 본서를 읽으며 놀라운 사실들이 우리 역사에 존재했다는 것을 알았다
  - 정지웅 박사 / 김지자 박사 공동 서평
  〈서울대학교 명예교수 / 서울교육대학교 명예교수〉

- 세계선교의 비전과 사명을 구현하는, 새로운 선교신학적 역작이다
  - 김진섭 박사 〈구약학, 백석대학교평생교육신학원 학장〉

- 왜 하나님께서 한민족을 이스라엘 민족처럼 사용하시는지에 대한 탁월한 분석
  - 이현국 박사 〈부산 해운대 운화교회 담임목사〉

- 한국인과 유대인의 유사점을 일맥요연하게 정리한 것은 저자만이 지닌 특별한 지혜입니다
  - 안병만 박사 〈열방교회 담임〉

- 유대인 생존의 비밀을 정확히 지적 : 토라와 탈무드 가정 교육
  - 랍비 마빈 하이어 〈로스앤젤레스 예시바 대학교 학장〉

서평

본서를 읽으며 놀라운 사실들이 우리 역사에 존재했다는 것을 알았다

정지웅 박사 김지자 박사 공동 서평

김지자 박사 (서울교육대학교 명예교수)

- 서울교육대학교 명예교수
- 초대 한국여성평생교육회 회장
- 현재 열방킹즈키즈 쉐마초등학교 교장
- 쉐마목회자클리닉 졸업
- 서울대학교 사범대 교육학 졸

정지웅 박사 (서울대학교 명예교수)

- 서울대학교 명예교수
- 세계평생교육명예의전당 회원 헌액
- 서울대 농생대 농경제사회학부 학부장
- 쉐마목회자클리닉 졸업
- 서울대학교 사범대 교육학 졸

현용수 박사님의 "제2의 이스라엘민족 한국인"을 읽으며 신기하게도 놀라운 사실들이 우리의 역사 속에 이처럼 엄연히 존재해 오고 있었음을 새롭게 알게 되었다. 이를 깨달아 알게 해주신 하나님께 감사를 드림은 물론, 그 동안 유대인에 관한 수십 권의 책과 논문, 그리고 강연과 대담 등을 통하여 밝혀온 엄청난 사례들을 이 한권의 책에 집약 수록하여 출간해 내신 현용수 박사님께 참으로 감사와 축하의 마음을 표하는 바이다.

　아울러 이 보물과도 같은 귀한 책이 우리 민족의 미래를 새롭게 이끌어 갈 한국 교육계의 필독 도서로 채택되어 민족의 미래를 바르게 잡아주는 길잡이가 되어줄 것을 기대한다. 또한 이 귀한 책을 읽는 독자들에게 전해질 여러 교훈들 가운데서 특별히 우리 내외의 관심을 모으는 몇 가지 부문 들을 짚어 보며, 간략히 몇 마디를 추가함으로써, 현 박사님의 향후 연구에 도움이 될 수 있기를 바라는 바이다.

　한민족과 유대민족 사이에서 찾아볼 수 있던 107가지의 공통점들 중에서 우리가 언급하고 싶은 것은, 한국과 이스라엘의 건국이념이 유사하다는 것이다. 한민족 최초의 나라 고조선을 건립한 단군왕검의 건국은 홍익인간과 경천애인 사상인데 이것이 성경적인 하나님의 속성을 나타내고 있다는 데 놀랐다. 더구나 우리 민족을 조선민족, 즉 영어로 Chosen People이라 불리게 된 배후에는 아마도 창조주의 뜻이 숨겨져 있었을 것이란 견해에 놀라움을 금할 수 없었다.

　그리고 일제치하에서 독립하여 새로운 나라를 건국한 이승만 초대 대통령이 기독교 장로였다는 사실을 통하여 한국의 기독교 입국이 가능하게 되었었음을 알게 됨은 참으로 놀라운 발견이 아닐 수 없다.

　이것은 하나님의 선민인 이스라엘과 더불어, Chosen people으로서의 한민족을 마지막 시대에 예수님의 재림을 준비하도록 사용하기 위함이었다. 따라서 하나님은 대한민국의 건국과 더불어 하나님의 교회를 크게 성장시키셨다. 그리고 1970년 이후 70년 간 전쟁이 없는 평안의 시대를 주시고 놀랍게 경제를 성장시켜 주셨다. 이런 하나님의 섭리를 발견한 보고가 놀랍다.

불교와 유교의 강력한 영향력을 받으며 수천 년을 지내오던 조선 땅에서 새로이 탄생한 국가의 애국가가 이스라엘 국가처럼 성경적인 속성을 보이고 있다는 지적은, 기독교로의 방향 전환을 예시한 것이란 관점에서 눈길을 끌었다. 애국가의 첫머리에 "동해물과 백두산이 마르고 닳도록 하나님이 보우하사 우리나라 만세"라고 되어 있다. 그리고 마지막 부문에는 "무궁화 삼천리 화려강산 대한사람 대한으로 길이 보전하세"라는 구절이 바로 하나님의 보호와 인도로 길이보전하자는 뜻으로 해석된다는 점이다. 더구나 애국가의 작사자인 윤치호가 기독교인으로서 애국가의 작사를 처음에는 찬송가로 작사하였으나 1948년 정부수립과 함께 애국가로 자리를 잡았다는 사실의 지적 또한 놀라지 않을 수 없다.

한민족과 유대민족의 유사점의 중요한 사례들 가운데, 더불어 사는 마을 공동체로서의, 한국의 농촌 마을 공동체인 '두레'와 '품앗이' 문화가 언급되고, 이스라엘의 경우로는 집단생활 공동체의 '키브츠'와, 소농들의 연합체인 '모샤브' 생활 공동체를 대표적인 사례로 소개하고 있다.

여기에 한국의 기독교 정신으로 시작된 '가나안 농군학교'의 복민 운동과 '새마을 운동', 그리고 야학을 중심으로 이루어진 문해교육 활동들이 언급이 되었으면 좋았을 것이란 생각이 든다.

가나안 농군학교는 일가 김용기 장로께서 기독교 정신과 근로정신, 특히 "일하기 싫으면 먹지도 말라"는 구호와 더불어 새벽기도를 하며 온가족 삼대가 유대인의 쉐마 정신을 연상시키듯, 농장 경영에 직접 참여하며 벌인 농촌개척의 사례다.

한국의 사회 경제적인 발전을 이끌어 내는 데 기여한 또 하나의 요인으로 농민들의 비문해를 해소하기 위해 교수들과 학생들이 벌이기 시작한 농촌부락의 문맹퇴치, 즉 야학 운동을 상기해야 할 것이다. 이러한 야학 운동은 특히 서울대학교 농과대학의 교수와 학생들이 주변 부락의 농민들을 대상으로 저녁시간을 이용하여 한글을 가르치는 봉사활동으로 이루어진 이른바 문맹퇴치 사업들이, 현재는 그 배움의 수준이 초·중등 학교의 교육과정을 배우는 수준으로 까지 향상되면서 평생교육의 핵심 분야로 인식이 되고 있다.

한국의 기독교인이 늘어나고 교회가 급성장을 하게 된 배후와 향후 한국교회의 과제에 대한 현 박사님의 관점을 잠시 짚어보고자 한다. 하나님의 복음을 든 북미주 선교사들이 한반도에 들어와 무수히 흘린 순교의 피가 밑거름이 되어 19세기 말부터 한반도에는 하나님의 백성들이 늘어나기 시작하였다. 한국 교회들도 급격히 성장하여 국내외 선교는 물론, 한국교회 성장은 국가의 교육, 경제, 예술, 문학 등 국가사회의 전반적인 발전의 원동력이 되었다.

현 박사님은 이러한 사실을 신본주의 입장에서 한민족과 유대민족이 지니고 있는 유사점이 교회성장의 동력의 원인이 되었고, 교회성장은 한국의 국가 발전 동력의 원인이 될 만큼 한국인과 유대인의 유사점은 한국인의 생존과 번영에 대단한 상관관계가 있다고 해석하고 있다.

현 박사님은 그러나 한반도에 찾아온 변화와 발전이 오히려 새로운 세대들이 1970년대 이전의 전통과 가치관을 무시하며 새로운 삶을 최대한 추구하려는 수평문화의 범람으로 인하여, 하나님은 과연 한민족을 계속 사용하실 것인가, 또 한국에 이런 평화와 번영이 계속 유지될 수 있을까 하는 질문을 던졌다. 그에 대한 답은 매우 비관적이라고 했다.

한국인과 유대인의 유사점은 70년대 이후 점점 없어져 버렸다는 등 제반 현실들은 우리의 가슴을 치며 울어도 어쩔 수 없는 현실이다. 솔직히 우리 사회가 경천애인이며 홍익인간의 이념과 같은 선민사상과는 아득히 멀어지고 있다.

그러나 현용수 박사님은 하나님이 만세 전부터 한국민족을 마지막 시대를 위하여 제2의 이스라엘 민족으로 택하시고 주권적으로 간섭하고 계시다는 점을 들어 하나님의 뜻, 즉 하나님이 주신 쉐마교육 사명이 무엇인지를 이해하고 그것을 수행할 경우 우리에게는 여전히 희망이 있음을 언급하고 있다.

현용수 박사님은 한국민족과 한국교회가 이 중대한 문제의 해결 방안으로 취해야 하는 새로운 과업은 지금까지 열정을 쏟아오던 신약의 지상명령인 수평전도로서의 이웃 및 민족복음화와 세계복음화 못지않게, 구약의 지상명령인 수직선교로서의 가족 내의 쉐마교육을 더욱 강화하여 하나님의 자녀로서의 정체성을 잃어가고 있는 우리의 후 세대에게 신앙을 전수하는데 더 많은 열정을 쏟아 부어야 할 것임을 강력 추천하고 있다.

세대차이를 없애고 대한민국을 살리는 최고 최후의 수단이라 할 수 있는 쉐마교육을 교회와 가정 사회에서 강화되어야 할 것임을 외치고 있음을 깨닫는 바이다. 이 지면을 통해 수지 열방교회의 안병만 목사가 전교인의 지지를 받으며 삼대가 함께 하는 예배를 통해 쉐마의 정신을 이어가기 위해 노력할 뿐 아니라, 킹즈키즈 쉐마 초등학교와 영어선교원 그리고 어린이집과 유치원 수준의 프리 스쿨을 운영하고 있음을 지적하면서 이러한 움직임이 전국적으로 확산되어 갈 것을 기원하는 바이다.

　먼저, 이번에 저술한 '제2의 이스라엘 민족 한국인'은 쉐마교육에 있어서 또 다른 하나의 획을 긋는 귀한 책입니다. 적절한 시기에 책이 출판하여 쉐마가족들에게 소망의 빛을 보게 됨을 진심으로 축하드리며 책 저술에 온 힘을 기울이신 현 교수님의 노고를 치하합니다.

세계선교의 비전과 사명을 구현하는, 새로운 선교신학적 역작이다

김진섭 박사 (Ph.D., 구약학)

- 백석대학교 평생교육신학원 학장
- 쉐마교육학회 회장
- (사단법인) 이스라엘포럼 회장
- 쉐마교사대학 9회 졸업
- 아시아신학연맹-한국(ATA-K) 회장
- 미국 Dropsie 대학교 고대근동학(M.A., Ph.D.)
- 미국 Covenant 신학대학원 구약학(Th.M.)
- 고려신학대학원 목회학(M.Div.)
- 서울대학교 농화학과(BA)

현용수 박사님을 만난 지 벌써 30년을 향하고 있다(현용수, 『쉐마교육 개척기』, 2012, 419, 423-24 참조). 2009년 6월 쉐마교육학회 창립과 함께 "두 사람이 한 사람보다 낫다(전 4:9-12)는 동역의 기쁨으로 쉐마교육학회 회장으로서 섬기게 됨을 감사하고 있다.

지금까지 인성교육과 쉐마교육의 개론(전3권), 인성교육론 시리즈(전7권), 쉐마교육론 시리즈는 27권, 도합 37권의 책을 집필하신 현 박사님께서 마침내 『제2의 이스라엘 민족 한국인』이란 제목 아래 이스라엘과 유대인의 107개 유사점들을 5가지 영역, 즉 (1) 지리와 역사적 측면(17개), (2) 가족의 가치와 제도 측면(35개), (3) 교육과 문화의 측면(16개), (4) 종교적 측면(16), (5) 경제발전 측면(23가지)을 다룬 선교신학적 역작을 새롭게 내놓게 되었다.

2013년에 이스라엘신학포럼(현 사단법인 이스라엘포럼의 전신)"을 설립하여 유대인의 복음화를 향한 한국인의 비전과 사명을 일깨우고 실천하는 일에 진력해 오고 있는 나로서는 너무나 기쁘게 환영함이 당연할 것이다. 특별히 이 주제에 대한 성경신학적인 고찰의 졸고의 기회를 주심도 깊이 감사를 드린다.

바라기는 쉐마교육을 한국교회와 사회에 정착시킨 현용수 박사님의 이 신간 필독서가 한국 그리스도인이 마땅히 가져야 할 남북통일과 "첫째는 유대인에게"(롬 1:16a)로 시작되는 세계선교의 비전과 사명을 구현하는데 크게 기여할 것을 확신하고 적극적으로 추천하는 바이다. 가정 해체의 원인과 대책도 규명하지 못하는 국내외 현실 속에서, 현용수 박사는 지난 20년 동안 일관해 온 34권의 저술과 국내외에서 개최된 '쉐마지도자클리닉'에서 혼신의 힘을 다하는 강연들을 통하여, 교육 문제에 대한 성경적 해법, 유대인 교육법의 소개, 그리고 특별히 한국인의 문화와 종교에 적합한 제언들을 해 왔다. 그 동안 배출된 제자들을 통하여 이제 서서히 가정 회복 운동이 일어나며 건강한 교회 성장의 열매를 국내외적으로 시위하게 되었으니, 그 동안의 노고에 감사의 박수를 보낸다.

〈편집자 주: 책 후미 부록1에 김진섭 박사님이 쓰신 한국인과 유대인에 대한 논문이 이어집니다.〉

서평

왜 하나님께서 한민족을 이스라엘 민족처럼 사용하시는지에 대한 탁월한 분석

이현국 박사 (부산 해운대 운화교회 담임목사)

- 백석대학교 대학원 철학박사 과정
- 리젠트대학교 대학원 목회학 박사
- 쉐마목회자클리닉 졸업
- 총신대학교 신학대학원
- 충남대학교 법학석사
- 단국대학교 법학학사
- 대전고등학교 졸

그동안 쉐마교육을 통해 기독교교육의 역사 2,000년에 나타난 문제에 대한 해답을 제시해 오신 현용수 박사님께서 거의 마지막 역작으로 《제2의 이스라엘 민족 한국인》을 출간하셨습니다. 상관관계적 측면에서 한국인과 유대인의 유사점을 5가지 영역, 1) 지리와 역사 2) 가족의 가치와 제도 3) 교육과 문화 4) 종교 및 5) 경제발전 측면에서 총 107가지를 발견했습니다. 먼저 그 노고에 경의와 치하를 드립니다.

많은 사람들이 우리 한국민족을 제2의 이스라엘 민족이라는 말들을 많이 하는데, 본 저서는 이에 대한 심도 깊은 연구를 통해 왜 하나님께서 한국민족을 이 시대에 이스라엘 민족처럼 사용하시는지에 대한 탁월한 분석을 보여줍니다.

바야흐로 지금 세계 속에서 한국인이 경제, 문화, 기술 등 다방면에서 탁월함을 보여주고 있습니다. 교회성장과 선교에 있어서도 놀라운 성과를 보여주고 있습니다. 몇 십 년 전만 해도 세계에서 가장 빈곤한 나라였던 우리나라를 하나님께서 들어 사용하고 계십니다.

아시아에서 우리보다 먼저 복음을 받아들였던 중국, 필리핀, 일본보다 왜 우리 한국민족을 더 사용하고 계시는지 선민의 측면에서 이해해야 합니다. 그럴 때 앞으로 우리 민족이 나아가야 할 민족적 사명과 과업이 무엇인지 선민 이스라엘에 비추어 깨달을 수 있습니다. 우리 민족은 선민인 이스라엘 민족과 유사한 점이 많기에 하나님께서 이 마지막 때에 귀하게 사용하십니다.

본서는 두 민족의 공통점을 찾아내어 그것을 분석하는 데 그치지 않고 한국민족의 미래를 걱정하며 바른 대안을 제시했다는 데 큰 의미가 있습니다.

한국은 이제 각 분야에서 빨간 불이 켜지고 있습니다. 수직교육보다는 수평교육이 우선되고 있고 세속문화가 가정과 학교와 교회에 물밀듯이 밀려들고 있기 때문입니다. 그 결과 어른 세대와 다음세대에 세대차이가 크게 벌어지고 있습니다. 젊은 세대들은 유대인과의 유사점들을 많이 잃어가고 있습니다.

여기에서 우리가 주목해야 할 것이 있습니다. 유대인은 어떻게 신약시대 2000년 동안 전 세계를 유랑하면서도 그들의 토라와 전통 그리고 역사를 세대차이 없이 그대로 자손대대로 전수할 수 있었느냐는 겁니다. 제가 이스라엘에서 수개월 머물며 그들의 생활을 면밀히 관찰했을 때도 그들은 자신들의 조상들의 가치와 교육의 형식들(절기 포함)을 아직도 그대로 간직하고 있다는데 놀라움을 금치 못했습니다.

본서에서 저자는 이렇게 질문합니다. "한국인은 유대인과 많은 유사점이 있었을 때는 하나님이 많이 사용하셨지만 그 유사점이 없어지는데도 계속 사용하실 것인가?" 저자의 답은 부정적이었습니다. 그렇다면 어떻게 해야 할까요. 저자는 이에 대한 탁월한 2가지 대안을 제시했습니다.

그 중 하나는 이 때에 우리가 선민교육인 유대인의 쉐마교육을 가정과 학교와 교회에 적용하느냐 하지 않느냐에 따라 우리 민족의 미래를 결정하게 될 것이라는 겁니다. 저도 100% 공감합니다.

그런 면에서 현 박사님께서 이번에 《제2의 이스라엘 민족 한국인》이 될 수 있는 조건들을 찾아내어 저술하신 것은 현재 위기를 겪고 있는 한국민족과 한국교회가 어떻게 위기를 극복할 수 있을지에 대한 해답이 될 겁니다. 모든 기독교인들의 필독을 권합니다.

그러므로 성경의 역사 속에서 하나님이 이스라엘 민족을 훈련하고 사용하신 것을 거울삼아서 75가지 유사점을 잘 살피고 적용해야 할 것입니다. 그리하여 다시 한 번 한국교회가 일어나서 구약의 지상명령과 신약의 지상명령을 함께 완수하여 다음세대에 지속적인 영향을 전수해야 합니다.

그리고 이런 선한 영향은 세계교회를 살리기 위해 전 세계로 퍼져 나가야 할 겁니다. 이것이 주님의 재림을 준비하는 길입니다. 이를 위해 하나님은 한국 민족을 선택하시어 사용하고 계십니다. 이것이 서구교회와 한국교회의 사명의 차이입니다.

〈편집자 주: 본서 후미 부록2에 이현국 목사님의 귀한 쉐마교육 실천사례가 이어집니다〉

한국인과 유대인의 유사점을
일맥요연하게 정리한 것은
저자만이 지닌 특별한 지혜입니다

안병만 박사 (고신신대원 초빙교수)

- **열방교회 담임**
- 쉐마교육연구원 본부장
- 킹스키즈 쉐마초등학교 이사장
- 고려신학 대학원,
  치앙마이신학대학원 초빙교수 역임
- 쉐마목회자클리닉 졸업

선교 초기에 평양을 '제2의 예루살렘'이라고 불렀다고 하는데 이번에 저술한 현용수 교수님의 책 타이틀, '제2의 이스라엘 민족 한국인'이 너무 유사한 분위기라 무엇인가 깊은 의미가 담겨져 있음이 분명해 보입니다. 하나님 나라의 관점에서 보면, 선민 이스라엘과 대한민국이 너무 흡사한 부분이 많이 있는 것은 사실입니다.

그것을 조목조목 비교하여 일목요연하게 알 수 있도록 한 것은 저자만이 지닌 특별한 지혜라고 생각합니다. 책에서 밝히고 있는 바와 같이 지정학적인 측면에서, 가족의 가치와 제도 측면에서, 교육과 문화적인 측면에서, 경제 발전적인 측면에서, 더

욱이 영적인 면에서는 더욱 유사점이 많은 것 같습니다. 다른 유사점보다 영적인 측면에서 신경을 많이 쓴 자국들이 두드러지게 나타나고 있습니다.

쉐마교육 철학을 정립하여 한국인이 유대인들처럼 자손대대로 세대차이 없는 다음 세대를 세워야 한다는 당위성과 필연성을 주장하시고, 이제 마지막으로 한국이 제2의 이스라엘 민족이 되어야 한다는 영적 육적 이스라엘의 유사점을 통한 소망을 피력하신 것은 하나님의 마음에 대한 부응이라 여겨집니다.

대한민국은 유대인들에게 빚진 자임이 분명합니다. 먼저 유대인은 하나님을 경외하는 법을 유산으로 물려주었고, 일점일획도 변함이 없는 하나님의 말씀인 구약 성경을 기록된 말씀으로 대물림하게 한 것은 그 어떤 것보다 값어치 있는 영적 유산이 아닐 수 없습니다.

미래 세대와 다음 세대 그리고 허리세대가 사라지고 있는 한국교회와 사회에 자녀교육과 다음 세대를 세우는 쉐마교육을 본보기로 물려 준 것은 이 시대를 위한 최고의 선물이라 생각합니다.

저자는 오랫동안 연구하여 유대인들의 쉐마교육의 원리와 방법을 정립함으로써 우리가 다음 세대를 준비시키고 무장할 수 있는 도구를 손에 쥘 수 있도록 해 주었습니다. 이것은 한국교회 목회자들과 지구촌 구석구석 모든 부모님에게 큰 희망을 선물한 것임이 확실합니다.

기독교 2000년 역사에 많은 기독교교육철학이 정립되고 실행이 되어 학교와 교회의 커리큘럼으로 사용되었지만, 실제 지금까지 다음 세대에 신앙 전수하는 일에 변함없이 유용하게 쓰임 받은 교육철학은 거의 없다고 해도 과언이 아닐 것입니다.

한때 유행처럼 번졌던 교육의 내용과 원리 그리고 방법도 다음 세대로 이어지는 계승 적인 측면에서는 실패했습니다. 그것은 모름지기 하나님께서 아브라함과 그의 자손들에게 준 구약의 지상명령인 쉐마의 원리와 방법(창 18:19; 신 6:4-9)을 알지 못한 무지의 소산이라고 생각합니다.

21세기에 들어와 현용수 교수님을 통한 쉐마교육철학을 연구하여 그것을 약 40여권의 책으로 정립한 것은 콜럼버스가 신대륙을 발견한 것보다 훨씬 위대한 발견이고 업적이라고 아니할 수 없습니다.

〈편집자 주: 본서 후미 부록2에 안병만 목사님의 귀한 쉐마교육 실천사례가 이어집니다〉

유대인 생존의 비밀을 정확히 지적
토라와 탈무드 가정 교육

추천사

랍비 **마빈 하이어** (로스앤젤레스 예시바 대학교 학장)

- Newsweek 선정 미국에서 가장 영향력 있는 랍비
- Simon Wiesenthal Center 설립자
- Moriah Films 창립자
- 로스앤젤레스 예시바 대학 설립자

많은 학자들이 유대인의 생존의 비밀에 관해 관심을 가져왔습니다. 수천 년의 박해와 유랑에도 불구하고 살아난 유대인의 생존에 관한 학설들은 수없이 많습니다.

현용수 박사가 비유대인으로서 유대인의 생존의 비밀을 정확히 지적한 사실은 의외이며, 이를 축하합니다. 현 박사는 유대인에게는 토라 - 그들의 가장 신성한 율법서 - 에 대한 충성심이 생존의 도구였고, 죄악이 만연하는 바다를 표류하는 동안 성결을 지키게 한 결정체란 것을 확신하고 있습니다. 그는 3천 년 이상을 유대인을 다른 민족과 구별되게 한 교육의 기법, 부모에

Book Review

게서 자녀에게 자자손손 끊어지지 않는 연결 고리로 유대주의의 메시지를 전한 구전의 방법에 주목하고 있습니다. 그는 이러한 방법의 핵심을 빌어 그가 속한 한국 민족이 그들의 전통과 가치를 보존할 수 있는 힘을 찾으려 합니다.

현 박사는 수년 간 정통파 유대인 공동체에서 열심히 연구했습니다. 그는 유대인의 교육 이론을 연구해 왔고, 철저한 관찰을 통하여 실제적인 유대인의 생활 방식을 조사했습니다. 우리는 그가 우리의 로스앤젤레스 예시바의 학자들과 접촉하고 특별히 그의 연구를 지도하기 위하여 탈무드와 유대학 교수인 랍비 이츠학 에들러스테인과 만나게 된 것을 기쁘게 생각합니다.

우리는 그가 지구촌의 많은 사람에게 두 가지, 도덕과 관용을 전파하는 노력에 성공하기를 기원합니다.

로스앤젤레스 예시바 대학교 학장
진실한 랍비 마빈 하이어

yeshiva of los angeles

Rabbi Marvin Hier
Dean
Rabbi Sholom Tendler
Rosh Hayeshiva
Director, Academic Programs
Rabbi Meyer H. May
Executive Director
Rabbi Nachum Sauer
Rosh Kollel
Mr. Paul S. Glasser
Director
Rabbi Yitzchok Adlerstein
Director,
Jewish Studies Institute
Rabbi Harry Greenspan
Coordinator,
Beit Midrash Programs

April 2, 1996

To whom it may concern:

Many scholars have been intrigued by the longevity of the Jewish people. Theories concerning the survival of the Jews despite millennia of persecution and exile fill volumes.

Dr. Yong-Soo Hyun should be congratulated for pointing to a factor that is unusual for a non-Jew to note. Dr. Hyun believes that the faithfulness of the Jews to the Torah - their corpus of Divine Law - conferred upon them the tools for survival, and the resolve to keep holiness afloat in a sea of unholy influences. He is intrigued with the educational technique that has distinguished the Jewish people for over three millennia - the method of oral transmission that passes on the message of Judaism from parent to child, from one generation to the next in an unbroken chain. He is attempting to distill some of these tools in a way that may help his own Korean people find the strength to preserve elements of their tradition and values.

Dr. Hyun has spent a few years of hard research studying the Orthodox Jewish community from the inside. He has studied Jewish educational theory, and investigated practical Jewish lifestyle by thorough observation. We are pleased that he has turned to the scholars associated with our own Yeshiva of Los Angeles, particularly Rabbi Yitzchok Adlerstein, a member of our Talmud and Jewish Studies faculty, for guidance in his research.

We wish him success in his endeavors to spread both morality and tolerance to large populations of the globe.

Sincerely,

Rabbi Marvin Hier
Dean

9760 West Pico Boulevard, Los Angeles, CA 90035/(310) 553-4478

제1부

선민의 측면에서 본 한국인과 유대인의 유사점

〈한민족이 제2의 이스라엘 민족이
될 수 있는 조건 연구〉

〈저자 주: 저자는 34년 전 1996년 유대인 자녀교육서인 'IQ는 아버지 EQ는 어머니 몫이다'를 발간할 때 이미 '한국인과 유대인의 유사점' 11가지를 정리한 적이 있다(제2권 제8부 제2장 '한국인과 유대인의 유사점' 참조). 그런데 이번에 더 연구하여 107가지를 찾아내어 단행본으로 발간하게 된 것이다. 물론 저자 외에 다른 이들도 '한국인과 유대인의 유사점'의 일부를 거론 한 이들이 있다(예: 김진섭 교수, 권혁승 교수 및 유석근 목사 등. 기독교연합신문, *한국-이스라엘 수교 50주년 기념 국제 심포지엄; 알이랑 민족*, 등 참조)〉

> 한국인에게 왜 유대인과 같은 유사점과 선민사상이 많은가?
> 한민족을 향하신 하나님의 뜻은 무엇인가?

제1부 차례

제1장 서론: 왜 한국인과 유대인의 유사점 연구가 필요한가
제2장 지리와 역사적 측면에서 본 한국과 이스라엘의 유사점
제3장 가족의 가치와 제도 측면에서 본 한국과 이스라엘의 유사점
제4장 교육과 문화 측면에서 본 한국과 이스라엘의 유사점
제5장 종교적 측면에서 본 한국과 이스라엘의 유사점
제6장 경제발전 측면에서 본 한국과 이스라엘의 유사점
제7장 요약 및 결론 그리고 문제제기

제 1 장

서론: 왜 한국인과 유대인의 유사점 연구가 필요한가

I. 문제제기 :
한국인과 유대인의 유사점을 연구하는 것은 왜 선민의 조건을 연구하는 것인가
<한민족은 왜 제2의 이스라엘 민족인가>

저자는 유대인의 자녀 교육을 연구하면서 유대인을 너무 많이 칭찬하지 않았나 하는 생각도 가졌다. 그러나 결론은 그럴 수밖에 없다는 것이다. 독자들이 아는 바처럼 그들의 교육의 사상 자체가 하나님의 토라(율법 책)에 기초한 신본주의 사상이기 때문이다. 따라서 유대인은 구약시대에 하나님의 선택 기준에 합격했던 민족이다. 그리고 수천 년 동안 크게 사용하신 민족이다.

성경 말씀에 기초한 그들의 교육 논리는 세상의 어떠한 논리로도 반박할 수 없다. 다만 신약시대에 기독교인의 입장에서 유대인은 예수님을 믿지 않아 구원론에 대치된다는 것은 인정한다.

〈저자 주: 이 문제는 저자의 저서 '다음세대 기독교교육의 한계, 왜 유대인 교육이 답인가' 제1권에서 '왜 기독교교육에 유대인 교육이 필요한가?'라는 주제로 설명했기 때문에 다시 거론하지 않음〉

때문에 기독교인은 구원론적이 아닌, 선민교육학적인 입장에서 유대인의 성경에 기초한 신본주의 사상과 그들의 선민교육, 즉 쉐마 교육을 연구하고 배워서 본받아야 한다.

그런데 많은 학자들이 구약시대에는 유대인이 하나님의 선민이었고, 신약시대에는 20세기에 들어서며 한국인을 제2의 이스라엘 민족(유대인)이라고 정의했다(김진섭, *한국-이스라엘 수교 50주년 기념 국제 심포지엄*, 기독교연합신문, 2012년 9월 14일).

그 첫째 증거는 교회성장학적 측면, 즉 20세기 한국민족이 예수님을 믿고 하나님의 백성이 된 성도들이 많아졌는데, 그들은 영적 이스라엘이 되기 때문이다(갈 3:6-7, 제1부 제5장 8번째 참조).

둘째 증거는 사역적 측면, 즉 하나님이 좋아하시는 세계선교를 미국 다음으로 가장 많이 하기 때문이다.

한국세계선교협의회(KWMA)가 2009년 1월 2일 발표한 '2008 선교사 파송현황'에 따르면 우리나라 전체 선교사 수는 2만503명이다. 한국이 세계 제2위의 선교 大國(대국)으로 부상한 것은 2000년부터다. 2000년 말 8103명, 2006년 말에는 1만4905명, 2009년 들어 2만 명을 돌파, 30여 년 만에 200배 증가라는 결과를 냈다. 미국이 1위, 한국은 2위. 인구 대비로 따지면 한국이 세계 제1위다. 세계의 기독교인을 아우르는 두 축인 세계복음주의연맹(WEA)과 세계교회협의회(WCC)도 한국이 주도한다(월간조선, *기독교 선교사 2만명 파송시대의 明暗*, 2010년 1월호). 이것은 한국은 폭발적인 교회성장과 함께 세계 제2의 선교국가가 되었다는 것을 뜻한다.

왜 하나님은 아시아권 중에서 한국보다 복음을 먼저 받아들였던 필리핀교회, 중국교회 및 일본교회보다 한국교회를 그토록 사랑하시고 더 많이 사용하시는가?

훌러 신학교의 폴 피어슨(Paul Pierson) 선교학 교수에 의하면, 선교운동을 증진시켜 주는 아홉 가지 조건이 있는데 한국인들은 이 조건들을 모두 지니고 있다고 했다. 일생을 한인 선교사로 지낸 풀러 신학교 최찬영 교수는 이를 '특별한 하나님의 뜻'으로 보았다(최찬영, 1995).

그러나 이 2가지 증거, 즉 1) 한국교회의 급격한 교회성장과 2) 열정적인 세계선교로는 부족하다. 왜냐하면 역사적으로 유럽교회, 영국교회 및 미국과 캐나다교회도 이 2가지 증거는 차고 넘치기 때문이다.

그렇다면 2가지 증거 이외에 다른 증거들, 즉 상관관계적 측면에서 한국민족과 유대민족과의 유사점은 없는가? 왜냐하면 한국인을 제2의 이스라엘 민족이라고 칭하려면 더 구체적인 증거들, 즉 유대인과의 유사점이 다른 민족들보다 더 많아야 하기 때문이다.

더 나아가 유대인의 나라 이스라엘과 대한민국(한국)과의 유사점도 다른 나라들보다 더 독특하고 더 많아야 한다. 그래야 두 나라와 두 민족 간의 상관관계가 높은 것이 증명된다.

이것은 하나님의 선민의 조건을 그만큼 더 많이 충족시키는 것이다. 여호와 하나님께서 이스라엘 민족을 사랑하시는 것처럼 한국민족을 특별히 더 사랑하신다는 것을 증명하는 것이다. 그리고 마지막 때에 하나님이 한국민족을 제2의 이스라엘 민족처럼 사용하실 수 있는지를 알아보는 자격심사에 합격하는 것이다.

이것이 증명되면 한국 민족에게 어떤 유익을 주는가? 대략 3가지의 유익을 줄 것이다.

첫째, 한국인도 이스라엘 민족처럼 하나님의 특별한 사랑을 받는 민족이라는 자부심을 가질 수 있을 것이다. 이것은 한국인 부모들이 자녀들에게 너희들은 다른 민족들과 확연히 다른, 하나님의 제2의 선민이라는 정체성을 세워주는 데 중요한 역할을 해줄 것이다.

둘째, 종말론적인 측면에서 한국교회는 자신들의 정체성과 하나님이 주신 특별한 사명을 찾고 실천하는데 많은 도움을 줄 것이다.

셋째, 이 두 가지는 하나님 앞에서 한국인이 한국인으로 살아가는 것이 얼마나 중요하고 자랑스러운지를 깨닫게 해주는, 즉 한국인의 자존감을 높여줄 것이다.

이 3가지는 연구가 주는 유익이다. 이런 면에서 한국인과 유대인의 유사점을 연구하는 것은 한국인과 한국 교회를 위해 반드시 필요한 과정이다.

따라서 저자는 본서에서 한국과 한국인과 이스라엘과 유대인의 유사점들을 5가지 영역으로 나누어 연구해 보려한다. 1) 지리와 역사적 측면, 2) 가족의 가치와 제도 측면, 3) 교육과 문화의 측면, 4) 종교적 측면 그리고 5) 경제발전 측면 등이다.

결론 부분에서는 연구의 결과가 긍정적으로 나오면 이를 근거로 하나님이 한국교회를 선택하신 이유와 하나님께서 주신 특별한 시대적 사명에 대하여 논해 보고자 한다.

> 유대인은 하나님의 선택 기준에 합격했던 민족이다.
> 한국인도 그 기준에 합격하면 어떤 유익이 있을까?
> 또한 그 유익은 한국인의 정체성과 자존감에
> 어떤 영향을 주겠는가?

II. 연구의 조건: 한국인과 유대인의 차이점

앞에서 한국인과 유대인의 유사점들이 많다고 했다. 그럴지라도 한국 민족 전체가 유대인 같은 선민사상을 갖기란 힘들다. 본론으로 들어가기 전에 이점을 먼저 언급하는 이유는 차후 독자들의 오해를 풀어주기 위함이다.

물론 인성교육학적인 입장에서 우리의 조상들도 비록 중국의 영향을 받긴 했지만, 독자적으로 참인간 교육의 내용을 유대인처럼 잘 정리했다. 또 그 내용에 따라 철저하게 자녀들을 교육시켰다. 오히려 효도나 여성의 도리 같은 것들은 유대인보다 더 철저히 교육시켰을지도 모른다.

소위 한국인의 양반 교육이 그것이다. 양반 교육의 내용은 유대인처럼 까다로운 율법으로 구성되어 있다. 그러나 저자는 한국인의 양반 교육과 유대인의 양반교육에는 차이점도 있다는 것을 일러두고 싶다.

따라서 저자는 왜 두 민족 사이에 차이가 있을 수 있는지에 대한 이유를 포함하여 한국인과 유대인의 차이점을 다음과 같이 지적하고자 한다.

첫째, 한국 민족은 한반도라는 지역을 중심으로 형성된 민족이지 유대인처럼 하나님이 선택하신 아브라함의 혈통으로 내려온 민족이 아니다.

둘째, 유대인처럼 시내산에서 모세를 통하여 하나님으로부터 율법(특수 계시)을 직접 받고 그것을 자손대대로 전수해 온 민족 또한 아니다.

셋째, 유대인은 자신들의 기본 사상을 토라에 기초한 철저한 신본주의이지만, 한국의 사상은 유학(儒學, 유교)에 근거를 둔 동양 철학이다.

넷째, 교육의 범위가 유대인은 전 국민을 대상으로 한 것이지만, 한국인은 소수 양반 계층을 주축으로 시켰다.

다섯째, 유대인은 자녀나 아내에게 아버지나 할아버지의 권위를 논리로 설명하여 그들에게 자발적으로 순종하고 존경하게 하지만, 한국인은 강압적으로 하여 약자에게 상처를 주는 경우들이 많았다.
〈저자 주: 그 이유에 대해서는 저자의 저서 '하브루타, 왜 아버지가 나서야 하는가', 제1부 제1장 III. 2. "'권위'와 '권위주의'의 차이점" 참조 바람〉

여섯째, 유대인은 자신들의 것에 대한 자부심이 강하여 아브라함 때부터 현대까지 약 4000년 동안 교육의 내용과 방법을 지켜 왔지만, 한국인은 해방 후 서양 문명이 밀려오자 서둘러 우리의 것을 홀대하기 시작했다.
따라서 대부분의 현대 한국인은 서양 것보다도 우리의 것을 더 모르고, 부모들은 자녀들에게 한국적인 가정교육을 시키고 싶어도 가르칠 교육의 내용이 없어졌다. 딱한 현실이다.

독자들은 이 여섯 가지 차이점을 염두에 두고 한국인과 유대인의 유사점을 읽으면, 앞으로 한국민족이 하나님의 선민으로서 무엇을 어떻게 해야 할지에 대한 대안을 찾는데 도움이 될 것이다.

"**여**호와로 자기 하나님을 삼은 나라
곧 하나님의 기업으로 뻐신 바 된 백성은 복이 있도다"(시 33:12).

하나님은 창조주로서
한 나라를 세우기도 하시며 폐하기도 하신다.

하나님이 이스라엘을 택하신 기준은
그들이 다른 민족보다 수효가 많은 연고가 아니라
모든 민족 중에 가장 적기 때문이다(신 7:7).
하나님께서는 세상의 약한 것들을 택하사
강한 것들을 부끄럽게 하신다(고전 1:27).

이 말씀은 지극히 작은 나라 대한민국에도 해당된다.

"**세**계가 다 내게 속하였나니
너희가 내 말을 잘 듣고 내 언약을 지키면
너희는 열국 중에서 내 소유가 되겠고,
너희가 내게 대하여 제사장 나라가 되며
거룩한 백성이 되리라"(출 19:5-6).

제 2 장

지리와 역사적 측면에서 본 한국과 이스라엘의 유사점

첫째, 한민족(韓民族)과 유대민족은 동양의 셈족의 후손이다

예수원 설립자 대천덕(R. A. Torrey, 성공회) 신부는 한국인이 유대인과 사촌이라고 주장했다. 그 성경적인 근거는 두 민족 모두 셈의 자손이기 때문이라고 했다. 더 구체적으로 말하면, 셈의 셋째 아들 아르박삿의 손자 에벨은 '벨렉'과 '욕단'이라는 두 아들을 낳았다(창 10:21-30). 아브라함과 그의 후손 유대인은 벨렉의 후손이고, 욕단이 한국인의 시조 단군으로 추정했다. 따라서 유대인과 한국인은 형제이며 한국인은 유대인의 사촌이라는 것이다(대천덕, *종교다원주의*, 신앙계, 9월호, 1999년 p. 115).

> 셈의 자손 중에 … 어쩌면 동편 산들은 한국의 산들이고 태백산의 제단을 세워둔 단군은 욕단일 수 있습니다. 특히 단군의 기원은 욕단의 이주한 시기와 같습니다. 히브리말로 '욕단'은 '작다'라는 뜻입니다. 그의 이름은 벨렉의 어린 동생이었기 때문일 듯합니다. 벨렉의 후손을 살펴보면 아브라함이 그 후손이며, 성경의 나머지 부분은 그 후손들 그리고 가장 중요한 인물인 예수님을 다루고 있습니다. 욕단의 후손인 한국인들은 이스라엘인들의 사촌인 것입니다. 성경의 기록은 기독교의 근원임으로, 기독교와 그 자매 종교인 유대교는 분명 한국의 바탕이 된다고 하는 다른 종교들보다 훨씬 오래된 것입니다. (상게서, p. 115)

유석근 목사는 여러 학자들의 연구 자료를 근거로 한국인과 유대인은 혈통적인 면에서 모두 노아의 후손 셈족(수메르)의 후손이라고 주장한다. 그리고 이에 대한 성경적 및 인종학적인 증거가 있다고 했다(유석근, 알이랑 민족, 2015; https://ibeiam.tistory.com/36).

물론 그의 주장에 이의를 제기한다고 해도 두 민족 모두 동양의 단일 민족임은 부인할 수 없다.

단일 민족은 종교성이나 응집력 면에서 여러 민족의 피가 섞인 민족들보다 더 강하다. 왜냐하면 단일 민족이 수직문화가 더 강할 확률이 많기 때문이다. 수직문화가 강한 민족이 하나님께 붙잡힌 바 되면 그만큼 크게 쓰임 받을 수가 있다(Hyun, Yong-Soo, 1990).

둘째, 한국과 이스라엘은 지리학적으로 초강대국에 둘러싸여있다

한국과 이스라엘은 지리학적으로 초강대국에 둘러싸였다는 점에서 유사하다. 이스라엘은 남쪽에는 초강대국 이집트가 있고, 북쪽과 동쪽에도 초강대국 바빌로니아와 아시리아가 있었다.

이스라엘은 세 초강대국들 사이에 강원도 정도의 작은 국토로 샌드위치처럼 끼여 있다. 이런 지리학적 상황은 3200년이 지난 2019년 현재도 마찬가지다.

한국도 지리학적으로 남쪽의 일본과 북쪽의 초강대국 중국과 러시아 사이에 끼인 조그만 나라다.

하나님의 선민 입장에서 본 이스라엘과 한국의 공통점

이스라엘과 한국의 닮은 특성은 무엇인가? 두 나라는 강대국 사이에서 끼인 지극히 작은 나라다. 두 나라는 하나님만을 의지하는 강한 믿음이 있을 때 주위 약소국들을 부끄럽게 만들 수 있다. 그렇지 않으면 주위 강대국들의 종이 될 수밖에 없다.

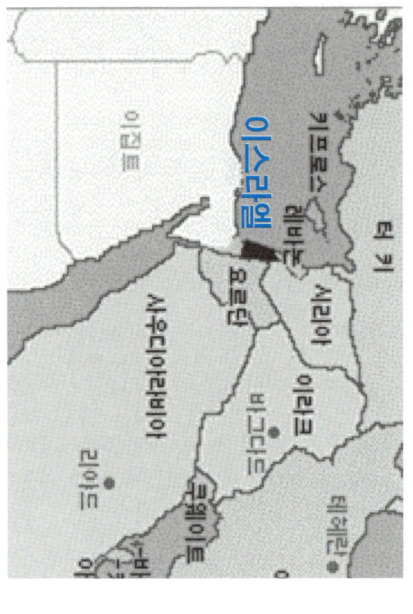

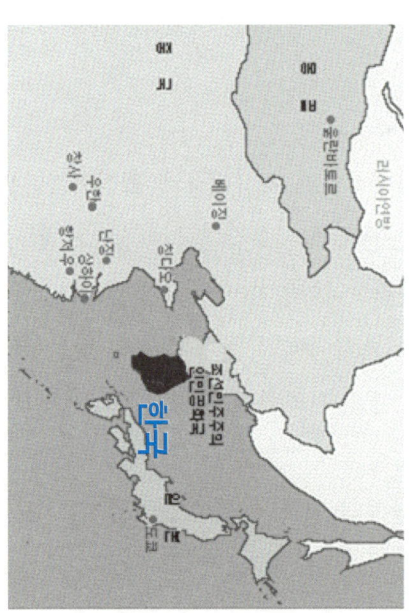

72 제2의 이스라엘민족 한국인

셋째, 한민족과 유대민족은 미천한 약소민족이다

왜 하나님께서 유대인을 택하셨는가? 왜 수많은 큰 민족, 큰 나라도 많은데 하필 가장 수효가 적고 힘이 없는 노예민족을 택하셨는가? 그 이유는 역설적이지만 매우 수효가 적고 미천한 약소민족이기 때문이라고 하셨다.

> 너는 여호와 네 하나님의 성민이라. 네 하나님 여호와께서 지상 만민 중에서 너를 자기 기업의 백성으로 택하셨나니 여호와께서 너희를 기뻐하시고 너희를 택하심은 너희가 다른 민족보다 수효가 많은 연고가 아니라 너희는 모든 민족 중에 가장 적으니라. (신 7:6-7)

출애굽기에는 모세가 시내산 떨기나무에서 하나님을 만나는 장면이 나온다(출 3:1-3). 유대인이 질문한 것은, 어째서 하나님이 고르고 골라서 작은 가시가 가득 돋아 있는 덤불을 택하셨을까 하는 점이다. 떨기나무 덤불은 동물조차도 가까이 가지 않고, 인간이 가지 않고, 꽃도 피지 않고, 손을 조금만 디밀어도 상처투성이가 되어 버리는 지독한 곳이다(Tokayer, 탈무드 2: 탈무드와 모세오경, pp. 184-186). 하나님은 왜 그런 보잘 것 없는 가시떨기 나무를 택하셨을까?

그 이유는 하나님은 하찮은 것에도 관심을 갖고 계시기 때문이다. 특히 유대인이 이집트에서 노예였던 시절에 이러한 교훈을 배웠다는 것은 매우 중요하다. 당시에는 가시덤불도 유대인도 보잘 것 없는 존재였다(상게서).

예수님도 "주 앞에서 자라나기를 연한 순 같고 마른 땅에서 나온

줄기 같아서 고운 모양도 없고 풍채도 없은즉, 우리의 보기에 흠모할 만한 아름다운 것이 없는 분"(사 53:2)이셨다. 더구나 그분은 "멸시를 받아서 사람에게 싫어 버린바 되었던 분"(사 53:3)이셨다.

한국인은 어떤가? 유대인처럼 가장 작은 민족 중 하나이며, 가장 자랑할 것이 없는 미천한 민족이었다. 놀랍게도 이것이 하나님의 선택 기준에 들어 있었다는 것이다.

저자가 1973년도에 처음 학생 신분으로 미국에 왔을 때에는 유학 시험에서 배웠던 대로 한국의 금속 활자 발명이나 이순신 장군의 거북선 등을 미국인들에게 열심히 자랑했다.

⟨저자 주: 당시에는 유학을 가기 위해서 정부의 시험을 통과해야 했다. 과목은 1) 국사, 2) 영어, 3) 시사 논문이었다⟩

그러나 나중에 깨달은 것은 미국에 이민 온 대부분의 그리스 사람이나 이탈리아 사람, 심지어 이라크나 인도에서 온 사람까지 한국인에 비하여 자랑할 것이 너무나 많다는 사실이었다. 그들의 온 국토는 세계적인 문화재로 꽉 차 있을 정도다. 그런데도 그들은 우리처럼 자랑하지 않았다. 원래 자랑할 것이 없는 사람이 남에게 자랑하는 법이다.

왜 하나님은 미천한 민족을 택하셨을까? 그 이유는 그런 민족을 택하여 강대국을 부끄럽게 하시기 위함이다. 하나님께서는 약한 자를 들어 강한 자를 부끄럽게 하신다(고전 1:27).

이것은 우리를 비하하는 것이 아니다. 비록 영토는 작고 인구는 적은 민족이지만 우리도 이스라엘 민족처럼 오직 여호와 하나님만을 자랑할 때만이 세계열강들 속에서 생존할 수 있다는 것을 강조하고 싶을 따름이다.

실제로 한국의 현대사는 이것을 증명한다. 1960년대 초까지 국가예산의 85%를 미국에 의존했었다. 그런 나라가 광복 70주년을 맞아 통계청이 발표한 '통계로 본 광복 70년 한국사회의 변화'에 따르면 2014년 기준 우리나라의 수출 규모는 5727억 달러로 세계 6위 수준이다. 이는 전 세계 수출 총액 중 3.1%로 세계 6위 규모다(NEWSIS, *광복 70년, 수출규모 세계 6위… 무역의존도는 99.5%*). 서구에서는 200년 걸린 근대화를 60년 만에 해냈다(중앙일보, *1948년… 해방 후 5년의 선택이 대한민국 운명 갈랐다*).

〈저자주: 제6장 '경제발전 측면에서 본 한국과 이스라엘의 유사점'에서 더 자세히 설명함〉

넷째, 한국인과 유대인의 고난의 역사가 유사하다

고난의 역사가 유사하다는 점에서 한국인과 유대인은 닮았다. 전 세계에서 역사적으로 매우 작은 나라로서 수많은 초강대국의 외침을 받고도 사라지지 않은 나라는 이스라엘과 대한민국 두 나라뿐이다. 생존 자체가 기적이다.

한국은 2019년을 기준으로 4,352년의 역사를 갖고 있다. 긴 역사 속에서 6.25 전쟁(1950년 – 1953) 이후 현재(2020년)까지 약 70년 동안 평화를 누린 것이 가장 긴 평화의 시대다. 그 동안 기록된 대규모 외침만 90여회, 작은 노략질까지 합하면 993회(거의 1000번)의 외침을 받았다(홍기범, *가난한 선비와 약소국의 공통점은?*, 전자신문, 2017년 9월 28일). 힘이 없어 당하는 민족의 고통이 얼마나 처절했겠는가!

　유대인의 고난의 역사는 한국 보다 훨씬 더 처절하다. 왜냐하면 북왕국은 아시리아로 남왕국은 바벨론으로 왕을 비롯한 온 국민이 포로로 잡혀간 고난의 역사가 있기 때문이다(아래 여섯째에서 자세히 설명함). 세계 제2차 대전 당시 독일의 히틀러에 의해 죽은 백성만도 6백만 명이나 된다.

　유대인의 고난의 역사에 대해서는 그 동안 많이 설명했기 때문에 지면상 생략한다.

　〈저자 주: 더 자세한 것은 저자의 저서 고난의 역사교육 시리즈 제5권 '*고난의 역사 현장 교육*', 제4부 제4장 1. '한국인과 유대인의 고난의 역사의 유사점' 참조 바람〉

다섯째, 한국과 이스라엘은 초강대국에 흡수당하지 않았다

　앞에서 언급한대로 한국은 약 오천 년의 긴 역사를 갖고 있으면서도 중국과 소련, 그리고 일본의 틈바구니 속에서 어느 한 나라에 흡수되어 동화되지 않았다. 현재 독립국가로 살아남았다. 그리고 독특한 단일 민족의 혈통과 고유문화를 가지고 있다.

　이것은 유대민족이 5779년(2019년 기준) 동안 주변 초강대국들에게 흡수당하거나 동화되지 않은 것과 유사하다.

여섯째, 한국과 이스라엘은 남과 북이 갈라졌던 분단 국가였었다

이스라엘의 역사는 사울 왕 이전까지는 하나님이 직접 통치하셨던 신정정치 시대였다. 그러나 이스라엘 백성들은 하나님에게 다른 나라들처럼 왕을 세워주기를 바랐다. 하나님은 그들의 요구를 좋게 여기지 않으셨지만 마침내 이스라엘에 왕정정치를 허락하셨다. 첫째 왕이 사울, 둘째, 다윗 그리고 셋째 왕이 솔로몬이었다.

그러나 솔로몬의 우상숭배로 말미암아 솔로몬이 죽은 후 통일 왕국 이스라엘은 120년 만에 끝이 나고 남유다와 북이스라엘로 나누어지게 되었다. 남유다의 초대 왕은 솔로몬의 아들 르호보암이고(BC. 930-913, 왕상 14:21-31, 대하 10-12장), 북이스라엘의 초대 왕은 솔로몬의 신하였던 여로보암이었다(BC. 930-909, 왕상 12:25-14:20).

남유다는 1대 르호보암(BC. 930-913)에서 시작하여 20대 시드기야(BC. 597-586)까지 344년간 존속했다. 바벨론 느부갓네살 2세(BC. 605-562)에게 BC. 586년에 멸망했다. 북이스라엘은 1대 여로보암(BC. 930-910)에서 시작하여 19대 호세아(BC. 732-722)까지 208년간 존속했다. 앗수르 사르곤 2세(BC. 722-705)에게 BC. 722년에 멸망했다.

대한민국은 1945년 8월 15일 일제로부터 독립과 동시에 남한과 북한이 이념의 차이로 갈라지게 되었다. 그 후 남한은 1948년 8월 15일에 이승만 박사의 주도하에 미국식 자유시장경제 체제를 지향하는 자유민주주의 국가 대한민국을 건국했다.

북한은 1948년 9월 9일에 김일성의 주도하에 소련 공산당의 지배를 받는 조선민주주의인민공화국을 수립했다.

남유다와 북이스라엘이 몇 백 년 후에 하나님이 통일을 시켜주셨던 것처럼, 한국도 하나님이 때가 차면 언젠가 자유 대한민국 체제로 통일을 시켜 주실 것으로 믿는다.

일곱째, 한국과 이스라엘은 타국을 침공하지 않았다

이스라엘은 다윗이나 솔로몬 시대처럼 아무리 강대한 힘이 있었다고 해도 영토를 확장하기 위해 다른 나라를 침공하지 않았다. 현재도 이스라엘은 13억이라는 강대한 아랍권과 맞서는 힘이 있어도 타국을 침범하지 않는다. 왜냐하면 오직 하나님께서 주신 영토(가나안)만을 지키는 것이 그들의 목적이기 때문이다.

한국도 역사적으로 이스라엘처럼 주변 나라들로부터 외침만 받았지 다른 나라들을 공격하지 않았다. 물론 고구려 때 광개토대왕이 몇 번 북방을 넓힌 예는 있다. 그러나 당시는 외적이 먼저 침공을 했기 때문에 방어적인 차원에서 어쩔 수 없이 싸우다가 넓힌 것뿐이다.

여덟째-열두 번째, 한국과 이스라엘 건국에 대한 간단한 유사점 5가지

한국과 이스라엘의 건국에는 6가지 유사점이 있다. 우선 간단한 것 5가지를 여기에서 설명하고, 이어서 다음 항에서 1가지를 더 설명해보자.

첫째(여덟째), 대한민국과 이스라엘은 역사적 및 지리적 상황뿐만 아니라, 근현대에 와서 두 나라의 건국일도 거의 유사하다. 이스라엘은 1948년 5월 14일에 건국했고, 대한민국은 1948년 8월 15일에 건국했다.

둘째(아홉째), 두 나라 모두 자력의 힘으로 독립을 한 것이 아니라, 타력의 힘으로 독립을 했다. 이스라엘은 영국과 유엔의 도움으로, 한국은 미국과 유엔의 도움으로 건국되고 지탱해 왔다.

셋째(열 번째), 당시 두 나라의 독립을 위해 도움을 주었던 영국이나 미국은 모두 하나님을 잘 믿었던 기독교 국가였다. 이것은 두 나라 사이에는 뭔가 하나님의 주권적인 계획이 있다는 것을 암시해 준다.

넷째(열한 번째), 두 나라 모두 유엔이 인정한 합법 정부다. 이것은 특히 중동의 여러 국가들이 이스라엘을 제거할 수 없다는 법적 근거를 제공해준다는 점에서 그 의미가 매우 크다. 물론 남한도 북한

보다 법적 명분에서 우위를 선점한다는 점에서 의미가 크다. 6.25 전쟁 당시 16개국에 달하는 유엔군이 한국을 돕기 위해 참전했던 것도 한국이 유엔에서 인정한 합법국가였기 때문에 가능했다.

다섯째(열두 번째), 두 나라 모두 건국의 아버지가 있었다. 이스라엘에는 벤구리온(1886년 10월 16일 – 1973년 12월 1일)이라는 건국의 아버지가 있었다면, 한국에는 이승만(1875년 3월 26일 – 1965년 7월 19일)이라는 건국의 아버지가 있었다. 두 분 모두 하나님께서 준비해두셨던 영원한 영웅이다. 특히 유대인 중에는 다른 벤구리온 이외에도 다른 훌륭한 인물들이 많이 있었겠지만, 한국에는 이승만 박사 이외에는 불가능했다는 점에서 그의 존재에 대해 더 감사한다.

이스라엘의 건국의 아버지 벤구리온(좌)과
한국의 건국의 아버지(우) 모두 하나님께서
준비해두셨던 영원한 영웅이다

열세 번째, 한국과 이스라엘은 고난의 건국 과정이 유사하다

앞에서 한국과 이스라엘 건국에 대한 5가지 유사점을 설명했다. 이제 대한민국과 이스라엘은 건국 과정에 너무 많은 장애물이 있었다는 점에 대해 설명해보자. 대한민국의 적은 조선민주주의인민공화국(북한의 공산주의)이고, 이스라엘의 적은 주변 아랍권(이슬람교)이다. 이스라엘 건국에 대해서는 여러 번 설명했다(유대인의 고난의 역사교육 시리즈 제2권, '유대인의 고난의 역사교육', 제2부 '이스라엘의 건국 과정과 국가관' 참조). 따라서 여기에서는 대한민국 건국 과정에서 힘들었던 것만을 간단하게 요약한다.

〈저자 주: 저자는 2016-2017년 좌파의 촛불집회와 우파의 태극기 집회가 한창일 때 SNS로 국익의 입장에서 촛불집회의 오류를 비판했다. 당시 A박사는 저자의 글에 반박하여 어쩔 수 없이 토론을 하게 되었다. 이후 전체 토론 내용은 '유대인이라면 박근혜 위기 어떻게 극복할까'란 제목으로 출간되었다. 이 중 이승만 전 대통령의 건국 과정에 나타난 고난에 관한 것만 요약하여 여기에 싣는다. 더 자세한 것은 상기 책을 참조하기 바란다. 참고로 A박사는 저자에게 쉐마교육을 받은 제자다.〉

A. 김구의 애족(愛族)은 사실이지만, 애국(愛國)은 실체가 없었다

A박사의 문제제기7:

"교수님, 백범 김구 선생은 교수님의 말씀처럼 애국-민족주의

자였습니다. 그러나 그 분은 우익 진영을 대표하는 분이셨지 극우 보수주의 이념을 가진 분이 아니셨습니다. 그러하기에 1948년 남한만의 단독 총선거를 실시한다는 국제연합의 결의에 반대 하여 통일정부수립을 위한 남북 협상을 제창하였던 것입니다."

"심지어 그 후 북한으로 들어가 실패하였지만 정치회담을 열기까지 했습니다. 또한 그 후 정부수립에 참가하지 않고 중간파의 거두로 남았습니다. 이는 백범 김구 선생님이 우익 보수의 이념을 초월한 애국-민족주의자였기 때문입니다. 기독교는 백범 김구 선생이 보여준 보수와 진보를 초월한 애국-민족주의의 길을 걸어야 할 것입니다. 이것이야말로 한국적 쉐마교육이 아닐까요?"

현용수의 반론7:

― 김구 선생처럼 보수와 진보를 초월한 분이 쉐마교육에 합당하다고요?
― 김구 선생에게 애족의 실체는 있었으나 애국의 실체가 없었던 게 문제였습니다.

김구 선생님이 훌륭한 민족주의자이셨다는 것 다 압니다. 그러나 그분을 애국자(愛國者)라고 부르기는 모호합니다. 왜냐하면 그분의 애족(愛族)의 실체는 있었으나, 애국(愛國)의 실체는 없었기 때문입니다.

그분의 국가관은 자유 시장경제를 기본으로 한, 이승만 박사가 건국한 남한의 대한민국에 기초한 것도 아니고, 그렇다고 공산주의 이념을 기본으로 한, 김일성이 세운 북한의 조선민주 주의인민

김구 선생(좌)이나 이승만 박사(우)는 모두 민족주의자이다. 그러나 전자는 이념적 국가관이 없어 애국자는 아니다. 후자는 이념이 확실하여 자랑스런 대한민국을 건국했다. 전자는 순진했고, 후자는 슈르드했다.

공화국에 기초한 것도 아닙니다.

즉 그분의 조국은 북한도 아니고, 남한의 대한민국도 아니었습니다. 남북한을 합치어 통일하자는 이상론에 근거한, 실제로 존재할 수 없는 이상 국가였습니다. 김구 선생님의 애국이 허상이라는 이유가 여기에 있습니다.

그분은 한국인 지도자라면 당연히 갖추어야 할 자신의 국가관에 관한 이념적 정체성이 없는 분이었습니다. 따라서 김구 선생님의 가장 큰 오류는 그분의 국가관이 허상이라는데 있었습니다. 그런 분이 어떻게 대한민국의 지도자가 될 수 있겠습니까?

B. 국부 이승만 박사의 2가지 위대한 특징

A박사의 문제제기8:

"교수님, [대한민국이 건국된 것은] 극단적인 이념사상이 아닌 일제로부터 해방을 위해 목숨을 걸고 애국민족주의의 길을 걸은 백범 김구 선생 같은 많은 분들 덕분이라고 생각합니다. 그리고 일제시대에 기독교인들이 독립운동을 할 수 있도록 그 전에 이 땅의 선교사들을 보내 복음을 전해주신 하나님의 은혜 덕분입니다."

현용수의 반론8:

- 오늘날 대한민국의 존재가 김구 선생 같은 많은 분들 덕분이라고요?
- 조선의 독립이 누구의 공인지 압니까?

오늘날 대한민국이 존재하게 된 것은 백범 김구 선생 같은 많은 분들 덕분이라고요? 많은 진보 좌파분들이 이런 상당히 잘못된 주장을 합니다. 왜 그분들의 주장이 허구인지 압니까? 그분들이 독립운동을 하신 것은 맞지만, 실제로 조선의 독립은 조선인 스스로 이룬 것이 아닙니다. 미국이 제2차 세계대전 에서 일본을 이겼기 때문에 얻은 것입니다. 즉 조선의 독립은 미국이 공짜로 준 선물입니다. 따라서 미국에 감사해야 합니다.

대한민국을 건국한 것은 온전히 이승만 박사의 결단과 노력 덕분입니다. 당시는 5000년 한국 역사에서 가장 혼탁한 격랑의 물결이 휘몰아쳤던 시기입니다. A박사님은 이승만 박사의 공(功)을 너무 무시하는데, 만약 그 당시 A박사님 같으면 이승만 박사만큼 전 세계를 보며 미국을 중심한 자유민주주의 진영과 공산주의 진영을 나누어 볼 수 있는, 냉전시대에 대한 통찰력을 가지고 있었겠습니까?

김일성을 추종했던 그 많은 공산주의자들의 정치적 테러들을 이겨내고 1948년 5월 10일 남한만의 단독 선거를 치를 수 있었겠습니까? 그리고 선거 후 그 많은 혼란 속에서 완전한 3권 분립 국가(행정부, 입법부, 사법부)를 건국하고 대한민국 육해공군 군대를 창설할 수 있었겠습니까?

그리고 북한이 도발한 6.25 침략 전쟁 후 완전히 폐허가 된 거지나라 대한민국 국민들을 먹여 살리기 위해 미국의 원조를 그만큼 많이 받아 올 수 있었겠습니까? 당시 필자가 살았던 충청북도 보은군 산골 골짜기까지 미국의 구호물품들이 왔었으니까요.

백범 김구 선생님뿐만 아니라 아무도 그렇게 할 수는 없었을 것입니다. 왠지 압니까? 당시 애국-민족주의자들은 수없이 많았습니다. 그런데 이승만 박사가 다른 분들이 가지지 못했던 독특한 장점들이 있었습니다. 그게 뭐냐고요?

첫째는 그분은 애국-민족주의자이기도 했지만 그분의 그릇이 다른 분들에 비해 상대가 안 되도록 큰 인물이었습니다.

둘째는 그분이 미국의 하버드대학에서 석사학위(MA)를 취득하고 프린스턴 대학에서 국제 정치학 박사학위(Ph.D)를 취득했으며, 그 후에도 한국에 오기 전까지 수십 년 동안 미국의 주류 상류 사회에서 많은 인맥을 쌓았기 때문에 대한민국 건국이 가능했습니다.

필자는 미국에서 40년 이상 살았습니다. 현재도 그런 일류 대학에 입학하기도 힘들지만 박사학위를 취득한다는 것은 매우 힘듭니다. 그런데 110년 전(19세기)에 도포입고 갓 쓰고 상투 틀던 시절에 거의 모든 한국인은 미국이 어디에 붙어 있는지조차도 모르던 시절이었습니다. 그런데 그분이 하버드대 석사를 1년, 프린스턴대 박사과정을 2년 만에 마친 것은 기적 같은 일입니다. 한국인 최초의 1호 박사입니다(유영익, 이승만의 삶과 꿈, 중앙M&B, 1996년 12월 28일. '유학' 참조).

그것뿐만이 아니지요. 그분은 1941년에 일본이 미국을 침략 할 것이라는 예언서 '일본의 가면을 벗긴다'(Japan Inside out)라는 책을 출판해 미국 정계를 놀라게 했습니다[이승만, 일본의 침략 근성(Japan Inside out), 행복우물(번역 김창주), 2015년 11월 1일]. 이 책은 출판된 지 1년 만에 미국에서 베스트셀러가 되었으며 한국인이 쓴 책 중에 최초로 해외에서 베스트셀러 반열에든 책이라는 기록도 갖고 있습니다(http://cfeorg.blog.me/220799270965). 그래도 그가 친일파입니까?

많은 이들이 국내에서 한국어로 박사학위를 받는데도 논문을 쓰면서 그렇게 어렵다고 하면서 그분의 탁월한 재능에 감탄이 안 됩니까? 그리고 그분의 특성 중의 하나는 완전히 망했던, 지도에서 살아졌던, 거의 아무도 몰랐던 그리고 알려고도 하지 않았던 조선의 독립운동을 하면서 당시 인종차별이 매우 심했던 미국의 상류 백인들에게 비굴하지 않았고 기가 죽지 않았다는 것입니다. 한국인으로 그런 조상을 두었다는 것이 자랑스럽지도 않습니까?

필자가 미국에 43년 전(1973년)에 처음 갔을 때에도 주변 학생들 중 한국을 아는 이들은 없었습니다. 그런데 그보다 60년 전에 대한민국이란 나라도 없었던 때의 일입니다. 그런 분이 당시에 한글도 제대로 읽지 못했던 그리고 세계사에 정말로 무지했던 대부분의 한국 국민들에게 배운 티를 내지 않고, 인내를 갖고 대하고, 일평생 청렴하게 살았던 것은 그분이 한국 민족을 얼마나 사랑했는지를 보여주는 것입니다.

말년에 그가 독재자와 부정선거자로 몰린 것은 2인자 이기붕의 국정농단 때문이었습니다. 그러나 그는 그 책임을 자신이 지고 수많은 백성들이 자신을 싫어한다는 사실을 접하고는 이유 없이 즉시 하야했습니다(이호, *4.19 혁명과 이승만의 최후*).

한 인간의 업적을 자신의 마음에 안 든다고 그렇게 우습게 한 마디로 평가하면 안 됩니다. 필자는 감히 이승만 박사는 하나님께서 대한민국을 사랑하셔서 준비하신 세종대왕 이후의 가장 큰 세계적인 인물이라고 생각합니다. 그런 분이 특히 진실한 기독교인이라는 점이 자랑스럽지 않습니까?

열네 번째, 한국과 이스라엘은 건국 후 70년 동안 계속 적의 도발에 시달린다

대한민국과 이스라엘은 모두 1948년에 건국했다. 그런데 유사점은 건국할 때도 적(敵)의 방해로 너무나 힘들었고, 건국한 이후 70

년 동안 계속 적의 공격 때문에 힘들어하고 있다. 두 나라 국민 모두가 항상 긴장 상태의 연속이다.

이스라엘은 제1차 중동 전쟁(1948년 3월 - 1949년 3월), 제2차 중동 전쟁(수에즈 전쟁, 1956년 10월 29일 - 1956년 11월 7일), 제3차 중동전쟁(6일 전쟁, 1967) 및 제4차 중동 전쟁인, 욤키푸르 전쟁(라마단 전쟁 혹은 10월 전쟁, 1973년 10월 6일 - 10월 25일) 등 큰 전쟁을 치렀다(위키백과). 오늘날도 그곳에는 총이나 포 소리가 멎을 날이 거의 없다.

한국은 이스라엘보다는 휴전 이후 상대적으로 갈등이 적다. 그러나 아직도 북한의 도발은 계속되고 있다. 최근에 도발한 제1차 연평해전(1999년 6월 15일), 제2차 연평해전(2002년 6월 29일), 천안함 피격침몰 사건(2010년 3월 26일) 및 연평도에 포격 사건(2010년 11월 23일) 등이 그 예다.

자세한 설명은 다른 주제에서 많이 설명했기 때문에 여기에서는 지면상 생략한다.

열다섯-열일곱 번째, 한국인과 유대인의 동족 사랑 유사점 3가지

유대민족이 아무리 작은 민족이라고 해도 주변 강대국에 기죽지 않고 동화되지 않는 가장 큰 이유는 자신들은 하나님께서 선택하신 민족이라는 선민의식이 강했기 때문이다. 토라에 근거한 신본주의 사상이 그들의 정체성이다. 그들의 정체성이 강한 것만큼 그들의 애국애족심 또한 매우 강하다.

한민족도 단일민족으로 이웃 강대국에 동화되지 않았던 가장 큰 이유도 자신들은 단군의 후예로 일종의 한국인의 선민의식이 있다. 작은 민족이었지만 자신들을 항상 지구의 중심에 놓고 생각해왔다. 그리고 조선은 우수한 도덕군자들이 사는 나라, 즉 '동방예의지국'(東方禮儀之國)이라고 자랑했다. 인성교육학적인 측면에서 다른 민족들과 도덕적인 수준이 한국인은 '양반', 다른 민족들은 '쌍것'이란 의식이 있었다. 이것이 한국인의 수직문화이며 정체성이다.

따라서 한국인은 유대인처럼 다른 민족에 대해 배타적인 경우가 많다. 주변국들이 대국이라고 하더라도 그 나라 백성들을 업신여기기도 했다. 중국인을 짱깨, 만주인을 오랑캐, 일본인을 쪽발이 등으로 얕잡아 부르기도 했다.

또한 혈통적으로 우수한 단일민족임을 자랑하며 순혈주의를 강조했다. 다른 민족들과 피가 섞이는 것을 싫어했다. 따라서 남녀 모두 타민족과의 결혼을 부끄럽게 생각했다. 해외에 나가서도 한국인끼리 모이는 경우가 많다.

외적이 한국의 영역을 침범했을 때는 온 국민이 단결하여 죽기를 각오하고 싸웠다. 많은 경우 관군을 도와 일반 백성들이 나서서 싸워 이기는 경우가 많았다. 동남아를 식민지로 삼았던 일제가 놀랐던 것이 있었다고 한다. 인구가 제일 많았던 중국에서는 일본 천황이나 고위관리를 암살한 예가 별로 없는데, 유독 가장 작은 나라 조선 사람들 중에 많았기 때문이었다.

한국에서 15년 동안 외신 기자 생활을 한 영국 기자 마이클 브린은 그의 책 '한국인을 말한다(영문 제목: The Koreans, 1999)에서 만주인이나 중국인 혹은 필리핀 사람들보다 나라를 되찾겠다는 한국인 독립 운동가들이 훨씬 더 많았다고 했다(오피니언 뉴스, 영국 기자 마이클 브린이 본 대한민국의 우수성, 2017년 3월 13일). 따라서 한국인 중에는 이순신, 안중근, 윤봉길, 유관순, 주기철, 손양원 등 애국애족자들이 수없이 많다.

그러나 타민족이나 국가를 침범하여 해를 끼치지는 않았다. 이런 점에서 중국이나 일본 및 독일 같은, 자기 민족만이 우월하다는 우월감으로 타민족을 업신여기어 해를 주는 국수주의(國粹主義, chauvinism) 국가와는 차이가 있다.

따라서 '한국인과 유대인의 동족 사랑 유사점 3가지'(열다섯-열일곱 번째)라는 항목을 구체적으로 나누면 다음과 같다.

열다섯 번째, 한국인은 유대인처럼 애국애족심이 강하다
열여섯 번째, 작은 나라지만 선민의식이 강하다
열일곱 번째, 타민족과의 결혼을 부끄럽게 생각했다

상대적으로 유대인은 동족 사랑, 즉 앞에 3가지가 한국인보다 훨씬 더 강하다. 누가 그들을 그렇게 교육시키셨는가? 바로 하나님이시다. 따라서 한국인이 유대인의 이런 면을 닮았다고 하는 것은 그만큼 한국인이 성경적인 특성을 가졌다는 것을 뜻한다.

명사 특강

영국 기자 마이클 브린이 본 대한민국의 우수성
(오피니언 뉴스, 2017년 3월 13일)

〈저자 주: 한국인은 누구인가? 독자들의 이해를 돕기 위해 15년 동안 한국에서 외신 기자 생활을 한 영국 기자가 1999년에 쓴 글을 요약하여 싣는다.〉

　　1999년 당시 영국의 '더 타임스' 기자였던 마이클 브린(Michael Breen)은 '한국인을 말한다'(영문 제목: The Koreans)라는 책을 출간한 적이 있다. 이 책은 한국에 부임하는 외신 특파원들의 필독서로 통한다.
　　브린은 저서에서 "한국인은 부패, 조급성, 당파성 등 문제가 많으면서도 …. 또한 훌륭한 점이 정말 많다"고 지적하며 그 특징을 다음과 같이 정리했다.

1. 평균 IQ 105를 넘는 유일한 나라.
　　(2위는 자칭 하나님의 자손이라 여기는 이스라엘)

2. 일 하는 시간 세계 2위, 평균 노는 시간 세계 3위인 잠 없는 나라.

3. 문맹률 1%미만인 유일한 나라.

4. 미국과 제대로 전쟁 했을 때 3일 이상 버틸 수 있는 8개국 중 하나인 나라.

5. 세계 유일의 분단 국가이며 아직도 휴전 중인 나라.

6. 노약자 보호석이 있는 5개국 중 하나인 나라.

7. 세계 2위 경제대국 일본을 발톱 사이 때만큼도 안 여기는 나라.

8. 여성가족부가 존재하는 유일한 나라.

9. 음악 수준이 가장 빠르게 발전한 나라.

10. 지하철 평가 세계 1위로 청결함과 편리함이 최고인 나라.

11. 세계 봉사국 순위 4위인 나라.

12. 문자 없는 나라들에게 UN이 제공한 문자는 한글이다.
(현재 세계 3개 국가가 국어로 삼고 있음.)

13. 가장 단 기간에 IMF를 극복해서 세계를 경악시킨 나라.

14. 유럽 통계: 세계 여자 미모 순위 1위인 대한민국.

15. 미국 여자 프로골프 상위 100명 중 30명이나 들어간 나라.

17. 세계 4대 강국을 우습게 아는 배짱 있는 나라.

18. 인터넷, TV, 초고속 통신망이 세계에서 최고인 나라.

19. 세계에서 가장 많은 발음을 표기할 수 있는 문자를 가진 나라.
(한글 24개 문자 11,000의 소리를 표현, 일본은 300개, 중국은 400개에 불과)

20. 세계 각국 유수 대학의 우등생 자리를 휩쓸고 있는 나라.
(2위 이스라엘, 3위 독일)

21. 한국인은 유대인을 게으름뱅이로 보이게 하는 유일한 민족.
까칠하고 비판적이며 전문가 뺨치는 정보력으로 무장한 한국인.

22. 세계에서 가장 기가 센 민족.
한국인은 강한 사람에게 꼭 '놈'자를 붙인다. '미국놈, 왜놈, 떼놈, 러시아놈' 등 무의식적으로 '놈'자를 붙여 깔보는 게 습관이 됐다.

23. 약소국에겐 관대.
'아프리카 사람, 인도네시아 사람, 베트남 사람' 등 이런 나라엔 '놈'자를 붙이지 않는다.

영국 '더 타임즈', '가디언' 등지에서 서울 특파원을 지낸 마이클 브린은 한국과 북한 문제를 오랫동안 지켜봐 온 저널리스트다.

우는 마이클 브린이 지은 저서 'The Koreans' 표지

24. 한국의 산야는 음양이 강하게 충돌하기 때문에 강할 수밖에 없다. 강한 기는 강한 종자를 생산한다.

28. 한국의 독립운동사만 봐도 알 수 있다.
　중국은 광활한 대륙, 끝없는 사막, 넓은 고원을 언급하며 스스로를 대인(大人)이라고 부르지만 천만의 말씀이다. 얼핏 대륙에서 태어난 중국인이 마음도 넓고 강할 것 같지만 결정적으로 보면 한국보다 기(氣)가 약하다.
　1932년 일본이 중국에 만주국을 건설하고 1945년 패망하기까지 13년 동안, 난징대학살을 포함 일본에 의해 죽은 사람은 3,200만 명에 육박했다. 그러나 중국인이 일본 고위층을 암살한 경우는 거의 전무했다.
　그에 비해 일본에 의해 죽은 한국인은 만 35년 동안 3만 2천명으로 중국 피학살자의 천분의 1에 불과했지만 일본 고위층 암살 시도와 성공 횟수는 세계가 감탄할 정도였다.
　1909년 안중근 의사는 중국 하얼빈역에서 전 일본총리 이토 히로부미를 살해했고, 1932년 이봉창 의사는 도쿄에서 일왕(日王)에게 폭탄을 던졌다. 같은 해 윤봉길 의사는 상해에서 폭탄을 던져 상해 팔기군 시라가와(白

川)대장 등 일제 고위 장성 10여명을 살상했다.

1926년에는 나석주 의사가 민족 경제파탄의 주범인 식산은행, 동양척식주식회사에 폭탄을 투척하고, 조선철도회사에서 일본인을 저격한 뒤 자살했다.

29. 중국과 한국은 타고난 기가 다르다.

광활한 대륙은 기를 넓게 분산시킨다. '기운 빠지는' 지형이다. 반면 한반도는 좁은 협곡 사이로 기가 부딪혀 세계에서 가장 기가 센 나라가 됐다. 기가 센 나라에서 태어났으니 기 센 국민이 될 수밖에 없다.

30. 1945년 해방 무렵, 한국은 파키스탄 제철공장으로 견학가고 필리핀으로 유학을 떠났다. 이제는 역으로 그들이 한국으로 배우러 온다. 국력으로 치자면 끝에서 2, 3번째 하던 나라가 이제 세계 10위권을 넘보고 있다.

31. 현재 한국은 중국에게 리드당할까 봐 겁내고 있다.

절대 겁내지 마라. 중국과 한국은 기(氣)부터 다르다. 세계 IT 강국이란 타이틀은 아무나 갖는 자리가 아니다. 180년 주기로 한국의 기운은 상승하는데, 지금이 바로 그때다. 어느 정도의 난관이 있을지는 모르지만 틀림없이 이를 극복하고 도약하리라 믿는다.

한국의 객관적 지표들이 현저히 나빠지고 있다. 보다 큰 불행의 전주곡들도 여기저기서 들려오는 듯하다. 하지만, "궁즉통 극즉반(窮則通 極則反): 궁하면 통하고 극에 달하면 반전하게 된다"라고 하였으니 머지않아 반전의 기회가 오리라 믿는다.

한국인은 필리핀이나 아르헨티나, 그리스처럼 추락할 때까지 절대 지켜만 보고 있지는 않을 것이기 때문이다.

제 3 장

가족의 가치와
제도 측면에서 본
한국과 이스라엘의
유사점

첫째-셋째, 한국인과 유대인의 가족의 가치 유사점 3가지

한국인은 유대인처럼 가족의 가치를 최우선으로 여긴다. 가문의 명예를 중요하게 여기고 가문의 번성을 강조한다. 자손이 많은 집안을 다복(多福)한 가정이라고 부른다.

이것은 유대인이 반드시 지키려고 하는, 즉 "하나님이 그들에게 복을 주시며 그들에게 이르시되 생육하고 번성하여 땅에 충만하라"(창 1:28a)는 명령을 지키는 것과 동일하다. 유대인 여성이 결혼을 한 후 10년 동안 아기를 갖지 못하면 이혼 사유가 되는 것처럼 한국 여성도 마찬가지였다(칠거지악에 해당됨).

또한 한국인이나 유대인은 여아보다는 남아를 더 선호한다. 그리고 여러 아들들 중 장자에 특별한 관심을 가지는 것도 유사하다. 한국인과 유대인 모두 과거에는 부모의 재산을 자녀들에게 상속할 경우에도 장자에게 더 많이 분배해 주었다(물론 현재는 조금 다르다). 장자는 아버지가 유고시 아버지의 역할을 떠맡았다. 동생들의 모든 생활들을 돌보고 책임지는 보호자의 역할을 했다(다음사전).

특히 한국인은 조상들이 물려준 자신의 성(姓)씨를 대단히 귀하게 여기고 이에 대한 자부심도 강했다. 오죽하면 내말이 거짓이면 내 성을 갈겠다고 하겠는가! 따라서 자신의 혈통적인 족보를 유대인처럼 매우 귀중하게 여겼다. 조상들의 뛰어난 업적을 족보에 기록하고, 그것을 자손대대로 가르쳐 전수했다.

따라서 아버지는 가문의 번성과 번영 그리고 명예를 최고의 목표로 삼았다. 그래서 가족 중 한 사람에게 좋은 소식이 있으면 '가문의 영광'이라는 말을 한다. 후손들이 밖에 나가서도 바른 행동을 해야 하는 이유 중 하나도 가문의 명예에 해를 끼치지 않게 하기 위함이었다.

이것은 유대인 아버지가 자녀들에게 밖에 나가 잘못을 저지르면 가문과 하나님의 명예를 더럽히는 것이라고 가르치는 것과 동일하다.

> 이같이 너희 빛을 사람 앞에 비취게 하여 저희로 너희 착한 행실을 보고 하늘에 계신 너희 아버지께 영광을 돌리게 하라. (마 5:16)

또한 어떠한 일이 있어도 가정의 파괴를 막기 위해 최선을 다했다. 비도덕적인 한국 남자라고 하더라도 이혼을 하면 안 된다는 것이 머리에 각인되었다. 첫째 부인, 즉 조강지처를 버리면 천벌을 받는다고 가르쳤기 때문이다. 그리고 유대인처럼 다른 민족과 피가 섞이는 것을 수치로 알았다.

따라서 '한국인과 유대인은 가족의 중요성을 강조했다'(첫째-셋째)라는 항목을 구체적으로 나누면 다음과 같다.

첫째, 한국인과 유대인은 가문의 번성을 강조한다
둘째, 한국인과 유대인은 가문의 혈통적인 족보와 명예를 귀중히 여긴다
셋째, 한국인과 유대인은 장자권을 우대했다

넷째-열 번째, 한국인과 유대인의 아버지의 권위와 기능의 유사점 7가지

저자는 세계의 모든 민족들의 가족제도가 모두 한민족과 같은 줄로 알았다. 그런데 유대인의 자녀교육을 강의하기 위해 세계 여러 나라들을 여행한 이후 그렇지 않은 민족들도 많다는 것을 발견했다.

가장 의아했던 것들은 가정에서 아버지가 가족의 생계를 책임지지 않는 민족이 많다는 것이었다. 대신 어머니가 책임지는 경우가 많았다. 그리고 가정의 대소사의 결정도 어머니가 하는 경우가 많았다. 그런 민족들은 아버지가 가장(家長)이라는 제도가 아예 없었다.

심지어 남자는 여러 여자들과 불륜을 저지르고, 그 여자들이 임신을 하면 책임을 지지 않는 경우가 허다했다. 임신을 한 여자들은 자기 혼자 많은 자녀들을 키우느라 고생을 너무나 많이 하고 있는 것을 목격했다. 물론 그녀의 자녀들 중에는 아버지가 다른 자녀들도 많았다. 그렇다고 여자들은 떠난 남자들을 별로 원망하지도 않았다.

반면 한국의 가정 제도는 2005년 전까지만 해도 가부장적 제도, 즉 호주제도(戶主制度, 부계사회 제도)였다. 한 가정의 아버지가 호주(머리), 혹은 세대주(世帶主, a householder, the head of a family)가 되었다. 현대적인 시각에서 이 제도는 단점도 있지만, 장점도 많다.

〈저자 주: 단점을 해결하는 방법은 저자의 저서 *하브루타, 왜 아버지가 나서야 하는가*, 제1부 제1장 III. 2. '권위와 권위주의의 차이' 참조 바람〉

이 제도의 특징은 아버지의 권위가 강하다. 따라서 특권도 많지만 해야 할 의무도 많다. 가정의 대소사의 결정을 주로 아버지가 한다. 조상들과 후손들에게 부끄러운 행동을 하지 말아야 했다. 따라서 아버지는 가문이 번성하고 흥하기 위하여 최선을 다해야 했다.

이것은 유대인의 가족제도와 너무나 닮았다. 유대인 가정에서 아버지는 가정의 제사장으로서 가정의 지도자다. 즉 호주다. 부계사회다. 장자의 상속권 우대도 닮았다.

뿐만 아니라 유대인 아버지가 해야 할 네 가지 사역들도 닮았다. 즉 아버지는 1) 아내와 자녀에게 일용할 양식을 공급할 경제적인 능력이 있어야 하고(공급자, Supplier), 2) 외부의 침범을 막아주는 보호자의 역할을 해야 하고(보호자, Protector), 3) 가족을 옳은 길로 인도해 주어야 하며(인도자, Guider), 4) 자녀들에게 바른 가정교육을 시켜야 했다(교사, 혹은 훈계하는 자, Instructor)다(Brown, *Driver & Briggs*, 1979; Rashi, 1996, Vol. V. p. 81).

여기에 첨가할 것이 있다. 저자는 아버지의 상징은 힘, 권위 및 사상이라고 했다. 그 이유는 아버지가 가정을 외부의 적으로부터 보호하기 위해서는 힘이 있어야 한다. 물론 경제적 능력도 힘에 포함된다. 가장의 직무를 수행하기 위해서는 권위가 있어야 한다. 또한 가족을 바른 길로 인도하고 가르치기 위해서는 자신의 정신세계에 확고한 생활 철학과 사상이 있어야 한다('*하브루타, 왜 아버지가 나서야 하는가*', 제1권 제1장 Ⅱ. '성경적 가정의 구조' 참조).

한국인 남자들은 이것을 당연하게 여겼다. 그래서 어려서부터 결혼을 하면 당연히 가족의 생계를 자신이 책임져야하는 것으로 알았다. 그리고 가정을 보호하는 울타리 역할을 자처했다.

이것은 하늘에 계신 하나님 아버지의 역할과 동일하다. 하나님 아버지는 자녀인 우리에게 일용할 양식을 공급해 주시며, 사탄의 공격을 막아 보호해주시며, 푸른 초장으로 인도해 주시며, 토라를 주시고 가르치시는 교사이시다. 그리고 하나님 아버지는 힘, 권위 및 토라 사상의 근원이며 상징이다.

〈저자 주: 자세한 것은 저자의 저서 *하브루타, 왜 아버지가 나서야 하는가*', 제1권 제1장 III. 1. B. '아바(아버지)의 네 가지 역할' 참조 바람〉

따라서 '한국인과 유대인은 아버지의 권위와 기능이 유사하다'(넷째-열 번째)라는 항목을 더 구체적으로 나누면 다음과 같다.

넷째, 한국인과 유대인은 가정에서 아버지가 머리다(부계사회).
다섯째, 한국인과 유대인은 가정에서 아버지의 권위가 강하다.
여섯째, 한국인과 유대인은 아버지가 가정의 경제 의무를 진다.
일곱째, 한국인과 유대인은 아버지가 가정의 보호자다.
여덟째, 한국인과 유대인은 아버지가 가정의 인도자다.
아홉째, 한국인과 유대인은 아버지가 자녀의 교사다.
열 번째, 한국인과 유대인의 아버지는 힘, 권위 및 사상의 상징이다.

열한-열아홉 번째, 한국인과 유대인은 여성 교육이 유사하다

〈저자 주: 유대인의 딸 정숙교육은 저자의 저서 '*성경이 말하는 남과 여, 한 몸의 비밀*'(부부-성신학, 2012), 제5장 II. '외출할 때 정숙하게 하라', III. '왜 하나님은 제계 명(간음죄)을 주셨는가' 등 여러 곳에서 언급했다. 여기에서는 저자의 저서 '*성경이 말하는 어머니의 EQ교육*' 제2권 제4부, 제2장 III. '유대인의 딸 정숙교육' 중 일부를 인용한다.〉

저자는 어머니의 상징은 사랑과 정서와 눈물, 즉 '모성애'(EQ)라고 했다. 생명을 잉태하고 살리기 위해 하나님이 이 세 가지를 주셨다('*성경이 말하는 어머니의 EQ교육*' 제1권 제2부 제1장 II. '성경적 가정의 구조' 참조). 따라서 유대인은 이상적인 신부감의 세 가지 요소는 다음과 같다. 1) 동정심, 2) 정숙함, 3) 친절이다. 이 세 가지 요소 중 첫 번째 동정심과 세 번째 친절은 여성의 모성애에서 나온다.

따라서 눈물이 없고, 교만하고, 남을 미워하는 여성은 유대인의 결혼 대상에서 제외된다. 이러한 여성은 가정의 평화와 자녀교육에 해를 끼치는 여성이라고 생각하기 때문이다(Lamm, 1980, pp. 98-99).

그 이상적인 신부의 예로 이삭의 아내 리브가를 들 수 있다. 이삭이 처음 우물가에서 리브가를 만났을 때 그녀의 미모나 정숙한 분위기도 중요했지만, 리브가가 관대한 사람임을 알았다. 그녀는 나그네인 자신을 잘 대접해 주었을 뿐만 아니라, 타고 간 낙타에까지도 물을 마시게 하는 관대하였다(창 24장, Lamm, 1980, p. 98). 나그네를 돕는 관대함은 그녀가 동정심(EQ)이 풍부하다는 것을 뜻한다. 동정심을 가진 여성은 여성다운 여성이다.

한국에서도 예로부터 리브가와 같은 여인들이 너무나 많았다. 남의 아픔을 보면 함께 그 아픔을 나누며 돕는 이들이 많았다. 그리고 한국인과 유대인 여성들은 주로 가정의 가사 일을 헌신적으로 도맡아 한다. 대신 남성들은 주로 사회 일을 도맡아 한다. 뿐만 아니라 두 민족의 여성들은 신앙심이 깊어 가족과 민족 및 나라를 위해 기도를 많이 한다.

이제 정숙함에 대해 알아보자. 정통파 유대인이었던 바울은 기독교인 여성에게 있어야 할 네 가지 품성을 1)정절, 2)믿음, 3)사랑, 4)거룩함이라고 말했다.

> 그러나 여자들이 만일 정숙함으로써 믿음과 사랑과 거룩함에 거하면, 그의 해산함으로 구원을 얻으리라. (딤전 2:15)

좀 더 자세히 말한다면, '믿음과 사랑과 거룩함'은 항상 정숙함과 함께 있어야 한다는 것이다. 이 말은 한 여성이 아무리 큰 '믿음'이나 '사랑' 그리고 '거룩함'을 가졌다고 해도 기본적으로 여성에게 필요한 '정숙함'이 결여되었다면 효력이 없다는 것이다. 따라서 여성에게 전자는 선택 사항들이고, 후자는 필수 사항이다. 그만큼 여성에게 정숙함이 중요하다.

정숙함의 으뜸 덕목은 마음과 육체의 순결함(정절)이다. 예수님의 모친 마리아도 요셉과 결혼했을 당시 남자를 모르는 순결한 여성이었다(눅 1:34). 하나님은 그녀가 순결했기 때문에 성령으로 임신을 하게 하셨다(마 1:18-20). 만약 그녀가 순결하지 않았다면 하나님은 그분

한국인과 유대인은 여성교육이 유사하다. 순결을 강조한다. 온 몸을 가리는 옷을 입는다. 모성애가 강하다. 눈물로 기도한다. 등등.
사진은 여름인데도 온 몸을 가린 옷을 입고 하나님에게 기도하는 한국인 어머니(상)와 유대인 어머니(하)의 모습. 두 어머니의 어린 딸들은 어려서부터 어머니의 기도 모습을 보며 자라야 커서 어머니가 된 후 기도하는 어머니가 된다.
그런데 현대 한국의 어머니들은 새벽기도에 자녀들을 데리고 가지 않는 것이 문제다.

의 아들 예수님을 잉태할 여인으로 그녀를 택하지 아니했을 것이다.

정통파 유대인의 딸들은 5-6세 이후부터 아버지를 제외한 일체의 남성들과 스킨십이 허락되지 않는다. 이것은 한국의 '남녀칠세부동석'(男女七歲不同席)과 동일하다. '남녀칠세부동석'이란 유교의 옛 가르침으로 일곱 살(만 6세)만 되면 남녀가 한 자리에 같이 앉지 아니한다는 뜻이다. 남녀를 엄격하게 구별하여야 함을 이르는 말이다(다음사전). 물론 유대인 여성은 성장한 이후에도 혼전 스킨십이나 혼전 임신을 철저히 금한다.

유대인 여성의 정숙함은 복장이나 언어 및 매너 등 온 몸에서 풍겨나야 한다. 정숙한 유대인 여성의 복장은 자기 몸의 섹시한 부분을 감추기 위하여 온 몸을 천으로 풍성하게 가리는 것을 원칙으로 한다. 유대인은 딸을 외면적으로 야하지 않은, 정숙한 매력이 있는 미인(externally not sexy, but attractive women)으로 키운다.

한국인도 여성의 정숙함을 유대인 이상으로 강조했다. 저자가 한국인의 교육 내용을 간단히 살펴본 바에 의하면 도덕적인 면에서는 유대인의 것과 비슷한 것들이 너무 많았다. 한학자 김종권 씨가 지은 《한국인의 내훈》(명문당, 1986)의 목차 중 일부를 예로 들어 보자.

다음은 시집가기 전에 한국의 딸들이 부모로부터 배워야 할 요소들이다.

1) 여성다운 생각과 어진 성품, 2) 여자의 곱고 바른 생활, 3) 몸과 마음을 수양하는 일, 4) 고운 말과 바른 몸가짐, 5) 배우고 익히고 실용하는 일, 6) 어버이에게 효도하는 일 등이다. 물론 한국인 여성도 유대인 여성처럼 혼전 스킨십이나 혼전 임신을 금한다. 이런 품성을 가지고 있으면 반드시 귀한 자녀를 낳는다는 것이다.

이 외에도 김종권 씨가 지은 《한국인의 내훈》에는 의생활과 한복, 식생활과 한식, 혹은 질병을 다스리는 일, 도적을 막는 일까지 자세하게 쓰여 있다. 잠언 31장에 기록된 현숙한 여성의 도리들과 많이 닮았다.

비록 기독교 구원론에 어긋나는 제사나 우상에 관한 것도 있지만, 대부분 인간으로서 생명을 존중히 여기고 어른과 상대방을 존중히 여기는 도덕과 윤리 문제를 다루었다. 이것은 인성교육학적인 입장에서 유대인의 것, 즉 성경의 내용과 매우 비슷한 것들이 많다.

한국인의 자녀 교육도 유대인들처럼 아버지가 가정에서 권위를 갖고 자녀에게 가문의 번성과 번영의 목적 그리고 한국인의 사상(IQ)을 가르쳤고, 어머니가 정(情, EQ)을 가르쳤다. 한국인의 교육 장소도 가정뿐만이 아니라 유대인의 미드라쉬의 집처럼 각 고을마다 서당이 있어서 아이들에게 도덕과 윤리를 가르쳤다.

문제는 무엇인가? 유대인은 세대 차이 없이 그들의 것을 지금까지 자녀에게 교육시키고 지켜 왔지만, 한국인은 서양 학문의 물결에 밀려 우리 고유의 것을 점차 잃어버리는 우를 범했다는 데 있다.

따라서 '한국인과 유대인은 여성교육이 유사하다'(열한-열아홉 번째)라는 항목을 더 구체적으로 나누면 다음과 같다.

〈저자 주: 단, 다른 곳에서 거론 한 내용들은 제외했다(예: 자녀를 많이 생산한다. 효성이 강하다. 남편을 잘 섬긴다. 부지런하다. 등).

열한 번째, 한국인과 유대인은 여성의 순결을 강조한다.
열두 번째, 한국인과 유대인에게는 '남녀칠세부동석'이란 격언이 있다.
열세 번째, 한국인과 유대인은 딸을 외면적으로 야하지 않은, 정숙한 미인으로 키운다.
열네 번째, 한국인과 유대인 여성은 옷으로 온 몸을 가린다.
열다섯 번째, 한국인과 유대인은 여성의 예절; 고운말과 바른 몸가짐을 강조한다.
열여섯 번째, 한국인과 유대인 여성은 모성애가 매우 강하다.
열일곱 번째, 한국인과 유대인 여성은 사랑과 정서와 눈물이 많다.

열여덟 번째, 한국인과 유대인 여성은 주로 가정의 가사 일을 도맡아 한다.

열아홉 번째, 한국인과 유대인 여성은 기도를 많이 한다.

스무 번째, 한민족과 유대민족은 효사상이 투철하다

한국인은 어려서부터 특별하게 '효'(孝, 부모공경)를 강조하여 교육시킨다. 따라서 한국인의 효 사상은 가히 세계적이다. 부모공경은 유대인의 다섯째 계명이다. 교육학적인 입장에서 효사상이 강하면 강한 것만큼 하나님의 말씀을 자녀들에게 전수하라는 구약의 지상명령(창 18:19)을 성취하기가 그만큼 쉽다.

뿐만 아니라 효사상을 가진 한국인은 성경을 이해하기가 매우 쉬웠다. 이스라엘 백성이 하나님 아버지에게 순종하며 섬기는 일이나, 효부(孝婦) 룻의 이야기는 매우 깊은 감동을 주었다. 따라서 한국의 효사상은 교회성장에 많은 유익을 주었다.

〈저자 주: 자세한 것은 저자의 저서 *자녀의 효도교육, 이렇게 시켜라*', 제3권 제6부 제1장 '한국인의 효가 한국교회성장에 미친 영향 분석' 참조 바람〉

스물한-스물여덟 번째, 한국인과 유대인의 가정과 사회윤리, 삼강오륜이 유사하다

〈저자 주: 이 글은 저자의 저서 '현용수의 인성교육 노하우', 제3권 제6부 제1장 Ⅲ. 1. '삼강오륜(三綱五倫): 인간관계의 기본 도리'의 내용을 지면상 간략하게 요약한 것이다.〉

유교에는 인간이 지켜야 할 3가지 기본 강령과 5가지 실천적 도덕 강령, 즉 삼강오륜(三綱五倫)이 있다. 물론 약간의 수정은 필요하나 지금도 한국인이 마땅히 지켜야 할 윤리 도덕의 기본이다. 이것은 기본적으로 성경의 가르침과 유사하다.

먼저 동양의 삼강(三綱)과 성경의 삼강을 비교해보자.

1) 군위신강(君爲臣綱): 신하는 임금을 섬기는 것이 근본이다.
성경에는 하나님이나 예수님을 왕으로 표현했다(시 72:11, 74:12; 사 9:6; 렘 10:10; 눅 19:38). 성경은 신하와 백성은 왕을 공경하며 섬기는 것이 기본이라고 했다(벧전 2:17).

2) 부위자강(父爲子綱): 아들은 아버지를 섬기는 것이 근본이다.
성경도 부모를 공경하는 것이 약속 있는 첫 계명이라고 가르친다(출 20:12; 엡 6:2-3).

3) 부위부강(夫爲婦綱): 아내는 남편을 섬기는 것이 근본이다.

성경도 아내는 남편을 섬기는 것이 근본이라고 가르친다(골 3:18-19).

이제 동양의 오륜(五倫)과 성경의 오륜을 비교해보자.

1) 군신유의(君臣有義): 임금과 신하 사이의 도리

성경도 임금과 신하 사이의 도리(윗사람과 아랫사람 사이의 도리)에서 임금은 의로워야 하고, 신하는 충성해야 한다고 가르친다. 성경에는 하나님이나 예수님을 왕으로 비유했다(시 72:11, 74:12, 99:4; 사 9:6; 렘 10:10; 눅 19:38).

하나님은 왕이나 상전들에게 아랫사람들에게 선을 행하고 의롭게 할 것을 강조했다(롬 13:3; 엡 6:9). 그리고 성경은 신하나 백성들은 왕을 공경하며 섬기라고 했다(시 72:11; 벧전 2:17). 종들에게도 주인을 두려워하고 떨며 성실한 마음으로 육체의 상전에게 그리스도께 하듯 순종하고 섬기라고 했다(창 16:9; 삼상 24:7-12; 엡 6:5; 골 3:22; 딤 6:2). 바울은 맡은 자들에게 구할 것은 충성이라고 말했다(고전 4:2).

2) 부자유친(父子有親): 부모와 자녀 사이의 도리

성경도 자녀들에게 부모를 공경하고 부모는 자녀들을 사랑하라고 가르친다(출 20:12; 엡 6:2-3).

3) 부부유별(夫婦有別): 남편과 아내 사이의 도리

성경도 아내에게 남편을 섬기고(엡 5:22), 남편은 아내를 사랑하라고 가르친다(골 3:18-19).

4) 장유유서(長幼有序): 연령적 질서

성경도 나이든 사람을 공경하라고 가르친다(레 19:32). 유대인 자녀들도 한국인 자녀들처럼 식탁에서 부모가 수저를 들기 전에 수저를 들지 않는다. 어른에 대한 존경의 표시다.

5) 붕우유신(朋友有信): 친구 간에 신의

성경도 친구 사이에 신의를 지키라고 가르친다(잠 27:6, 10; 요 15:13-14).

네 친구와 네 아비의 친구를 버리지 말며, 네 환난 날에 형제의 집에 들어가지 말지어다. 가까운 이웃이 먼 형제보다 나으니라. (잠 27:10)

사람이 친구를 위하여 자기 목숨을 버리면 이에서 더 큰 사랑이 없나니 너희가 나의 명하는 대로 행하면 곧 나의 친구라. (요 15:13-14)

따라서 삼강오륜은 한국인뿐만 아니라 동양인 그리고 모든 인류가 가정과 사회 그리고 국가라는 공동체의 평화와 질서를 유지시키기 위해 마땅히 지켜야 할 도덕적 및 윤리적인 기본 강령이다. 특히 기독교인은 성경 말씀을 따라 더 잘 지켜야 한다.

그래서 성경을 몰랐던 옛 유학자들도 사회의 모든 관계들이 하늘로부터 정해진다고 말했다(Yoo, 1987, p. 135). 이것은 인간 사회의 바른 질서의 강령도 하나님이 창조하신 것이고, 인간은 그 질서의 강령을 따라야 한다는 뜻이다.

미국의 유명한 선교학자 랠프 윈터(Ralph Winter) 박사는 한국인의 가족 사랑과 예를 너무 부러워했다. 그는 강의 시간에 이런 말을 한 적이 있다(1988년).

"한국인이 가족끼리 어울리는 모습이 너무나 아름답습니다. 부모는 자녀를 사랑하고, 동기간에 우애 있고, 어른들을 공경하는 모습입니다. 그런데 왜 한국의 젊은이들이 잘못된 미국인의 개인주의를 배우려하는지 이해가 안 됩니다. 그러지 마세요!"

댈러스 신학교의 유명한 구약학 교수인 유진 메릴(Eugene Merrill) 박사도 저자에게 이렇게 말한 적이 있다(2008년 4월).

"한국의 젊은이들이 어른을 공경하는 모습은 너무 아름답습니다."

이것은 외국 신학자들의 눈에 비친 한국인의 삶이 그만큼 자신들(서구)보다 더 아름답고 성경적이라는 뜻이다. 그 이유는 한국인 가정에서 부모가 대대로 자녀들에게 삼강오륜을 가르쳐 왔기 때문이다. 물론 정통파 유대인도 성경의 가르침을 따라 이런 삼강오륜 교육을 시켰기 때문에 그들의 인성이 좋은 평가를 받는 것이다.
〈저자 주: 더 자세한 것은 저자의 저서 '*현용수의 인성교육 노하우*', 제3권 제6부 제1장 III. 1. '삼강오륜: 인간관계의 기본 도리' 참조 바람〉

따라서 '한국인과 유대인의 가정과 사회윤리, 삼강오륜이 유사하다'(열세 번째-스무 번째)라는 항목을 더 구체적으로 나누면 다음과 같다.

〈동양의 삼강(三綱)과 유대인의 유사점〉

스물한 번째, 한국인과 유대인은 신하는 임금을 섬기는 것이 근본이다.
스물두 번째, 한국인과 유대인은 아들은 아버지를 섬기는 것이 근본이다.
스물세 번째, 한국인과 유대인은 아내가 남편을 섬기는 것이 근본이다.

〈동양의 오륜(五倫)과 유대인의 유사점〉

스물네 번째, 한국인과 유대인은 임금과 신하 사이의 도리를 지킨다.
스물다섯번째, 한국인과 유대인은 부모와 자녀 사이의 도리를 지킨다.
스물여섯 번째, 한국인과 유대인은 남편과 아내 사이의 도리를 지킨다.
스물일곱 번째, 한국인과 유대인은 연령적 질서를 지킨다.
스물여덟 번째, 한국인과 유대인은 친구 간에 신의를 지킨다.

스물아홉 번째-서른두 번째, 한국인과 유대인의 양반교육, 신언서판 교육이 유사하다

〈저자 주: 이 글은 저자의 저서 *현용수의 인성교육 노하우*, 제3권 제6부 제1장 III. 3. '신언서판과 기독교인과의 관계'의 내용을 지면상 간략하게 요약한 것이다.〉

동양의 인재 등용 방식의 기준이 있었다. 중국 당나라 당서(唐書)-선거지(選擧志)에 나오는 인간이 갖추어야 할 4가지 덕목(四德), 즉 신언서판(身言書判)이다〈신언서판(身言書判)의 유래, https://forseason.tistory.com/7407〉. 물론 성경에도 이와 유사한 것들이 많다. 하나씩 살펴보자.

첫째 덕목, 신(身)은 몸가짐, 즉 예(禮)를 말한다. 이를 '맵시'라고도 한다. 유대인의 율법 교육에서도 교육의 형식인 예(禮)가 매우 중요하다. 이는 하나님과 사람 앞에 예를 행하는 것이다. 토라에 나타난 율법에도 계명(the commands)과 규례(the decrees)와 법도(the ordinances)가 있는 이유가 바로 여기에 있다(출 24:12; 신 4:8, 6:1; 대상 29:19).

제사장이 입는 예복도 일일이 법도와 규례가 있다(출 28:2-3, 31-34, 39-40; 겔 42:14, 17, 19). 현재 정통파 유대인은 일반인이라 해도 엄격한 옷을 입는 기준(the dressing codes)을 만들어 자녀에게 유대식 양반 옷맵시를 훈련시킨다.

신약의 예수님도 비유로 말씀하시며 임금을 뵈러 갈 때 예를 갖추기 위하여 예복 입을 것을 강조하셨다(마 22:11-12). 바울은 매사에 자기 상전에게 예를 행하여 공경할 것을 당부하였다(딤전 6:1).

둘째 덕목, 언(言)은 조리 있는 말을 통하여 믿음을 주는 신(信), 즉 신용을 쌓는 데 필요한 덕목이다. 이를 '말씨'라고도 한다.

예레미야 선지자는 율법에 대해 말만 하고 행치 않는 유대인을 향하여 "그들은 각기 이웃을 속이며 진실을 말하지 아니하며 그 혀로 거짓말하기를 가르치며 악을 행하기에 수고한다"(렘 9:5)라고 꾸짖었다.

예수님도 제자들에게 서기관들과 바리새인들의 말하는 바(유대인의 율법 교육)는 행하고 지키되 저희의 하는 행위는 본받지 말라고 말씀하셨다. 왜냐하면, 저희는 말만 하고 행치 아니하기 때문이다(마 23:1-7). 거짓말에 능한 사람은 하나님과 사람 앞에 신용을 잃은 자다.

셋째 덕목, 서(書)는 아름다운 글을 뜻하는데, 이것은 책을 많이 읽고 글을 쓸 줄 아는 지(智), 즉 '글씨'를 말한다. 여기에서 말하는 책은 수직문화에 속하는 고전을 말한다. 고전에는 삶의 지혜가 있다.

유대인의 첫째 고전은 하나님의 말씀이다. 그리고 유대인의 부모는 하나님의 말씀을 자녀들에게 가르쳐 전수하는 것이 평생의 소원이다(신 6:4-9). "이 율법책을 네 입에서 떠나지 말게 하며 주야로 그것을 묵상하여 그 가운데 기록한 대로 다 지켜 행하라 그리하면 네 길이 평탄하게 될 것이라 네가 형통하리라"(수 1:8).

따라서 성경의 다윗 왕이나 솔로몬 왕도 시문을 잘 썼다. 그리고 선지자들을 포함한 성경의 저자들이 대부분 시라는 문학의 형태로 하나님의 말씀을 전했다.

성경교육을 받은 유대인은 말의 신용만 지키려고 노력하는 것이 아니고 글쓰기와 더불어 언변 또한 능하다. 구약이나 신약 성경을 쓴 저자들은 물론 다윗이나 솔로몬 그리고 신약의 바울이 그 대표적인 예다.

넷째 덕목, 판(判)은 선악을 옳게 구별하여 의로운 판단을 함으로써 어진(仁) 이가 될 수 있는 자질을 말한다. 그래야 남에게 억울함이나 손해를 끼치지 않는다. 이를 '마음씨'라고도 말한다.

신구약 성경 말씀 자체가 구별된 삶을 살기 위하여 선악을 구별하게 한다(민 24:13; 신 1:39; 시 1편; 고후 5:10; 히 5:14). 여호와의 율법은 완전하여 영혼을 소성케 하고 여호와의 증거는 확실하여 우둔한 자로 지혜롭게 하며, 여호와의 계명은 순결하여 눈을 맑게 해 준다(시 19:7-8). 따라서 의인은 선악을 구별하는 판단력이 있어 악인을 두호하지 아니하며, 약자 편에 서서 약자의 억울함을 풀어 준다(신 24:17; 잠 18:5). 즉 권선징악(勸善懲惡)이다. 이런 이가 어진(仁) 이다.

따라서 동양의 4가지 덕목(四德)인 신언서판은 성경을 배우는 하나님의 백성에게도 필요하다. 여기에서 독자는 저자의 글을 구원론적 시각에서 보지 말고 교육학적인 시각에서 보기 바란다. 그러면 동서양의 인성교육 철학은 대동소이하다는 것을 발견할 것이다.

그렇다면, 어떻게 서양의 인성교육 철학이 동양의 것과 대동소이할까? 왜 명심보감의 내용이 성경의 잠언이나 전도서의 내용과 비슷한가?

〈저자 주: 이 질문에 대한 자세한 답은 저자의 저서 '*현용수의 인성교육 노하우*', 제3권 제6부 제1장 III. 3. '신언서판과 기독교인과의 관계' 참조 바람〉

따라서 '한국인과 유대인의 양반교육, 신언서판 교육이 유사하다'(스물한-스물네 번째)라는 항목을 더 구체적으로 나누면 다음과 같다.

스물아홉 번째, 한국인과 유대인은 예(禮)를 지킨다.
서른 번째, 한국인과 유대인은 말에 거짓이 없는 신용을 지킨다.
서른한 번째, 한국인과 유대인은 지혜의 글을 쓰게 한다.
서른두 번째, 한국인과 유대인은 선악을 구별하여 악을 물리친다. (권선징악)

삼강오륜과 신언서판 교육은 성경에도 대부분 있다.

서른세 번째, 한국어와 히브리어의 '아빠'와 '엄마'가 유사하다

유대인 가정에는 자녀들이 보통 10여명 된다. 피임을 하지 않기 때문이다. 저자가 그들 가정에서 그들 가족들과 안식일 식사를 할 때 놀란 일이 있었다. 자녀들이 부모를 부를 때 '아빠'와 '엄마'라고 했기 때문이다.

인간이 태어나서 처음 배우는 단어가 '엄마(어머니)'와 '아빠(아버지)'다. 그런데 그 단어들이 한국어와 히브리어가 거의 동일하다. 유대인도 어머니를 '임마 혹은 엄마, אמא'라 부르고, 아버지를 '아바, אבא'(실제로는 '바'를 된소리 '빠'로 발음한다)라고 부른다.

예수님도 하나님 아버지를 '아바 아버지'(Abba, Father)라고 부르셨다(막 14:36). 바울도 기독교인에게 "너희는 다시 무서워하는 종의 영을 받지 아니하였고, 양자의 영을 받았으므로 [하나님 아버지를] '아바 아버지'라 부르짖는다"(롬 8:15)고 했다.

서른네 번째, 한민족과 유대민족은 일부 장례방식이 유사하다

한민족과 유대민족의 장례방식은 여러 가지 면에서 다르다(자세한 것은 지면상 생략함). 그러나 유사한 것도 있다. 가족이 사망했을 때 상주들이 자신의 슬픔을 나타내는 방법, 즉 굵은 베로 허리를 묶고 곡(哭)을 하는 것이 유사하다. 그리고 곡을 할 때는 '아이고 아이고'라고 울며 곡읍하는 것도 유사하다(창 37:34; 삼하 3:31, 왕상 21:27, 에 4:3).

가까운 일본이나 중국도 이런 식으로 장례를 지내지는 않는다. 인류사를 통틀어 사람이 죽었을 때, 베옷 입고 곡을 하는 민족은 오직 한민족과 이스라엘 민족뿐이다(승리신문. *한민족의 조상은 고대 이스라엘 민족*, victor.or.kr/kor/sn_news/2005/09/050915_sub1.htm).

서른다섯 번째, 한국인과 유대인은 아버지의 이름을 못 부른다

한국의 목사들이 매년 5월 가정의 달이 되면 고정적으로 설교하는 주제가 있다. 효다. 그리고 그 예로 시어머니 나오미와 효부(孝婦) 룻의 이야기를 해준다. 모든 시어머니와 며느리들이 고부간의 완벽한 모델로 깊이 공감한다. 그리고 많은 이들이 그 이야기를 들으며 자신의 잘못된 모습을 회개하며 울기도 한다.

왜 한국인이 성경을 읽을 때 유대인이 믿는 하나님 아버지와 그들의 관계를 잘 이해 할 수 있는가? 그것은 한국인의 가족제도와 성경의 가족 제도, 즉 아버지와 어머니의 역할 및 자녀의 효 등이 너무나 유사하기 때문이다.

예를 들면 유대인은 '여호와'라는 하나님 아버지의 이름을 직접 부르지 못한다. 그분의 이름이 너무 거룩하고, 그분의 권위를 너무 존경하고 경외(fear)하기 때문이다. 그 대신 '그 이름'(TheName, 하셈 השם), 혹은 '주님'(Adonai, 아도나이)이라고 읽고 부른다.

한국인은 이것을 매우 이해하기 쉽다. 그 이유는 한국인도 자신의 아버지 권위를 매우 존경하고 경외하여 아버지의 이름을 직접 부르지 못하기 때문이다.

예를 들어 누가 저자 아버님의 함자(이름)를 물어본다면, 직접 불러 답하지 못한다. 그 대신 한 자씩 띄어서 "저의 아버님 함자는 '현(玄)'자(字) '만(萬)'자 '춘(春)'자입니다"라고 답변한다.

물론 정통파 유대인 자녀들도 누가 자신의 아버님 함자(이름)를 물어본다면, 직접 부르지 못한다. 대신 한국인 자녀들처럼 이름의 알파벳을 한 자씩 띄어 부르며 답변한다. 예를 들어 그의 아버지 이름이 '아브라함(Abraham)'이라면, 'A(에이)' 'B(비)' 'R(알)' 'A(에이)' 'H(에이치)' 'A(에이)' 'M(엠)'이라고 답변한다. 얼마나 한국인과 닮았나!

이것은 서양의 자녀들이 아버지의 이름을 부를 때 성(姓)씨 앞에 존칭을 뜻하는 Mr.를 넣지 않고 부르거나, 혹은 성씨 없이 그냥 아버지의 이름(first name)을 친구처럼 부르는 것과 매우 다르다.

결론적으로 한국인이나 유대인의 가족제도는 가족 간의 상하의 서열을 중요하게 여기는 수직적인 제도이고, 반면 서양의 가족제도는 대부분 가족들 사이에 평등을 강조하는 수평적인 가족제도라고 볼 수 있다. 물론 전자가 훨씬 더 성경적이다. 따라서 이것은 한국인이 타 민족에 비교해 유대인과 유사한 매우 성경적인, 우수한 민족이라는 것을 뜻한다.

제4장

교육과 문화 측면에서 본 한국과 이스라엘의 유사점

첫째, 한국과 이스라엘은 교육 이념이 유사하다

'홍익인간'(弘益人間)은 단군(檀君)의 건국이념이다. 그리고 1949년 12월 31일 법률 제86호로 제정, 공포된 교육법 제1조에 명시된 대한민국의 근본 교육이념이다(대한민국, *대한민국 헌법*, 2016, 더휴먼).

〈대한민국 교육법 제1조〉 - 1949. 12. 31. 법률 제86호 제정, 공포

> "교육법은 홍익인간의 이념 아래 모든 국민으로 하여금 인격을 완성하고, 자주적 생활능력과 공민으로서의 자질을 구유하게 하여, 민주국가 발전에 봉사하며 인류공영의 이상 실현에 기여하게 함을 목적으로 한다."

〈대한민국 교육기본법 - 제2조 교육이념〉 - 2007. 12. 21 전문개정

> "교육은 홍익인간의 이념 아래 모든 국민으로 하여금 인격을 도야하고 자주적 생활능력과 민주시민으로서 필요한 자질을 갖추게 함으로써 인간다운 삶을 영위하게 하고 민주국가의 발전과 인류공영의 이상을 실현하는 데에 이바지하게 함을 목적으로 한다."

'홍익인간'이란 말의 뜻은 "널리 인간 세계를 이롭게 함"(엣센스 국어사전, 1983)이다. 이것은 성경의 박애사상과 일맥상통한다. 그리고 유대인도 세상을 가꾸어 더 좋은 세상을 만드는 것(창 3:23)이 그

들의 교육 이념이다.

　이렇게 한국과 이스라엘의 교육 이념이 유사하다는 것은 유대인과 한국인은 형제이며 한국인은 유대인의 사촌이라는, 대천덕 신부의 주장(제2장 첫째 항목 참조)에 힘을 보태는 증거다.

둘째-셋째, 한국과 이스라엘의 교육의 목적과 양육방법 유사점 2가지

　한국과 이스라엘은 교육의 목적과 방법도 매우 유사하다. 두 나라 모두 교육의 목적이 바람직한 인간을 만드는, 자녀의 바른 인성 개발에 있다. 이것은 자녀의 능력을 키워주는 데 주력하는, 서구에서 온 현대 교육의 목적과 대조된다.

〈저자 주: 자세한 것은 저자의 저서 '현용수의 인성교육 노하우' 제2권 제3부 제1장 I. '현대 교육과 유대인 교육의 목적 차이' 참조〉

　한국 교육의 목적과 방법을 설명하기 위하여 교육이란 한자 풀이를 해보자. '교육'(教育)이란 한자는 '가르칠 교(教)'와 '기를 육(育)'의 합성어이다. '가르칠 교(教)'자는 '본받을 효(爻)' + '아들 자(子)' + [손에 회초리를 쥐고] '칠 복(攴, 攵)'의 합성어다. 이것은 "손에 회초리를 쥐고 아들에게 좋은 것을 본받도록 회초리로 때려가며 가르친다"는 뜻이다〈김종환, 재미있는 한자이야기, 소년문학, 2020년 3월호〉. 그리고 '기를 육(育)'은 갓 태어난 아이를 기른다는 뜻이다〈두산백과, 교육(教育)〉.

누가 그렇게 가르치는가? 가정의 아버지다. 이것은 아버지를 뜻하는 '아비 부(父)'란 한자 풀이에 나타난다. 부(父)는 '어진 사람 인(儿)'과 '고칠 예(乂)'가 합성된 글자다. '어진사람 인(儿)'은 '쪼개어 나누는 사람'을 뜻한다. 정과 사랑을 나누는 사람, 즉 이타적인 사람이다. '고칠 예(乂)'는 '다스릴 예'라고도 한다. 이것은 아버지가 자녀의 '종아리를 쳐서 고쳐주는 것'을 뜻한다(경민대 김무현 교수의 한자 강의에서 발췌).

인간의 욕심은 타고난 본성이다. 특히 어린아이일수록 자기밖에 모르는 자아 중심적이다. 자기 것을 남과 나누는 것을 싫어한다. 이것을 누가 고쳐주는가? 아버지다. 어떻게 고쳐주는가? '사랑의 매'를 사용한다. 따라서 아버지 '부(父)'는 '나눠먹지 않으려는 자녀의 생각을 종아리를 쳐서 나눠먹도록 고치게 하는 사람', 즉 '교육자'를 뜻한다(아비부, http://m.blog.daum.net/thddudgh7/14115944?np_nil_b=2).

유대인의 아버지라는 단어 '아바'(אבא)'에도 '교육자'(instructor)란 뜻이 있다(제1부 제3장 4-10번째 항목 참조). 뿐만 아니라 아버지가 가정에서 자녀들에게 교육을 시키는 목적과 그 방법, 즉 '사랑의 매'까지도 한국인 아버지와 같다.

유대인 교육의 목적을 그들이 사용하는 10여 가지의 '교육'을 의미하는 히브리 단어에서 찾아보자. 물론 지혜나 지식을 키운다는 단어들도 있다. 그러나 "선악을 분별하다"(BIN, בין, "to distinguish, to separate"), 또는 "잘못을 교정하다"(YASAR, יסר, to chasten, to correct)는 뜻도 있다(Zuck, Hebrew Words for "Teach", Bibliotheca Sacra 121 (1964): 228-235).

유대인은 어떻게 자녀들의 잘못을 교정하는가? 그 방법이 '사랑의 매'다. 몇 가지 성경 말씀을 인용해보자. "아이의 마음에는 미련한 것이 얽혔으나, 징계하는 채찍이 이를 멀리 쫓아내리라"(잠 22:15). "채찍과 꾸지람이 지혜를 주거늘 임의로 하게 버려두면 그 자식은 어미를 욕되게 하느니라"(잠 29:15) 등이 있다.

이 말씀은 '채찍'과 '꾸지람'은 자녀를 훈계하여 지혜를 주고 어미를 욕되지 않게 하기 위하여 꼭 필요한 것(The rod of correction)이란 뜻이다. 즉 징계를 받지 않고 자란 아이는 경건한 자녀가 갖추어야 할 지혜를 얻지 못한다는 뜻이다.

결론적으로 한국과 이스라엘의 교육 목적은 IQ개발이 아니라, 잘못된 자녀의 행위를 바로잡아주는 인성개발에 있다는 것이다. 그리고 그 방법은 아버지의 '사랑의 매'라는 것이다. 따라서 본 항목 '한국과 이스라엘은 교육의 목적이 유사하다'(둘째-셋째)를 더 구체적으로 나누면 다음과 같다.

둘째, 한국과 이스라엘은 교육의 목적이 유사하다.
셋째, 한국과 이스라엘은 자녀 양육에 '사랑의 매'가 있다.

〈저자 주: 히브리 단어에 나타난 교육의 의미는 아버지 교육 시리즈 제2권 제3부 제4장 VI. 2. A. 2) '유대인 토론의 장점(인성교육학적 입장)'을 그리고 '사랑의 매'는 아버지 교육 시리즈 제1권 제1부 제2장 II. 2. '사랑의 매란 무엇인가' 참조〉

넷째, 한민족과 유대민족은 더불어 사는 공동체가 발달되었다

한국에는 홍익인간에 근거한 인간 세계를 이롭게 하는 농촌 마을 공동체가 있었다. 일이 많은 농번기에 서로 돕는 협동 생활을 하는 공동체다. 대표적인 것이 한국 농촌의 '두레'나 '품앗이' 문화다. 우리말 '두레'란 농촌에서 농사일을 공동으로 하기 위하여 리(里)나 마을 단위로 둔 조직을 뜻한다(다음사전, 2020).

유대인도 동일한 조상을 가진 민족 공동체로서 그리고 하나님이 주신 사랑의 공동체로서 서로 돕는 협동 공동체가 발달되었다. 대표적인 것이 이스라엘 특유의 농촌 공동체인 '키부츠'나 협동 농촌인 '모샤브'다.

'키부츠'는 이스라엘의 집단생활 공동체의 한 형태를 뜻한다. 재산의 공동 소유와 공동 육아, 공공 교육 따위가 특징이다. 토지는 국유이며, 남자들은 농업 부문, 여자들은 서비스 부문에서 주로 일한다. 그리고 '모샤브'란 이스라엘의 생활 공동체, 혹은 소농들의 연합체를 뜻한다. 농토는 각자가 경작하되 그 밖의 것은 마을 전체가 공유한다(다음사전, 2020).

신약성경에는 교인들이 모든 소유를 다 팔아 공동체에 바치고 함께 생활하는 이상적인 공동체 모델이 소개된다(행 5:1-11의 '아나니아와 삽비라의 범죄 사건' 참조).

다섯째, 한국과 이스라엘은 평화를 사랑한다
<인사법이 안녕과 샬롬>

앞에서 한국이나 이스라엘은 자신의 영토 이외에 타국을 침공하지 않았다고 했다. 이것은 무엇을 뜻하나? 과거 이웃 나라나 먼 나라를 침공했던 독일이나 일본, 혹은 중국이나 영국과 다르다는 것을 뜻한다. 즉 그들 나라들은 전쟁을 좋아하지만, 한국과 이스라엘은 모두가 '평화'(peace)를 사랑하는 민족이라는 것을 뜻한다.

이것은 두 나라의 인사법에서도 나타난다. 한국인은 "안녕하세요."라고 인사하고, 유대인은 '샬롬'(Shalom)이라고 인사한다. '안녕'과 '샬롬'(Shalom)은 모두 '평화'란 뜻이다.

이것은 두 나라 모두 전쟁보다는 평화를 사랑하고 소원하기 때문이다. 유대인이셨던 예수님은 '살렘 왕'(평화의 왕)이시다(히 6:20, 7:1). 부활하신 이후 무덤에 있었던 여자들에게 제일 먼저 하신 말씀도 "평안하뇨(샬롬)"라고 말씀하셨다(마 28:9).

물론 한민족이나 유대민족 모두 동족끼리 싸우는 내전(內戰)은 있었다. 한민족은 삼국시대에 고구려, 백제, 신라가 서로 싸웠고, 6.25 전쟁 때는 남한과 북한이 서로 싸웠다. 유대민족도 남 유다와 북 이스라엘이 갈라져 서로 싸운 적이 있었다. 그런 면에서 한민족과 유대민족은 남과 북이 서로 싸운 것도 닮았다고 볼 수 있다.

여섯째, 한민족과 유대민족은 흰옷을 사랑한다

조선시대 개화기(1910)에 미국인의 눈에 비친 한국인의 의상 소감이다.

"바지와 저고리는 물론 양말까지도 흰색으로 걸치고 천천히 활보하는 조선인들의 흰색 물결은 뭔가 매력적인 감흥을 느끼게 한다." (미국인 앤거스 해밀턴 '조선' 1910년, http://cafe.daum.net/hanryulove/8pfm/88?q=한국인의%20흰옷)

유대인은 유월절에 가정의 제사장, 즉 아버지는 제주(祭主)로서 흰옷을 입는다. 사진은 유월절에 3대가 모여 유월절 절기 식사를 하는 모습. 오른편에 흰옷 입은 할아버지(앞)와 아버지(뒤)가 나란히 보인다. 그 옆은 저자.

유대인 남자들이 회당에서 흰 기도복(Tallit)을 두르고 새벽기도를 하는 모습

유대인은 유월절에 가정의 제사장, 즉 아버지는 제주(祭主)로서 흰옷을 입는다. 유대인이 하나님께 기도를 드릴 때 두르는 기도복(Tallit)도 흰색이다. 한국인도 하늘에 제를 올릴 때에도 흰옷을 입었다. 인류 평화의 제전에 성화를 채화 할 때에도 흰옷을 입는다. 한국인은 유대인처럼 흰옷(흰 세마포)을 즐겨 입었다. 따라서 한국 민족을 '백의민족(白衣民族)'이라고 불렀다.

한국인은 복장뿐만 아니라 다른 것도 흰 색을 좋아한다. 설날에는 흰 떡국을 끓여 먹고, 추석에는 흰 송편을 빚어 먹었다. 흰 색은 순결과 평화를 뜻한다.

성경에서도 '흰옷'은 정결을 뜻한다(고후 11:2; 히 9:22; 엡 5:26; 계 19:14).

> 또 그가 피 뿌린 옷을 입었는데 그 이름은 하나님의 말씀이라 칭하더라 하늘에 있는 군대들이 희고 깨끗한 세마포를 입고 백마를 타고 그를 따르더라. (계 19:13-14)

따라서 한국인은 유대인처럼 순결과 평화를 사랑하는 민족이라고 말할 수 있다.

일곱-여덟째, 한민족과 유대민족은 수염을 기르고 머리에 갓을 썼다

한국 남자들이 머리에 검은 갓이나 두건을 쓰는 것처럼, 유대 남자들은 검은 모자나 키파(Kippah)를 쓴다. 한국 남자들은 예(禮)를 더 갖출 때 갓을 쓰고 일상생활을 할 때는 두건을 쓴다. 이처럼, 유대 남자들도 예를 더 갖출 때는 검은 모자를 쓰고 일상생활을 할 때는 키파를 쓴다. 따라서 한국 남자들이 조상들에게 제사를 지낼 때 갓을 쓰는 것처럼, 유대인은 하나님께 예배를 드릴 때 검은 모자를 쓴다.

한국인은 갓이 걸려 있는 곳은 항상 상석임을 표현할 정도로 갓에 대한 존경과 정성은 곧 의관을 존중했던 과거시대의 복식 규범에서 연유한 것이다. 한국인의 두건이 간편한 방법이라면, 유대인의 키파도 간편한 방법이다.

한국 남자들이 갓이나 두건을 쓰는 목적이 윗사람과 타인에게

수염을 기르고 검은 모자를 쓴 유대인 랍비들

야외에서 머리에 키파를 쓴 유대 소년들

한국인은 외출할 때 예를 갖추기 위해 갓을 썼다. 사진은 수염을 기르고 갓과 두건을 쓴 한국 남자들이 2020년 국회의원 선거 후보자 벽보를 보고 있다.

한국인은 시골 동네에서도 외출할 때 예를 갖추기 위해 갓을 썼다.

예를 갖추기 위함이라면, 유대인이 검은 모자나 키파를 쓰는 목적은 나 위에 거룩하신 하나님이 계심으로 그분을 경외하며 나를 낮추어 겸손하게 살기 위함이다.

그리고 두 민족 남자들은 모두 수염을 길렀다. 목적은 유대인은 하나님께서 주신 몸을 상하지 않게 함이었고, 한국인은 부모로부터 받은 몸을 상하지 않게 함이었다. 두 민족의 자녀들은 할아버지나 아버지의 수염을 남성의 권위로 여기고 수염을 기른 어른을 존경하고 순종했다.

〈한국인 자료 출처: *한국민속대백과사전*(Encyclopedia of Korean Folk Culture), folkency.nfm.go.kr/kr/topic/detail/6841〉

아홉-열 번째, 한국인과 유대인은 고유 1) 언어와 2) 문자 를 소유했다

이스라엘이 고유 '히브리어'와 '히브리 문자'(26자)를 가지고 있는 것처럼, 한국인도 '한국어'라는 고유의 언어를 갖고 있을 뿐만 아니라, '한글'(24자)이라는 세계적인 위대한 문자를 갖고 있다. 작은 나라가 이렇게 고유 언어와 고유 문자를 가지고 있는 경우는 흔치 않다.

열한 번째, 한민족과 유대민족은 두뇌가 발달된 민족이다

1950년대 뉴욕에서 모든 학생들을 대상으로 IQ(지능지수) 테스트를 했다. 그 중 170이 넘는 학생이 28명 나왔다. 그 중 24명이 유대인이었다고 한다. 1900년대 유대인은 온갖 박해와 차별에도 전 세계 노벨상의 14%를 차지했고, 21세기에는 32%로 급증했다(https://www.youtube.com/watch?v=SD0ZqAvAdlw, 2019년 8월 18일). 러시아와 유럽 출신의 아시케나지 유대인의 IQ는 미국과 영국에서 상당히 높은 수준의 IQ(107~115)로 나타났다(이나무, 팝뉴스, 2007년 1월 22일).

한국인의 IQ는 얼마나 높은가? 영국 얼스터 대학교의 리처드 린 교수는 전 세계 185개국 국민의 평균 IQ를 조사했다(2004년 2월호 월간 조선). 그 결과 한국이 106으로 1위를 차지했다. 사실은 홍콩과 싱가포르가 107로 1위를 기록했지만 홍콩은 중국에 편입되었고, 두 국가 모두 도시 국가이기 때문에 한국이 1위라고 할 수 있다(https://

  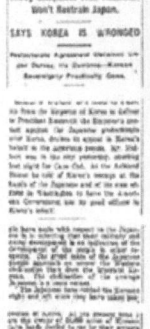

신간 '헐버트의 꿈 조선은 피어나리!'에서 새로 소개한 헐버트 박사 관련 신문기사들. 왼쪽 사진은 "한국인은 세계에서 가장 빼어난 민족 중 하나"라고 말한 1949년 7월 2일 미국 스프링필드유니언 인터뷰 기사. 가운데 사진은 고종과 헐버트 박사가 눈물어린 전보를 주고받았다고 보도한 뉴욕타임스 1905년 12월 13, 14일자. 오른쪽 사진은 박사의 아내 메이 헐버트의 1910년 5월 7일 뉴욕트리뷴 인터뷰 기사로, 제목은 '미국 여인, 일본인들이 한국인을 희생시키고 있다고 증언'이다. 김동진 회장 제공

www.youtube.com/watch?v=SD0ZqAvAdlw, 2019년 8월 18일).

미국인 선교사 호머 헐버트 박사(1863~1949)는 "한국인은 세계에서 가장 빼어난 민족 중 하나다(Koreans are among the world's most remarkable people)."라고 극찬했다. 1949년 7월 미국 '스프링필드유니언'지에 실린 헐버트 박사의 인터뷰다.

"한국인은 가장 완벽한 문자인 한글을 발명했고, 임진왜란 때 거북선으로 일본군을 격파해 세계 해군사를 빛냈으며, (조선왕조실록 같이) 철저한 기록 문화를 지니고 있다"며 사례를 거론했다. 무엇보다도 "3·1운동으로 보여준 한민족의 충성심(fealty)과 비폭력 만세 항쟁은 세계사에서 가장 아름다운 애국심의 본보기"라고 강조했다.

(동아일보, 2019년 10월 29일).

유대인은 그들 자신들의 특별한 교육열과 교수법이 있었기 때문에 가능하다. 이에 대해서는 저자의 '하브루타, 4차원 영재교육의 비밀'에서 충분히 언급했기 때문에 지면상 여기에서는 생략한다.

한국인은 어떻게 지능지수(IQ)가 높은가? 그 이유 중 하나는 한국인은 表音文字(한글)와 表意文字(한자)를 병용하기 때문이라고 한다. 表音文字는 감각적, 정서적이라면, 表意文字는 함축된 개념화된 문자로 지성적이다. 이는 한국인은 우뇌와 좌뇌를 모두 사용한다는 뜻이다. 그 결과로 지능이 높게 나타난다는 것이다. 이런 현상은 중국인에게도 나타난다. 表意文字인 한자를 사용하는 중국은 IQ 100이지만, 英語(표음문자)와 漢字를 공용하는 홍콩은 IQ 107이디(상게서).

따라서 한국인과 유대인은 두뇌도 우월하다는 면에서 닮았다. 또한 두 민족은 교육열 역시 대단하다는 점에서도 닮았다.

열두 번째, 한민족과 유대민족은 '빨리 빨리'를 좋아하는 민족이다

하나님은 이스라엘 백성을 광야에 모아서 40년 동안 훈련시키셨다. 이것은 노예생활에 젖었던, 제멋대로 살았던 노예근성을 버리고 하나님의 백성으로 거듭나기 위한 훈련이었다. 하나님은 당시 그분의 명령에 즉시 순종하도록, '빨리 빨리'를 강조하셨다. 그렇게 하지 않으면 진노하셔서 죽이기까지 하셨다.

〈저자 주: 자세한 것은 저자의 저서 고난의 역사교육 시리즈 제1권 *하나님의 독수리 자녀교육* ' 참조〉

그런데 한국인도 모든 것이 빨라야 한다. 지루하거나 늦어지는 것을 참지 못한다. 오죽하면 외국인이 한국에 와서 제일 먼저 배우는 단어가 '빨리 빨리'라고 한다. 그리고 미국에서 동포들이 운영하는 식당에서 일하는 남미계 종업원들이 제일 먼저 배우는 단어도 '빨리 빨리'라고 한다.

빌 게이츠도 2020년 4월 CNN, 폭스뉴스 등 미국 주요 언론과 '한국의 코로나19 대응법'에 대해 극찬하는 인터뷰를 했다. 그 때마다 빠지지 않고 언급하는 것이 한국 특유의 '빨리빨리' 문화라고 말했다(머니 투데이, 2020년 4월 11일).

이런 '빨리 빨리' 문화는 후에 경제 성장을 이루는데 큰 공헌을 했다. 물건을 만들어 수출하는 면이나, 혹은 인터넷 부분에서 세계 최고의 수준을 이루는데 큰 공헌을 했다.

열세 번째, 한민족과 유대민족은 교육열이 강하다

한국인의 교육열은 세계적이다. 설동훈 전북대 교수는 한국인의 높은 교육 열망에 힘입어 한국사회는 단기간에 숙련된 산업인력을 양성할 수 있었다고 했다.

한국의 2005년 고등학교 졸업자의 대학 진학률은 82.1%다. '2005년 OECD 교육지표'(Education at a Glance)에서, 한국의 국내총생산(GDP) 대비 학교 교육비 비율은 7.5%로 OECD 평균 5.9%보다 1.6%포인트 높다. 대학 진학률뿐 아니라 사교육비 지출 비율도 세계 최고 수준이다. 더 놀라운 것은 해외 유학생 수다. 미국 국토안

보부 '출입국·세관국' 자료에 의하면, 2006년 말 미국 내 한국인 유학생 수는 9만 3728명으로 전체 유학생의 14.9%를 차지한다. 한국은 인도와 중국을 훨씬 앞질러 단연 1위다(서울신문, *한국인의 교육열과 해외 취업*, 2007년 5월 11일).

이것은 미국에 이민 온 한국인 가정에게도 나타난다. 대부분 초중고에서 상위권에 있는 학생들 중에 한국계 학생들이 없는 경우는 드물다. 유대인도 이것을 잘 안다.

한국인은 거주지를 정할 때에도 교육열이 높은 곳, 즉 유대인의 비율이 높은 곳을 찾는다(Woman Sense, *스타맘이 선택한 아이들 유학 도시*, 2020년 2월 10일). 이런 교육열이 아니면 국토도 작고 자원도 없는 한국에서 어떻게 그만큼 빠른 경제성장을 이룰 수 없었을 것이다.

열네 번째, 한민족과 유대민족은 근면성이 유사하다

한국인의 근면성은 세계적이다. 대부분 다른 나라 민족보다 열심히 일한다. 어떤 경우에는 너무 지나쳐 건강을 해치는 경우도 있다. 이런 근면성은 후에 경제 성장을 이루는데 큰 공헌을 했다.

인지심리학자 김경일 교수는 유대인 인지심리학자들이 한국 사람들을 그렇게 좋아한다고 했다. 그 이유는 "재미있는 게, IQ와 근면성실험에서 인간을 압도하는 게 AI"라며 이 부분에서 가장 AI와 비슷한 민족이 한국인이라고 설명했다. 다시 말해 AI 분야 유대인 인지심리학자들이 한국 사람들을 좋아하는 이유는 전 세계에서 가장 AI스럽기 때문이어서라는 결론이다(The Epoch Times, *유대인 심리학자들이 전 세계에서 한국인을 가장 좋아하는 이유*, 2020년 2월 20일).

미국에 이민 온 동포들의 경우도 맨손으로 시작하여 2-3년 후면 이곳에 사는 미국인들도 사기 힘든 주택을 구입하는 경우가 많다. 성실과 근면성 덕분이다.

열다섯 번째, 한민족과 유대민족은 용기와 의지력이 강하다

한국인은 무엇이든지 하면 할 수 있다는 의지력이 매우 강하다. 그 대표적인 인물이 정주영 전 현대그룹 회장이다. 물론 무모하여 실패하는 경우도 있지만, 이런 강한 용기와 의지력은 한국의 경제성장을 이루는데, 혹은 미국에서 생활 기반을 잡는데 많은 도움을 주었다.

6·25 전쟁이 끝난 이듬해인 1954년 2월. 유엔한국재건단(UNKRA)의 의뢰로 한국 경제 전반에 대해 현지 조사를 마친 미국 경제 전문가 로버트 네이선(1908~2001)은 최종 보고서에서 '한국은 전쟁을 극복하고 경제 살릴 것'이라고 했다. "우리는 한국인의 용기, 의지력, 결심에 특히 감명을 받았습니다. 재건 사업은 거대하고 힘들지만, 그렇다고 결코 가망 없는 일은 아닙니다. 적절한 원조가 있고 분별 있게 자원을 효과적으로 사용만 한다면, 한국은 경제적 자립을 달성할 수 있을 것입니다(조선일보, *1954년 美 네이선 보고서 "한국, 전쟁 극복하고 경제 살릴 것"*, 2019년 12월 23일).

그는 전쟁의 폐허 속에서도 용기와 의지력을 잃지 않았던 한국인들에게서 경제 재건의 희망을 엿본 것이다.

한민족의 용기와 의지력이 매우 강하다는 예는 미국에 이민 온 한인들의 생활력에서도 볼 수 있다. 유대인이나 한국인이 미국에 이민을 오면 처음에는 환경이 가장 위험한 흑인 빈민 지역에서 장사를 하는 경우가 많다.

1992년 미국 LA지역에서 4·29 흑인 폭동이 일어났다. 그 지역은 27년 전 유대인이 흑인에게 당했던 동일한 지역이다. 유대인은 흑인들이 무서워 거의 그 지역을 떠났지만, 한인 대부분은 여전히 그 자리에 머물러 있다.

그래서 유대인은 자신들보다 한인이 더 지독하다고 말한다. 뿐만 아니라 유대인 세탁소 주인은 한인 세탁소 주인과의 가격 경쟁에서 "너는 죽고 나는 살자"인데, 한인은 "너 죽고 나 죽자"다. 그래서 그들은 한인을 당할 수가 없다고 말한다.

> 유대인 세탁소 주인은 한인과의 가격 경쟁에서
> "너는 죽고 나는 살자"인데,
> 한인은 "너 죽고 나 죽자"다.
> 그래서 그들은 한인을 당할 수가 없다고 말한다.

열여섯 번째, 한민족과 유대민족은 절기를 철저히 지켰다

〈일러두기〉

여기에서 다루고자 하는 것은 한국인의 절기와 유대인의 절기의 내용과 방법이 유사하다는 것이 아니다. 인성교육학적인 입장에서 두 민족 모두 자신들의 수직문화에 속하는 절기들이 다른 민족에 비하여 논리적으로 잘 형성되었고, 그것을 철저하게 보존하고 잘 지켰다는 것을 말하는 것이다. 이에 대한 유익은 C항에서 설명한다.

참고로 수직문화란 그 민족의 정신세계를 형성하는 깊은 뿌리 문화를 뜻한다. 인생의 의미를 찾는 지혜문화다. 그리고 그 민족의 정체성을 결정하는 문화다. 그 민족이 보유하고 있는 전통, 역사, 철학, 사상, 효, 고난 및 고전 등을 말한다. 이에 대조되는 것은 수평문화다. 〈자세한 것은 '현용수의 인성교육 노하우' 제1-2권 참조〉

A. 한국인의 절기와 명절

한국에는 음력에 기준한 24절기(節氣, the 24 divisions of the year in the lunar calendar)가 있다. 그리고 13개의 세시풍습(times and seasons' customs), 혹은 명절(festive season)이 있다. 이 중 설날, 단오, 추석, 한식, 정월대보름을 한국의 5대 명절이라 부른다. 물론 여기에 3.1절, 6.25 전쟁, 8.15 광복절 등 국경일(national holiday)도 많다.

절기는 농경사회에서 농사를 짓기 위하여 무엇을 왜 어떻게 행동해야 함을 표시하는 경우가 많다. 명절은 대개 보름마다 한 번씩 있는 절기(節氣)와는 구분되는 것으로 계절에 따라 뜻깊은 날을 정한 것이다.

24절기는 계절을 세분한 것으로, 대략 15일 간격으로 나타낸 달력이라 할 수 있다. 몇 가지 예를 들어보자.

가령 대한은 일 년 중 가장 추운 때다. 해넘이라는 풍습이 있다. 이 때 콩을 뿌려 악귀를 쫓는다. 춘분(春分)은 태양 황경이 0도가 되는 때다(When the Sun arrives at 0 degrees in the celestial longitude). 낮과 밤의 길이가 같다. 동지(冬至)는 밤의 길이가 가장 긴 날이다. "동지팥죽을 먹어야 진짜 나이를 한살 더 먹는다"고 하여 새알심을 넣어 팥죽을 먹었다. 제석(除夕)은 한 해의 끝날, 즉 섣달 그믐날을 뜻한다. 이 날 잠을 자는 것을 죽음의 상징으로 보았기 때문에, 온 집안에 불을 밝히고 날을 지새워서 새해를 맞이하는데 이를 수세라고 한다.

대표적인 명절은 3일간 이어지는 설날과 추석이 있다. 설날(음력

추석에 마을에서 주민들이 강강수월래 춤을 추는 모습

한국의 절기와 명절은 한국인의 고유 민속적인 전통과 사고방식, 즉 한국인의 논리적인 수직문화를 형성하는 데 결정적인 역할을 했다. 사진은 설날 자녀들이 어른들에게 세배를 드리는 모습

1월 1일)은 한 해의 시작 날이다. 떡국을 먹고 세배를 올리며 덕담을 주고받는다. 윷놀이와 널뛰기를 하며, 제사를 지낸다. 추석(秋夕, 음력 8월 15일)은 팔월대보름, 혹은 한가위라고도 하는 큰 명절이다. 추수 전의 덜 익은 쌀로 송편을 만들며, 제사와 성묘를 한다. "1년 열두 달 365일 더도 말고 덜도 말고 한가위만 같아라"는 속담이 있다. 〈출처: 한국민속대백과사전, http://folkency.nfm.go.kr/kr/main〉

인성교육학적인 입장에서 1970년대 이전만 해도 한국의 절기나 명절 및 국경일은 잘 보존되었고, 지켜졌었다. 당시에 한국의 절기와 명절은 한국인의 고유 민속적인 전통과 사고방식, 즉 한국인의 논리적인 수직문화를 형성하는 데 결정적인 역할을 했다. 뿐만 아니라 이 두 가지는 전통적인 의식주 생활은 물론 민속 신앙, 민속 문학, 일상적인 의례 및 민속 예술 등을 형성하는 데 가장 중요한

역할을 했다. 그리고 국경일은 대한민국의 국가관, 즉 정체성을 세우는 데 가장 중요한 역할을 했다.

추석에 마을에서 주민들이 즐겁게 풍악놀이를 하는 모습

설날 온 가족이 윷놀이를 즐기는 모습

B. 유대인의 절기와 명절

유대인의 절기는 구약 성경에 근거한다. 구약의 절기는 신약의 그림자(히 9:24, 10:1)로 하나님의 구속의 타임(때) 스케줄과 그 의미를 보여준다. 따라서 구약의 절기를 모르면 하나님의 인류구원의 계획을 잘 설명할 수 없다. 절기장으로 불리는 레위기 23장은 여호와의 절기들을 이렇게 소개한다. 안식일(3절), 유월절과 무교절(4-8절), 초실절(9-14절), 칠칠절(오순절)(15-22절), 나팔절(23-25절), 대속죄일(26-32절), 초막절(33-44절) 등이다.

안식일을 제외한 나머지 일곱 절기는 예수님의 공생애 일정을 상징적으로 설명해 주고 있다. 이외에도 유대인의 절기는 심핫토라(Simhat Torah), 로쉬하사나, 부림절, 수전절, 그리고 티샤 바브 등 매우 많다. 물론 여기에 이스라엘에는 건국절, 성전 회복의 날, 고난의 역사 기념일 등 국경일(national holiday)도 많다. 특히 매주 생명처럼 지키는 안식일은 대단히 중요한 절기라는 점에서 유대인은 한국인의 절기보다 훨씬 더 강하고 많은 절기문화를 가지고 있다.

하나님은 유대교를 믿는 유대인들에게 자신들의 신앙을 절기를 통해 표현하도록 하셨다. 따라서 그들의 신앙이 얼마나 깊은지를 재는 척도는 여호와의 절기를 얼마나 철저하게 지키는지를 보면 알 수 있다. 즉 얼마나 철저하게 절기를 지키느냐에 따라 신앙심이 아주 강한 정통파 유대인, 중도인 보수파 유대인 그리고 진보적인 개혁파 유대인 등으로 구분 된다(현용수, '고난을 기억하는 유대인 절기교육의 파워', 저자 서문 참조).

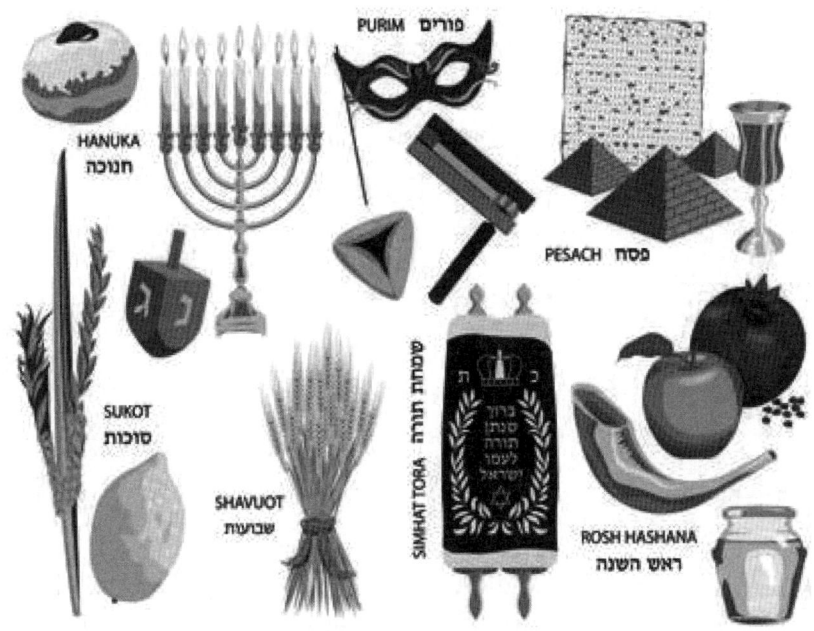

유대인의 절기는 그들의 고유 민속적인 전통과 사고방식, 즉 그들의 논리적인 수직문화를 형성하는 데 결정적인 역할을 했다. 뿐만 아니라 전통적인 의식주생활은 물론 신본주의 사상, 민속 문학, 일상적인 의례 및 민속 예술 등을 형성하는 데 가장 중요한 역할을 했다. 사진은 하누카 유월절 초막절 오순절 심핫토라 및 로쉬하쉬나(신년) 절기를 지키는데 필요한 도구들. 이 도구들은 각 절기의 내용을 상징한다

    유대인은 우선적으로 매년 특별한 시점에 그 절기를 지킴으로 자신들의 정체성을 나타내고 있다. 왜냐하면, 유대교는 자신들의 신념(beliefs)보다는 행동의 문화(a cultures of actions)이기 때문이다. 유대교의 가장 중요한 가치들은 유대력에 따른 절기 전통을 통하여 삶(life)에 전달된다(Reuben, *Raising Jewish Children in a Contemporary World*, 1992, p. 77).

하나님께서 절기를 제정하신 두 가지의 목적, 즉 1) 절기를 통한 구속사적 목적과 2) 절기를 통한 선민교육의 목적은 큰 틀에서 구약 성경 전체의 목적이기도 하다. 그만큼 유대 민족의 절기교육이 중요하다.

인성교육학적인 입장에서 유대인의 절기도 그들의 고유 민속적인 전통과 사고방식, 즉 그들의 논리적인 수직문화를 형성하는 데 결정적인 역할을 했다. 뿐만 아니라 전통적인 의식주생활은 물론 신본주의 사상, 민속 문학, 일상적인 의례 및 민속 예술 등을 형성하는 데 가장 중요한 역할을 했다.

한국인이나 유대인은 절기와 명절에 따라 먹는 음식, 음악 및 놀이문화가 다르다. 그리고 그에 따른 의미도 다르다. 한국인의 것에는 조상들의 지혜가 숨어 있고, 유대인의 것에는 하나님의 지혜가 숨어 있다. 따라서 유대인의 것이 상대적으로 한국인의 것보다 더 절대적인 진리의 내용과 지혜 및 방법을 가지고 있다고 볼 수 있다.

> 한국인의 절기에는 조상들의 지혜가 숨어 있고,
> 유대인의 절기에는 하나님의 지혜가 숨어 있다.

C. 현대 한국인 절기의 문제점과 해결 방안

2020년 현재 한국인의 절기와 명절 및 국경일에는 문제가 많다. 유대인은 아직도 그들의 전통적인 수직문화를 잘 보존하며 지키고 있는 데 반하여, 한국인은 거의 모두를 잊어버려가고 있다는 점이다.

따라서 유대인은 다음세대들과의 관계에서 사고방식과 행동에 세대차이가 거의 없는 데 비하면, 한국인은 많은 세대차이가 너무 많이 난다. 더구나 1990년대 이후부터 한국은 학교에서 대한민국의 국경일에 대해서도 가르치지 않았다. 고로 많은 젊은이들이 대한민국의 정체성도 없이, 엉뚱하게 건국 대통령 이승만보다는 주적인 북한의 김일성을 더 좋아한다고 한다.

저자는 이런 문제를 해결하기 위하여 절기를 통한 선민교육의 목적에 초점을 맞추어 '고난을 기억하는 유대인 절기교육의 파워'(현용수의 고난의 역사교육 시리즈 제4권 참조)라는 책을 출간했다(2018년). 이 책에는 유대인 절기가 주는 다양한 유익을 1) 인성교육학적인 입장에서 2) 구약의 지상명령학적 입장에서 그리고 3) 영성교육 신학적인 입장에서 설명했다.

따라서 한국인 기독교인도 대음세대 교육에 이런 유익을 주기 위해서는 유대인을 모델로 한 절기교육의 내용과 방법을 만들고 실천해야 한다. 이 책에는 성경에 근거하여 무엇을 어떻게 지켜야 하는지에 대해서 자세히 설명했다. 필독을 권한다.

결론적으로 한국인과 유대인은 자신들이 지키는 절기들이 형성된 목적과 과정은 다르지만, 그것이 그들의 전통과 삶의 방식, 즉 그들의 논리적인 강한 수직문화를 형성하는데 지대한 영향을 미쳤다는 점에서 매우 닮았다. 두 민족 모두 자신들의 수직문화를 얼마나 철저하게 지키느냐에 따라 보수냐, 진보냐가 결정된다. 즉 강한 독수리 같은 한국인다운 한국인이 되고, 강한 독수리 같은 유대인다운 유대인이 되느냐가 결정된다.

한국인이 왜 유대인의 성경을 그렇게 이해하기 쉬운가? 그리고 왜 한국의 초대교회 교인들 중에는 그렇게 강한 독수리 같은 기독교인들이 많은가? 그것은 한국인도 1970년대 이전에는 유대인처럼 강한 수직문화의 내용과 형식이 있었기 때문이다.

수직문화가 개인의 인성개발에 얼마나 중요한지를 보여주는 예가 성경에 있다. 모세다. 그는 40세 이전까지 애굽의 궁중에서 강한 논리적인 수직문화 교육을 받았기 때문에 이스라엘 민족의 큰 지도자가 될 수 있었다.

〈자세한 것은 *현용수의 인성교육 노하우* 제2권 제2부 제4장 III. "인성교육 원리 적용 I – 현실 적용, '왜 수직문화가 개인과 민족에게 그리고 기독교인에게 필요한가'" 제목의 '질문 7 참조〉

제 5 장

종교적 측면에서 본
한국과 이스라엘의
유사점

첫째, 한국과 이스라엘은 건국이념(경천애인)이 유사하다

기독교인이나 비기독교인이나 모든 한국인의 경천애인(敬天愛人) 사상은 몸에 배어 있다. 각 가정이 '敬天愛人'이란 문구를 액자에 넣어 거실 벽에 붙여 놓을 정도다. '경천애인'은 "하늘을 경외하고 이웃을 사랑하라"는 사상이다. 여기에서 '하늘'은 한국인이 복음을 받기 이전에 하나님을 추상적으로 부를 때 사용했던 단어다.

경천애인은 흔히 2가지에 근거를 둔다. 하나는 유교의 기본적인 사상이고, 또 하나는 우리 민족의 전통적인 사상이다.

유교적 관점은 한국인이 '경천애인'을 실천하지 않으면 하늘이 큰 벌을 내린다는 기본 사상이다. 맹자에 나오는 "하늘에 순응하는 자는 살고〈順天自存(순천자존)〉 하늘을 거역하는 자는 망한다〈逆天者亡(역천자망)〉."는 교훈이 대표적인 예다(http://cafe.daum.net/12107235/j15D/156?q=경천애인%20뜻).

이것은 예수님이 구약성경의 모든 613개의 율법을 요약해서 위로는, 즉 수직적으로는 하나님을 사랑하고, 수평적으로는 이웃을 사랑하라고 가르치신 내용과 일맥상통한다.

> 예수님께서 가라사대 네 마음을 다하고 목숨을 다하고 뜻을 다하여 주 너의 하나님을 사랑하라 하셨으니, 이것이 크고 첫째 되는 계명이요. 둘째는 그와 같으니 네 이웃을 네 몸과 같이 사랑하라 하셨으니, 이 두 계명이 온 율법과 선지자의 강령이니라. (마 22:37-40)

이 말씀은 유대인의 성경인 구약성경의 신명기 6장 4-5절과 레위기 19장 18절의 인용이다. 물론 성경에도 사랑의 뜻에는 '두려워하다'(경외)란 뜻도 있다. "네 하나님 여호와를 경외하며 섬기며 그 이름으로 맹세할 것이니라"(신 6:13).

따라서 한국의 경천애인이라는 건국이념은 이스라엘의 건국이념과 매우 유사하다고 할 수 있다.

둘째, 한국과 이스라엘은 하나님이 건국하셨다는 점이 유사하다

이스라엘은 하나님이 건국하신 나라라는 것은 모두가 아는 사실이다. 이제 한국 민족이 거주하는 나라가 어떻게 하나님이 건국하신 나라인가를 설명해보자.

한국 민족은 2020년 현재 4353년의 역사를 가지고 있다. 최초의 나라는 고조선이고, 마지막 나라는 대한민국이다. 그런데 두 나라 모두 하나님이 건국하셨다는 점에서 이스라엘과 유사하다. (물론 고조선의 건국에는 논란의 여지가 있다는 점을 인정한다.)

먼저 고조선의 건국을 보자. 고조선의 건국이념은 81자로 구성된 '천부경'(天符經)에서 설명하고 있다. 천부경이 성경과 유사한 점 몇 가지를 소개해보자. 국제뇌교육종합대학원대학교의 이승헌 총장은 천부경의 내용을 이렇게 정리했다.

〈저자 주: 저자는 이승헌 총장이 단군을 우상화하는 것에는 매우 반대한다. 그가 성경을 모르기 때문에 단군을 하나님으로 여기는 그런 황당한 주장을 할 수 있다고 생각한다. 그러나 그가 요약한 천부경 내용은 새겨볼만하다고 여긴다.〉

> 천부경은 "모든 것은 하나에서 시작하여 하나로 돌아가되 그 하나는 시작도 끝도 없으며, 사람 안에 하늘과 땅과 사람이 모두 들어있다"는 가르침을 담고 있다. 이러한 천부경의 정신이 누구나 실천할 수 있는 생활철학으로 구체화된 것이 단군의 홍익인간(弘益人間)과 제세이화(在世理化)다. (이승헌, 천부경, http://blog.daum.net/greenew/293)

우선 "모든 것은 하나에서 시작하여 하나로 돌아가되 그 하나는 시작도 끝도 없다"란 문구에 주목해보자. 이것은 하나님의 특수 계시인 성경에 있는 성부 하나님이나 성자 하나님이 "나는 알파와 오메가요, 처음과 나중이요 시작과 끝이라"(계 1:8, 22:13)고 하신 말씀과 매우 유사하다. 이것은 고조선도 하나님이 단군을 통하여 건국하신 나라였다는 합리적 심증을 갖게 해준다.

저자는 이 글을 쓰면서 한국인이 특수계시인 성경을 접하기 훨씬 이전부터 하나님은 그들에게 하나님을 알게 하는 보편적 계시(롬 1:20)뿐만 아니라, 성경적인 하나님의 속성을 닮은 분이 고조선을 건국하셨다는 것을 발견하고 놀라움을 금치 못한다. 때문에 한국인의 DNA 속성에는 무의식 속에서도 막연하나마 유대인처럼 창조주 하나님이 계신다는 것을 믿고 그분에게 의지하려고 했던 것이 아닌가 생각해볼 수 있다.

뿐만 아니라 한국 민족의 마지막 나라인 대한민국의 건국도 하나님의 사람 이승만 장로가 기독교 입국론에 근거해 건국했다는 사실에 주목해야 한다. 기독교 입국론은 이승만이 그의 저서 독립정신에서 주장한 사상이다. 그는 조선 성리학의 문제점을 지적하고 서구 열강이 기독교에 기초하여 발전된 문명을 이룩한 것을 서술하면서 한반도에 기독교를 이념으로 한 새로운 국가를 건설할 것을 주장하였다(위키백과; 이승만, 풀어쓴 독립정신, 김효선 편집, 청미디어). 그는 청교도들이 건국했던 미국을 모델로 했다고 한다.

그 다음 "이러한 천부경의 정신이 누구나 실천할 수 있는 생활철학으로 구체화된 것이 단군의 홍익인간과 제세이화다."란 문구가 있다. 이것은 단군신화의 고조선 건국이념은 경천애인(敬天愛人)이고, 교육이념은 1) 홍익인간(弘益人間)과 2) 재세이화(在世理化)란 뜻이다.

2가지 교육이념은 건국이념을 실천하는 방법이다. 최복규 목사는 '재세이화'(在世理化)의 뜻을 주기도문에 명시된 "나라 이임하옵시며, 뜻이 하늘에서 이룬 것같이 땅에서도 이루어지이다"(마 6:10)로 해석했다〈최복규, 재세이화'(在世理化), 2019년 11월 7일 청와대교회 설교에서〉. 이것은 무엇을 뜻하는가? 하나님은 그분의 뜻이 한국 땅에도 이루어지기 위하여 고조선을 건국하셨다고 볼 수도 있다.

결론적으로 한국인의 첫 번째 나라인 고조선이나 마지막 나라인 대한민국은 하나님이 하나님의 사람들(단군과 이승만)을 통하여 건국하셨다는 것이다. 두 나라 모두 건국의 주체는 하나님이시며, 한국인은 하나님의 백성으로서 하나님의 뜻을 이 땅에 이루어야 할 사명을 가지고 태어났다는 것을 뜻한다. 때문에 한국인은 예수님의 재림을 준비하기 위하여 한국 민족을 통하여 세계선교가 마무리 되어야 한다는 사명감도 가져야 한다고 생각한다.

초창기 한국의 믿음의 조상들(복음주의자들)은 복음을 받아들인 후 성경과 기도를 통하여 하나님이 이 민족을 얼마나 사랑하시는지, 그리고 이 민족을 향하신 하나님의 뜻이 무엇인지를 분명히 깨닫고 감격한 분들이 많았다. 저자도 어릴 때(1960-1970년대) 부흥회를 참석하면 많은 부흥회 강사들(한경직 목사, 최복규 목사, 신영균 목사 및 김준곤 목사 등)이 그렇게 외친 것들을 듣곤 했다. 그분들은 민족 복음화를 넘어 세계 복음화를 외쳤다.

〈저자 주: 홍익인간(弘益人間)에 관해서는 이어지는 II항 첫째, '한국과 이스라엘은 교육 이념이 유사하다'에서 설명함〉

셋째, 한국인과 유대인의 조상은 하나님께 제사 드리는 제단을 쌓았다

유대인과 한국인의 최초의 조상은 모두 처음부터 유일신 하나님에게 제사를 지내기 위해 제단을 쌓았다는 점에서 두 민족이 유사하다. 유대인의 조상은 아브람이다. 그는 하나님의 부름을 받고 고향 땅 갈데아 우르를 떠났다(창 12:1-3). 그리고 마침내 75

세에 하나님이 지시하신 땅 가나안 세겜 땅에 도착했다(창 12:4-5).

그 때 여호와께서 그에게 나타나 이렇게 말씀하셨다. "내가 이 땅을 네 자손에게 주리라." 그는 자기에게 나타나신 여호와를 위하여 그 곳에 제단을 쌓았다(창 12:7). 거기서 벧엘 동편 산으로 옮긴 후에도 여호와를 위하여 단을 쌓고 여호와의 이름을 불렀다(창 12:8).

한국인의 조상 단군도 고조선을 세운 다음 먼저 하늘[하나님]에 제사를 지내기 위해 제단을 쌓았다. 그 장소가 강화 마니산에 있는 참성단(塹星壇)이다. 민족 제1의 성적(聖蹟, 사적 제136호)이다. 대한민국은 단군이 나라를 세웠다고 전해지는 기원전 2333년 10월 3일을 개천절로 정했다. '하늘이 열린 날'을 기념하는 날이다. 개천절은 삼일절(3월 1일), 제헌절(7월 17일), 광복절(8월 15일)과 함께 4대 국경일이다. 이 제천의식은 1955년 전국 체전의 성화 채화를 계기로 부활되어 개천대제라는 이름으로 지금까지 매년 양력 10월 3일 개천절에 거행되고 있다.

결론적으로 한국인과 유대인의 조상들 모두가 건국의 터전(땅)을 정한 후 하나님께 제사를 드리는 제단을 쌓았다는 것은 종교적인 입장에서 매우 긍정적인 유사점이다.

〈출처: 강화첨성단, *한국민족문화대백과사전*, encykorea.aks.ac.kr/Contents/Item/E0055281, 개천절, *다음백과*, https://100.daum.net/encyclopedia/view/b01g1892a〉

넷째, 한국과 이스라엘은 악귀를 쫓는 방법이 유사하다

유대인이 유월절에 양의 붉은 피를 문설주에 발라 사탄의 사망에서 구원을 받은 것처럼(출 12장), 한국인은 동지(冬至)에 붉은 팥죽을 대문이나 벽에다 뿌리고 난 이후에 먹어 악귀를 내쫓는 풍습이 있다. 양의 피나 팥죽의 공통점은 붉은 액체라는 데 있다.

다음백과사전에서 동지를 설명한 내용을 요약하면 이렇다. 우리 조상들은 동지는 1년 중 가장 밤이 긴 날이어서 음기(陰氣, 어두운 마귀의 기운)가 강하므로 붉은 색인 팥죽으로 잡귀를 몰아내야 한다고 믿었다.

동지 팥죽은 먼저 사당에 놓아 차례를 지낸 다음, 방·마루·광 등에 한 그릇씩 떠다놓고 대문이나 벽에다 팥죽을 뿌리고 난 이후에 먹는다. 동네의 고목에도 뿌리고 팥죽이 부글부글 끓을 때 그 국물을 떠서 곳곳에 뿌리기도 한다.

옛날 사람들은 동지 다음 날부터 낮이 길어지므로, 동짓날을 태양이 죽음으로부터 부활하는 날로 여겨 '작은 설'이라고 했다. 이 설명은 마치 유대인이 가장 어두웠던 시대, 즉 애굽(사탄)의 노예시대를 뒤로하고 광명한 자유의 세계, 즉 가나안으로 탈출하는 장면을 그린 출애굽기 12장을 읽는 기분이 아닌가!

유사점은 더 있다. 유대인이 출애굽을 한 날부터 새해의 첫 달로 정한 것(출 12:2)처럼, 한국인은 동지를 지난 후에 나이를 한 살더 더했다. 그래서 동지는 작은설이다.

성경에서 팥죽은 창세기 25장 29-34절에 나온다. 시장한 에서가 동생 야곱에게 팥죽 한 그릇에 장자권을 파는 장면이다. 장자권은 가정의 제사장이 된다는 것과 그의 계보를 통해서 하나님이 아브라함과 맺으신 언약이 지켜지는 영적 축복의 상속권자가 되는 것이었다.

여기에서 중요한 것은 팥죽 한 그릇의 가치가 하나님 백성의 계보가 이어지느냐 끊어지느냐, 즉 천국 백성이 되느냐 안 되느냐를 판가름한다는 점이다. 이것은 구속사적인 면에서 붉은 팥죽이 유대인을 바로의 노예에서 구속한 유월절 양의 피(출 12장)와 온 인류를 사탄의 노예에서 구속하신 하나님의 어린 양 예수님(요 1:29)의 피를 예표한다고 볼 수 있다.

다섯째, 한국인과 유대인은 사랑하는 꽃이 성경적이다

한국의 국화는 '무궁화'다. 무궁화는 하나님과 유대인이 사랑하는 '샤론의 장미'(Rose of Sharon, 백합화 혹은 수선화)다. 성경에는 이 꽃이 솔로몬 왕이 사랑했던 여인 술람미를 상징하고(아 2:1), 하나님께서 사랑하시는 이스라엘 민족(사 35:1-2)을 뜻한다 〈Wikipedia(영문판)〉. 따라서 술람미는 하나님의 사랑을 받는 성도, 혹은 민족을 비유한다고 볼 수 있다.

또한 '샤론의 장미'는 그리스도를 상징한다. 그분은 순전히 하나님께서 보내신 구주님이시다. '골짜기의 백합화'는 겸손한 자를 비유한다. 골짜기는 깊은 곳으로서 높은 자세, 곧 교만과 정반대다. 이것은 그리스도의 낮아지심을 잘 드러낸다(사 53:2; 고후 8:9; 빌 2:6-8 참조)(박윤선). 찬송가에도 샤론의 꽃을 예수님으로 비

한국인과 유대인은 무궁화를 사랑한다. 사진은 뉴욕 예시바대 박물관이 소장한 실크 위에 자수한 그림. 이스라엘 국기와 국가(國歌)가 무궁화 꽃 위에 놓여져 있다. 그러나 2007년 제정된 이스라엘의 국화(國花)는 시킬라멘이다.

유한 가사가 있다(89장 '샤론의 꽃 예수', 'Jesus, Rose of Sharon').

꽃은 성경에서 하나님의 은혜의 미(美)를 상징한다(사 35:1-2). 특별히 '샤론의 장미(혹은 수선화)'는 샤론이란 들에서 피는 들꽃이다(박윤선). 이것은 사람의 재배로 말미암아 자란 것이 아니고 순전히 하나님께서 기르시는 꽃이다(St. Bernard).

한국 민족도 긴 역사 속에서 살아남은 것을 보면 하나님께서 사랑하시고 키우신 아름다운 들꽃같이 여겨진다. 즉 우리가 잘나서 견뎌온 것이 아니라, 하나님께서 뜻이 계셔서 현재까지 오게 하시지 않았나 하는 느낌을 받는다. 한국인이 겸손해야 할 이유다.

이런 논리는 자신을 샤론의 꽃, 즉 들꽃으로 고백했던 술람미 여인의 설명에서도 나타난다. 그녀는 예루살렘 왕궁의 많은 다른 궁녀들과는 달리(1:5; 6:8), 골짜기의 백합화라고 했다.

이것은 자신이 골짜기, 즉 인적이 드물고 잘 보이지 않는 외진 지역의 백합화처럼 남의 눈에 띄지 않는 보통의 여자임을 암시한다. 이것은 자신은 한 평범한 여자에 불과하다는 겸손의 표현이다(그랜드 주석, 페트라 주석). 그런데 솔로몬 왕의 연인이 된 것이다.

대한민국도 20세기 이전 선교사들에게 발견되기 이전에는 전 세계에 전혀 노출되지 못했던 들꽃 같은 나라였다. 일본과 중국 이외에 어떤 나라도 관심을 가지지 않았던 버려졌던(?), '조용한 아침'(morning calm)의 나라였다. 그런데 20세기에 와서 하나님의 연인이 된 것이다.

이런 점에서 대한민국은 하나님께서 마지막 때에 쓰시려고 숨겨 놓으신 선민의 나라라는 생각을 지울 수 없다.

〈저자 주: 참고로 2007년 제정된 이스라엘의 국화(國花)는 시킬라멘(Cyclamen persicum)이다(Wikipedia).〉

여섯째, 한국 대통령 권좌의 문장은 이스라엘 지성소 안의 속죄소 그룹과 유사하다

동양에서 중국이나 중국 황제의 권좌의 상징물은 용(龍)이다. 그러나 조선 왕이나 대한민국 대통령의 권좌 뒤에는 봉황이 무궁화를 수호하는 문장이 있다. 이 문장은 청와대 정문에도 새겨져 있다.

용은 사탄을 상징하고, 봉황은 상서롭고 아름다운 상상의 새(bird)로 성천자(聖天子, 하나님의 아들)를 상징한다. 따라서 이 새가 세상에 나타나면 천하가 크게 안녕하다고 한다(네이버 지식백과, 한민족문화대백과, 한국학중앙연구원). 따라서 봉황은 새들 중의 새다.

중요한 것은 대한민국 대통령의 권좌를 수호하는 두 마리 봉황의 문장이 유대인의 성막 안에 있는 속죄소의 그룹(혹은 스랍, Cherubim, Cherub의 복수; 영어 발음은 Seraphim, Seraph의 복수)과 유사하다는 것이다. 즉 유대인의 성막 안에는 가장 거룩한 지성소가 있는데, 그 안에 놓인 언약궤의 뚜껑은 속죄소(an atonement cover)다. 그룹은 속죄소 좌우에 연하여 있는 천사 상으로서, 날개를 높이 펴서, 그 날개로 속죄소를 덮고 있으며, 속죄소를 향한 상태로서, 얼굴을 서로 마주 대하고 있다(출 25:18-20).

대한민국 대통령의 문장에 새겨진 마주 보는 두 마리의 봉황이 그 속죄소 위의 그룹과 매우 비슷하다(사진 참조). 이것은 영적으로 매우 중요한 유사점이라고 보지 않을 수 없다. 왜냐하면 무궁화는 앞에서 설명했듯이 예수님을 상징한다고 볼 수 있기 때문이다. 〈제1부 제5장 다섯째, '한국인과 유대인은 사랑하는 꽃이 성경적이다' 참조〉

샤론의 꽃 예수님은 속죄소의 상징이다. 두 그룹이 마주보며 속죄소를 수호하듯이, 두 봉황이 마주보며 무궁화를 수호한다는 것이 얼마나 성경적인가! 두 그룹이나 두 봉황은 수호천사의 역할을 한다는 점에서 공통점이 있다. 그리고 모두 실제로 없는 상상의 새들이다.

물론 신학적으로 봉황새가 속죄소 위의 그룹과 동일하다는 것은 결코 아니다. 다만 우연이라고 보기에는 너무나 하나님의 선민 유대인과 유사한 점이 많다는 것을 말하고자 함이다. 요약하면 다음과 같다.

1) 한국의 봉황새가 사탄을 상징하는 중국의 용보다는 훨씬 낫

사진은 속죄소의 그룹(좌)와 청와대 봉황과 무궁화(우)가 그려진 문장

한국 대통령의 권좌를 수호하는 두 마리 봉황의 문장은 유대인의 성막 안에 있는 속죄소의 그룹과 유사하다. 이스라엘의 샤론의 꽃과 속죄소는 예수님을 상징한다. 한국의 국화 무궁화는 샤론의 꽃과 유사하다.

사진에서 보듯이 두 그룹이 마주 보며 속죄소를 수호하듯이(좌), 두 봉황이 마주보며 예수님을 상징하는 무궁화를 수호한다는 것(우)이 얼마나 성경적인가!

중국이나 중국 황제의 권좌의 상징은 용(龍)이다. 용은 사탄을 상징한다. 한국의 봉황과 완전히 다른 의미를 갖는다.
이것이 신본주의 입장에서 한국과 중국의 차이다.

다. 봉황새와 용의 상징은 정반대의 뜻을 가지고 있기 때문이다.
2) 봉황새가 세상에 나타나면 천하가 크게 안녕하다고 하는 전설은 매우 성경적이라고 볼 수 있다. 또한 3) 그것이 무궁화(샤론의

제1부 선민의 측면에서 본 한국인과 유대인의 유사점 159

꽃 예수님)를 수호한다는 것은 얼마나 유대인의 언약궤와 닮았는가! 세상에 이런 나라가 한국 외에 또 있을까!

더구나 과거 한국 민족은 오천년의 역사 속에서 초강대국 중국에 대한 사대사상이 매우 강했다. 그런데도 계속해서 중국의 용을 모방하지 않고 봉황새를 문장으로 유지했다는 것은 괄목할 만하다. 이것은 고조선부터 이어진 한국인의 정체성을 지켰다는 것을 의미한다.

일곱째, 대한민국의 애국가는 이스라엘 국가처럼 성경적이다

먼저 이스라엘의 국가(國歌)를 소개한다. 이스라엘의 국가(the national anthem of Israel)는 히브리어로 '하티크바'(Hatikvah)라고 한다. '희망'(The Hope)이라는 뜻이다. 1878년 우크라이나 유대계 시인 임버(Imber)가 지었고, 1897년에 이스라엘 국가로 선택되었다(Wikipedia). 많은 이들이 이 제목을 보고 곡조가 밝고 경쾌할 것이라고 생각한다. 그러나 조용하고 애잔하다.

가사는 2천년 동안 이방 땅에서 유랑민족으로 떠돌며 당했던 고난의 한(恨)이 서린 소원이 적혀있다. 그곳에서 잃었던 조국 가나안, 즉 예루살렘으로의 귀환의 희망을 노래했다. 그 땅은 하나님께서 주신 땅이다. 그들은 그곳에서 자유롭게 살기를 갈망한다. 이것이 그들의 희망이다. 이 세상에서 유대인이 살 땅은 오직 가나안뿐이기 때문이다. 다른 곳은 나그네로 살아야 한다. 그곳은 자유가 없이 핍박만 있을 뿐이다. 2천 년 동안 그것을 뼈저리게 체험하고 느꼈다. 그리고 하나님의 은혜로 마침내 예루살렘으로 돌아왔다.

다음은 이스라엘 국가의 가사다.

오랜 세월 속에 유대인의 영혼을 갈망하리.
그리고 동방의 끝에서 모두의 시선이 시온을 향하리.
2천 년 동안의 희망이 있기에
우리의 희망은 잃지 않으리.
우리의 땅에서 자유롭게 살기 위해 사람들은
시온과 예루살렘의 땅으로 가리.
〈출처: 이스라엘 국가(國歌) '하티크바', 작성자 KOISRA〉

〈저자 주: 왜 이스라엘 국가의 제목이 '희망'인가에 대해서는 저자의 저서 고난의 역사교육 시리즈 제3권 '승리보다 패배를 더 기억하는 유대인' 제3부 제5장 '고난을 이기는 유대인의 희망의 신학' 참조〉

이제 대한민국 국가(國歌)의 기원에 대해 설명해보자. 한국의 전통적인 종교는 불교와 유교 및 샤머니즘이다. 그런데도 불구하고 왜정 시대에 지은 애국가의 첫머리와 끝부분이 신본주의 색채를 강하게 띤다.

첫 머리는 "동해물과 백두산이 마르고 닳도록 하느님이 보우하사 우리나라 만세…"라고 되어 있고, 마지막도 "무궁화 삼천리 화려 강산 대한 사람 대한으로 길이 보전하세"로 끝을 맺는다. "길이 보전하세"라는 말은 바로 "하나님의 보호와 인도로 길이 보전하자"는 뜻으로 해석해야 앞뒤가 맞는다.

당시 기독교인이 약 1.4%를 차지하였다(이만열, *3·1운동은 기독교의 정의·사랑·평화에 기초*). 상식적으로 생각한다면 그 시대엔 마땅히 '하나님' 대신에 '부처님'이나 '조상님'이라고 써야 했다. 온 국민이 함께 부르는 애국가의 가사가 이렇게 된 것도 인간의 지혜로 된 것이 아니라, 하나님의 간섭하심으로 되었다고 보아야 할 것이다. 한 가지 아쉬운 점은 찬송가 마지막에 기독교인이 쓰는 '아멘'이란 단어가 빠진 점이다. 그러나 머지않아 온 국민이 애국가를 부른 후에 '아멘'이라고 합창할 때가 오기를 소원한다.

왜 애국가 가사는 이스라엘처럼 신본주의 내용으로 작사되었는가? 그것은 원래 애국가를 작사한 윤치호(尹致昊, 1865-1945)가 처음에 찬송가(찬미가)로 작사했기 때문이다. 그는 기독교인으로 미국의 유명한 보수 신학교인 에모리신학교 출신이다.

애국가는 1948년 대한민국 정부 수립과 함께 자연스럽게 국가(國歌)로 자리 잡았다. 그리고 애국가는 작곡가 안익태(安益泰·1906-1965)가 1935년 11월 작곡했다는 것은 정설이다. 그러나 작사자는 오랫동안 미상이었다. 그런데 광복 70주년을 맞이한 2015년에 한국의 대표 서지학자 김연갑 이사가 최종적으로 애국가의 작사자가 윤치호라는 사실을 밝혀냈다.

김 이사는 "윤치호 선생은 애국가를 국가(國歌) 개념으로 지은 것이 아니라 우리 국민의 계몽과 단결을 위해 애국적 찬송가로

윤치호가 1908년 발행한 노래집 '찬미가'. 윤치호의 애국가가 실려 있는 문헌이다. 찬미가 제14장이 현재의 애국가와 거의 비슷하다.

지었다"며 "당시 그의 노래가 배재학당을 비롯한 기독교학교로 확산되고, 3.1운동 기간 민중이 선택하고, 임시정부가 수용하여 광복 후 대한민국이 채택했던 것"이라고 했다(조선일보, 아펜젤러 문헌 통해 '애국가 1897년 윤치호 작사' 최초로 규명, 2015년 9월 15일).

윤치호 설을 뒷받침하는 결정적 증거는 1908년 재판(再版)을 발행한 노래집 '찬미가'(讚美歌)다. 윤치호가 펴낸 이 책에는 총 15편의 찬송가가 실렸는데, 이 중 1장, 10장, 14장을 윤치호가 작사했다. 특히 10장(무궁화가)은 후렴이 오늘날의 애국가와 같고, 14장은 모두 오늘날의 애국가와 동일하다.

처음 이 노래가 불러진 배경은 이렇다. 1897년 8월 13일 조선 개국 505주년 기념식 때 기독교 학교인 배재학당 청년들이 '무궁화 노래'(National Flower)를 불렀다(서재필의 '편집자 노트'). 이 노래 가사는 한국의 계관시인(Poet Laureate) 윤치호가 이날 행사를 위해 작사했다. 학생들은 이 시를 스크랜턴(Scranton) 여사(이화학당 설립자)가 오르간으로 반주한 '올드 랭 사인(Auld lang syne)' 곡조에 맞춰 불렀다(아펜젤러의 전기 '아펜젤러와 한국: The Appenzellers: Who They Preached', 2013, 조선일보, 2015년 9월 15일).

이것이 애국가 작사의 효시가가 되었다. 한국의 애국가는 세 가지 점에서 이스라엘 국가와 닮았다. 1) 가사가 성경적이다. 2) 고난의 시기에 지어졌다. 3) 거의 동시대(1897년)에 불려졌다. 참으로 하나님의 예정 속에 지어진 것이라고 믿을 수밖에 없는 이유다.

여덟째, 근현대 한민족은 영적 이스라엘이라 할만하다

한국 땅에는 약 1백여 년 전에 미국과 캐나다의 선교사들에 의해서 복음이 전해진 이후 많은 복음의 열매를 맺어 이제는 한국 인구의 약 1/4(1천만 명), 미주 동포의 77%가 기독교인이다(현용수, 1993). 초기에 평양은 '제2의 예루살렘'이라 부를 정도로 기독교가 왕성한 도시였다(NK조선, 2010년 1월 16일). 이는 하나님의 은혜 가운데, 한국인이 제2의 이스라엘 민족이라고 해도 무리가 아니다.

왜냐하면 갈라디아서 3장 6절에서 7절에 "아브라함이 하나님을 믿으매 이것을 그에게 의로 정하셨다 함과 같으니라. 그런즉 믿음으로 말미암은 자들은 아브라함의 아들인 줄 알지어다"라는 말씀이 한국 민족이 혈통적인 유대인이 아니라 하더라도, 영적 유대인임을 자랑할 수 있다는 신학적 근거가 되기 때문이다.

저자가 유대인 랍비 신학대학원에서 공부할 때의 일이다. 많은 유대인들이 저자에게 왜 랍비 신학대학원에서 공부를 하느냐고 물었다. 그러면서 당신도 유대인이냐고 물었다. 그 때에 저자는 자신 있게 "나도 아브라함의 자손입니다."라고 대답했다.

그러면 보통 많은 사람들이 저자에게 유대인으로 개종했느냐고 물었다. 그럴 적마다 저자는 갈라디아서 3장 6절에서 7절에 있는 말씀을 들어 "나도 유대인 혈통에서 난 메시아이신 예수님의 피로 거듭났기 때문에 하나님의 선민이 되어 영적인 아브라함의 자손이 되었습니다."라고 설명하곤 했다. 어떤 이들은 처음 듣는 성경 해석이라고 하면서 신기해하기도 했다.

어느 분은 "똑같은 하나님과 성경을 믿는데 당신도 유대교로 개종하면 어떠냐?"고 물을 때가 있었다. 저자에게는 상당히 난처한 질문이다. 왜냐하면 그들과 어렵게 맺은 친분 관계를 해치지 않도록 해야 하기 때문이다. 그러나 저자는 오히려 이 기회를 복음을 전하는 기회로 삼았다.

그래서 이렇게 대답했다.

"나는 당신들이 믿는 아브라함과 이삭과 야곱의 하나님을 예수 그리스도를 통하여 만났습니다. 그렇기 때문에 예수님 없이는 못 삽니다."

한국인 중에 저자와 같은 기독교인들은 수 없이 많아졌다. 따라서 근현대 한민족은 영적 이스라엘이라 할만하다.

아홉째, 한국과 이스라엘은 이데올로기 전쟁에 시달린다

한국과 이스라엘은 이데올로기(ideologie) 전쟁, 즉 이념과 사상 전쟁에 시달리고 있다. 한국은 자유민주주의와 북한의 공산주의와의 이념 전쟁이고, 이스라엘은 유대교와 아랍권의 이슬람교와의 전쟁, 즉 종교전쟁에 시달리고 있다.

한국은 북한과의 싸움이 1948년 건국 이후부터 현재까지이지만(2019), 이스라엘은 족장, 야곱 이후 약 4000년 동안의 싸움이다. 물론 이슬람교를 창시한 이는 신약시대의 모하멧(Mahomet, 570년-632)이다. 그러나 이슬람교를 믿는 족속들은 주로 야곱의 형, 에서의 후예라는 점에서 연대를 약 4000년으로 표기했다.

〈자세한 것은 저자의 저서 현용수의 고난의 역사교육 시리즈 제2권, '*유대인의 고난의 역사교육*', 제3부 제1장 I. '**구약시대의 고난의 역사**' 참조 바람〉

자유민주주의와 공산주의가 공존할 수 없는 것처럼, 유대교와 이슬람교는 공존할 수가 없다. 이런 점에서 한국과 이스라엘의 전쟁은 영토를 확장하려는 일반적인 전쟁과 성격이 다르다. 따라서 이데올로기가 다른 상대국과 싸우는 두 나라의 전쟁은 더 치열할 수밖에 없다.

한국의 기독교와 유대인의 유대교는 2가지 점에서 닮았다. 한국의 교회성장은 자유민주주의라는 터 위에서 이루어진 것처럼, 유대교도 자유민주주의라는 터 위에서 성장할 수 있다. 또한 한국의 기독교와 유대교는 구약의 아브라함과, 이삭과 야곱의 하나님(출 3:16; 행 3:13)을 믿는다는 점에서 닮았다.

열 번째, 한민족과 유대민족은 세계선교형 디아스포라가 많다

유대인은 1세기 전후부터 디아스포라가 많았다. 당시 약 5백만의 유대인이 가나안 밖에 살았다. 그 중 80%가 로마제국 안에 살았다(Weber, *The Holocaust chronicle*, 2000, p. 20).

왜정 시대에서부터 시작한 한민족 디아스포라도 유대인처럼 가히 세계적이다. 이제 전 세계 어디를 가나 한국인이 없는 곳이 없다. 한국 외교통상부의 발표에 따르면, 2017년 1월 기준 해외에 거주하는 외국국적 동포 및 재외국민은 총 743만 688명으로 추산된다.

국가 및 지역별 재외동포수는 중국 254만 8030명(34.29%), 미국 249만 2252명(33.54%), 일본 81만 8626명(11.02%), 남아시아태평양 55만 7791명(7.51%), 캐나다 24만 942명(3.24%), 유럽 63만 693명(8.49%), 중남미 10만 6794명(1.44%), 아프리카 지역에도 1만 853명(0.15%)이 거주하고 있다(*한국 외교통상부 재외동포 현황 발표*, 2017년 1월 1일).

이 말은 전 이대 총장인 김옥길 교수의 말에서 실감한다. 그는 "전 세계 어디를 여행해도 이대생이 없는 곳은 없었다"고 회고

했다. 그런데 한민족 디아스포라의 특징은 초대 교회 유대인의 디아스포라처럼 가는 곳마다 제단 쌓는 민족으로 유명하다. 즉 복음을 전파하는 선교적 차원의 디아스포라이다.

또한 이와 맞물려 이제 자타가 공인하는 세계 선교의 주도적 역할을 하고 있다. 이는 미국의 각 신학교마다 한국인 신학생이 전체 학생의 25% 이상을 차지하고 있다(2000년 기준)는 사실에서 알 수 있다. 6·25 전쟁 때에 총칼로 우리에게 아픔을 주었던 원수의 나라 러시아(구 소련)에도 현재 한국인 선교사가 많이 나가 있다. 복음 전파로 대신 원수를 갚는(?) 우리가 아닌가!

열한 번째, 종말론적 입장에서 이스라엘의 회복운동과 한국교회의 태동이 동시대에 이루어졌다

앞(제1부 제5장 둘째)에서 한국과 이스라엘의 두 번째 유사점은 하나님이 건국하셨다는 점이라고 했다. 이것은 두 나라의 시작에 관한 것이다. 그렇다면 끝, 즉 종말론적 입장은 어떠한가? 이것 역시 매우 유사하다. 종말론적 입장에서 이스라엘과 한국교회 그리고 유대인과 한국인의 유사한 점을 생각해보자.

이스라엘의 가나안 회복운동, 즉 시오니즘(Zionism)의 시작과 한국교회의 태동은 시기적으로 거의 동시대(19세기 1800년대)에 이루어졌다는 점에 주목해야 한다.

시오니즘은 1894년 프랑스의 유대인 장교 드레퓌스가 프랑스군의 군사 기밀을 독일로 유출시켰다는 죄목으로 재판을 받는 '드레퓌스 사건'이 발단이 되었다. 그것은 억울한 누명이었다. (물론 그 이전부터 핍박받았던 유대인 공동체에서 시오니즘에 대한 논의가 있었다.) 이런 사건들을 접한 유대계 오스트리아인 기자 데오도르 헤르츨은 유대인 문제의 해결책은 유대국가 건설이 답이라고 생각했다. 그리고 그는 1895년 유명한 '유대국가'란 저서를 저술했다. 그 책의 가장 핵심 사상은 유대인은 유럽을 떠나 약속의 땅 가나안 고토(古土)로 돌아가 그곳에 정착해야 한다는 것이었다(위키백과, https://ko.wikipedia.org/wiki/시온주의).

한국교회의 태동은 1832년에 독일 선교사 귀츨라프가 충청도 홍주 고대도 금강 입구에 도착하면서 시작되었다(다음 항에서 자세히 설명함). 뿐만 아니라 이스라엘의 건국일(1948년 5월 14일)과 대한민국의 건국일(1948년 8월 15일)도 거의 비슷하다.

요약하면 두 나라의 2가지 회복이 비슷하다.

1) 이스라엘의 회복운동의 시작과 한국교회의 태동이 비슷한 시기에 일어났다.

2) 두 나라의 건국도 거의 비슷한 시기에 일어났다.

이것은 하나님의 종말을 알리는 신호탄이라는 점에서 큰 의미가 있다. 예수님은 "무화과나무의 가지가 연하여지고 잎사귀를 내면 여름이 가까운 줄 아나니, 이와 같이 너희가 이런 일이 일어나는 것을 보거든 인자가 가까이 곧 문 앞에 이른 줄 알라"(막 13:28-29)고 말씀하셨기 때문이다.

무화과나무는 이스라엘을 상징한다. 따라서 약 2000년 동안 지구상에서 없어졌던 이스라엘이 다시 회복된다는 것은 주님의 재림이 가까워졌다는 것을 알리는 표징이 된다. 그 시기에 맞추어 한국 민족을 택하시어 하나님만을 섬기게 하는 한국교회가 함께 태동되었다는 것은 매우 의미가 깊다.

열두 번째, 한국에 복음을 전한 최초의 선교사는 유대인이다

한국인과 유대인과의 인연은 한국교회사 맨 처음에도 나온다. 이스라엘의 가나안 회복운동이 태동할 시기에 누가 한국 땅에 처음으로 복음을 전했는가? 놀랍게도 이것 역시 유대인이다.

이것은 신약시대에도 복음적 측면에서 한국인과 유대인은 매우 특별한 관계가 있다는 것을 뜻한다. 왜 하나님께서는 유대인을 통하여 한국 땅에 최초로 복음을 전하게 하셨는가? 그것은 이스라엘과 한국교회가 주님의 재림을 준비하는 파트너가 될 것이라는 것을 암시하기 위함이라고 볼 수 있다. 즉 이스라엘과 한국교회의 유사점은 주님의 재림을 준비하는 파트너라는 점이다.

유대인 선교사에 대해 좀 더 구체적으로 알아보자. 한국에 온 최초의 선교사와 구약성경을 번역한 사람이 유대인이라는 점을 아는 이들은 많지 않을 것이다. 전자는 한국 최초 개신교 선교사 칼 귀츨라프(Karl Friedrich August Gutzlaff, 1803-1851)라는 독일 루터교 목사이고, 후자는 알렉산더 피터스(Alexander A. Pieters; 한국명, 피득, 1871~1958) 선교사다.

먼저 귀츨라프에 대해서 알아보자. 독일 교회를 대표하는 선교사로 불리우는 귀츨라프는 독일 북부지방인 폼머(Pommer)의 평범한 경건주의 가정 태생으로 어학에 재질을 가진 명석한 두뇌의 소유자였다. 그의 국적은 독일이지만 폴란드계 유대인 혼혈아였다(귀츨라프와 고대도교회, http://cafe.daum.net/StoryofGod/9DCo/27?q).

귀츨라프가 탔던 배는 통상 항구를 조사하기 위해 중국 북부 해안을 항해하였는데, 그에게는 선교의 호기가 되었다. 그래서 그는 모리슨이 준 한문성경을 중국 산둥(山東) 해안에 배포한 다음 황해도를 지나 남하하여 1832년 7월 25일에 충청도 홍주 고대도 금강 입구에 정박하였다. 그는 홍주 목사(牧使)를 통해 각종 서양 물품과 함께 통상을 요구하는 서한을 보냈다(다음백과).

귀츨라프는 1866년에 순교한 토마스 선교사보다 34년, 1884년에 입국한 의료선교사 알렌보다 52년, 1885년 입국한 미국 선교사인 언더우드, 아펜젤러 보다 53년이나 앞서 조선을 선교하기 위해 방문하였다(칼 귀츨라프학회, http://guetzlaff.kr/index.php?mid=page_ZNGa97).

그는 한국에 머물면서 최초로 "주기도문"을 한문으로 써주고 그것을 한글로 번역하였다. 이는 단편적이지만 한글 성경번역

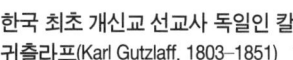

한국 최초 개신교 선교사 독일인 칼 귀츨라프(Karl Gutzlaff, 1803-1851)

의 효시라 불릴 만하다. 귀츨라프는 가는 곳마다 조선인들이 읽을 수 있는 한문으로 된 성경이나 한문 전도 서적을 나누어 주었으며, 순조 대왕에게는 로버트 모리슨과 밀른 선교사가 번역한 한문성경인 신천성서(神天聖書)를 진상하였다. 그리고 서양 감자 재배법도 가르쳐 주었다(칼 귀츨라프학회, http://guetzlaff.kr/index.php?mid=page_ZNGa97).

그는 비록 25일 동안 체류했지만 8월 11일 조선을 떠나면서 조선의 복음화를 이렇게 기원하였다.

"영생하시는 하나님의 큰 섭리로 자비로운 방문의 닐이 있을 것이다. 우리는 모든 수단을 동원하여 영광스러운 진리를 전파하도록 서둘러야겠다. 조선 국왕이 처음에는 거절하였던 성경을 지금 갖고 있는지, 또한 읽고 있는지 나는 알 수 없다. 그러나 강경의 관리와 주민들은 성경을 받았다. 이 첫 전도는 보잘 것 없지만 하나님께서 축복하여 주실 것을 확신한다. 조선에 어둠이 가고 속히 새벽이 와서 밝은 날이 오기를 다 같이 바랄 뿐이다." (귀츨라프와 고대도교회, http://cafe.daum.net/StoryofGod/9DCo/27?q)

이제 최초로 히브리어 구약성경을 한글로 번역했던 알렉산더 피터스(Alexander A. Pieters; 한국명, 피득, 1871~1958)라는 유대인에 대해 알아보자. 그는 이방인 출신 기독교인이 아니라, 정통파 유대계 기독교인이었다. 그는 러시아계 정통파 유대인 상인 가정에서 태어나 어려서부터 히브리어로 성경을 배워 구약성경에 통달했다. 그는 다른 유대인처럼 여러 가지 언어를 구사할 수 있었다. 히브리어는 물론 희랍어, 러시아어, 독일어 및 불어에 능통했다. 영어는 나중에 한국에서 미국 선교사들에게서 배웠다.

그는 어떻게 메시아닉 쥬(예수님을 믿는 유대인)가 되었나? 그는 예수님을 몰랐는데 일본에 가서 독일어를 아는 미국 선교사 알버터스 피터스(Albertus Pieters) 선교사의 설교에 은혜를 받아 유대교에서 기독교로 회심했다. 그 후 자신의 성을 미국 선교사의 성으로 고쳐서 알렉산더 피터스가 되었다.

그리고 바로 기독교 교리를 배우기 시작한지 불과 10일 만인 1895년 4월 19일 세례를 받았다. 그의 나이 23세였다(박용규, 알렉산더 피터스; 성경번역자, 찬송가작사자, 복음전도자, pp. 24~27).

한국 최초의 구약성경 번역은 알렉산더 피터스라는 유대인이 했다. 사진은 그가 1898년에 번역한 '시편촬요' 표지.

알렉산더 피터스는 시편 번역에 대해 다음과 같이 고백하고 있다.

"나는 1895년에(24세) 한국에 오게 되었다. 당시 한국의 성서위원회가 신약을 번역하고 있었고, 구약이 앞으로 번역되려면 상당한 시일이 걸릴 것을 알았다. 나는 어려서부터 정통 유대교 집안에서 자랐기 때문에 매일 히브리어 기도서를 읽고 시편의 아름다움과 영감을 맛보면서 암송할 수 있었다. 한국 사람들에게 최소한 시편 중에 얼마라도 번역해 주고 싶었다. 서주 시편을 빼고 시편의 절반정도의 분량을 번역하는데 약 1년이 걸렸다. 한국어를 잘하는 네 분 선교사에게 번역원고를 보여드리고 인정을 받았다."

시편촬요는 시편 150편 중 62편이 담겨있다. "시편 촬요는 출판되자마자 수요가 폭발했다. 곧 매진되었다. 시편촬요는 1911년 구약에 사용된 시편을 번역하는 데 공헌했다"(오화평, *유대인에게 빚진 한국교회*, http://www.newswinkorea.com/news/article.html?no=1410).

〈저자 주: 자세한 것은 저자의 저서 *다음세대 기독교교육의 한계, 왜 유대인 교육이 답인가*', 제3장 III. 2. '한글 구약성경도 유대계 기독교인이 번역했다'와 '잃어버린 구약의 지상명령' 제2권 제3부 제3장 II. '한글 구약성경도 유대계 기독교인이 번역했다' 참조〉

열세 번째, 최근 한국교회가 유대인과 이스라엘에 관심이 많아진 것은 종말론적 현상인가

저자의 동역자인 랍비 에들러스테인(Rabbi Adlerstein)은 2018년에 미국에서 이스라엘로 이사를 갔다. 마지막 인생을 조국에 공헌하기 위함이었다. 그가 그곳에 살면서 저자에게 편지를 썼다. "와서 보니 이스라엘에 한국인 관광객이 너무나 많다"고 했다. 이스라엘에 거주하는 한국인도 매우 많다고 했다. 그 이유가 무엇인지 궁금하다고 했다.

이것은 한국교회와 한국인 기독교인들이 이스라엘과 유대인에 관한 관심이 그만큼 많아졌다는 것을 증명한다. 그 이유는 무엇인가?

이 질문에 답변을 하기 전에 우선 한국인 기독교인 중에 이스라엘과 유대인을 사랑하는 이들이 얼마나 많아졌는지, 그리고 한국인 기독교인 중에 이스라엘 지망 선교사가 얼마나 많은지에 대해 알아보자.

A. 한국인 기독교인 중에 이스라엘을 사랑하는 이들이 너무 많아졌다

1996년에 저자가 처음으로 유대인 교육서인 'IQ는 아버지 EQ는 어머니 몫이다'라는 책을 출판했다. 그런데 그 책을 1년 사이에 17번을 인쇄했다. 곧 베스트셀러가 되었다. 저자도 놀라고 출판사〈국민일보(초판, 1996)와 조선일보(2판, 1999)〉도 놀랐다. 한국인이 유대인 교육에 그만큼 관심이 많았다는 것을 뜻한다.

그 후 동아일보에서 '유대인 아버지의 4차원 영재교육'(2006)이 출판되면서 한국에 유대인의 하부루타 토론식 교육의 열풍이 불었다. 저자에게 배운 분들이 유대인의 토론식 영재교육을 교회교육과 공교육에 접목을 시킨 것이다. 뿐만 아니라 현재(2020)에도 저자에게 배운 많은 분들이 유대인의 쉐마교육을 가정과 교회와 학교에서 실천하고 있다. 그리고 그 수는 빠르게 증가하고 그 질은 더 발전하고 있다('쉐마교육을 아십니까?'와 쉐마교육연구원 홈페이지 www.shemaiqeq.org 참조).

이것은 저자의 공을 자랑하기 위함이 아니다. 전 세계에서 유독 한국인만 유대인에 관한 관심이 그만큼 높다는 것을 설명하기 위함이다.

서구교회들은 유대인을 매우 혐오하여 핍박했다. 그러나 한국교회와 한국인은 그들에게 매우 우호적이다. 비기독교인이라고 하더라도 그들의 경전인 탈무드에 매우 관심이 많다.

한국에서 오랫동안 기자 생활을 했던 팀 알퍼(Tim Alper) 기자는 영자 유대인 신문에 '한국인은 왜 탈무드에 열광하는가'란 기사를 썼을 정도다. 그는 한국인들의 집착에 가까운 '탈무드' 선호 현상에 놀랐다고 했다(Jewish Telegraphic agency, *Talmud-inspired learning craze sweeps South Korea*, January 14, 2019).

주요 인터넷 사이트에는 이스라엘 관련 연구소나 선교단체가 최근 들어 부쩍 늘었다. 이스라엘을 10번 이상 방문했다고 하는 이들도 많아졌다. 이스라엘 통계청에 의하면, 2013년 아시아 국가 중 이스라엘 방문 최대 국가순은 인도(1위, 39,200명) 다음으로 한국(2위, 30,900)다. 3위는 중국(30,700명) 4위는 인도네시아(29,600명)다(http://overseas.mofa.go.kr/il-ko/brd/m_11468/view.do?seq=1054431&srchFr=&srchTo=&srchWord=&srchTp=&multi_itm_seq=0&itm_seq). 조그만 나라에서 2위라는 순위는 대단한 것이다. 이런 통계가 수십 년 이어져 왔다.

2018년 이스라엘을 찾은 한국인 관광객 수가 2017년보다 14% 증가했다. 이스라엘 관광청이 발표한 자료에 따르면, 이스라엘에 방문한 한국인 관광객은 전년 대비 14% 증가한 4만 5200명을 기록했다(티티엘뉴스, *이스라엘 간 한국인 여행객 수 14% 늘었다*, 2019년 1월 17).

저자도 유대인과 이스라엘을 무척이나 사랑한다. 왠지 유대인만 생각하면 친근감이 있고 눈물이 난다. 유대인의 쉐마사역을 하는 저자도 하나님께서 부르시고 이런 사역을 맡기셨기 때문에 가능한 것이다.

어떻게 하나님은 주님의 재림을 준비하시기 위하여 내세울 것이 하나도 없는 저자를 선택하셔서 세계 최초로 구약의 지상명령을 발견하게 하시고 유대인에 관한 약 40여권의 책을 쓰게 하셨는지, 하나님의 오묘하신 계획과 섭리에 감탄할 뿐이다.

B. 한국인 기독교인 중에 이스라엘 지망 선교사가 많아졌다

최근 1990년 이후 20년 동안 한국인 이스라엘 선교사가 급증하고 있다. 마지막 시대에 유대인에게 복음을 전해야 한다는 열정을 하나님이 한국인 기독교인에게 주신 것이다. 이스라엘에 거주하는 한인들만 약 700명에 이른다(*"이스라엘 선교 시대적 사명입니다"*, https://www.christiantoday.us/sub_read.html?uid=9544).

물론 이들이 모두 선교사는 아니다. 대부분 그들의 사역은 간접적인 선교사역, 즉 알리야, 구제사역, 기도사역, 그리고 관광지 가이드 등을 감당하고 있다. 대부분 학생 비자로 거주하고 있는 경우가 많다(ONM뉴스, *이스라엘 선교의 실상!*, http://onmnews.com/bbs/board.php?bo_table=104&wr_id=15).

이스라엘에서 20년 동안 유대인에게 복음을 전했던 김홍근 선교사는 이스라엘에 메시아닉 유대인 수가 급증하고 있다고 했다. 그는 이렇게 말했다.

> "과거 1991년에 20여개의 교회였던 것이 2017년 현재 공식적으로는 약 150여개이고 비공식적으로 진행되고 있는 교회 개척 그룹들까지 포함하면 약 300개 정도 되는 것으로 생각됩니다." (뉴스파워, *"이스라엘 선교, 복음화에 초점 맞춰야"*, 2017년 10월 10일, http://www.newspower.co.kr/sub_read.html?uid=35770)

물론 이런 교회성장의 배경에는 미국 기독교인의 영향도 크다고 했다. 그러함에도 불구하고 한국인 선교사의 영향은 무시하지 못할 정도로 커졌다는 것은 부인할 수 없는 팩트다.

열네 번째, 종말론적 입장에서 한국인이 이스라엘 선교를 해야 하는 이유

열두 번째에 이어 이제 다음 두 자지 질문에 대하여 설명해보자. 한국인 기독교인 중에 이스라엘과 유대인을 사랑하는 이들이 왜 그렇게 많아졌는가? 왜 한국인 기독교인 중에 이스라엘 지망 선교사가 많아졌는가?

저자는 이것은 종말론적 입장에서 하나님께서 주님의 재림을 준비하기 위하여 한국 민족과 한국교회를 선택하셨다고 믿는다. 선택하신 이유 중 하나가 이스라엘과 유대인을 사랑하고 그들에게 복음을 전하라(선교)는 것이다. 그래야 주님이 재림하실 때에 온 이스라엘이 예수님에게로 돌아올 것이다(롬 11:25-27).

그 성경적인 증거는 무엇인가? 하나님께서 마지막 때에 '동방에서부터' 구원하여 내고 인도하여다가 예루살렘 가운데 거하게 하신다고 하셨다(슥 8:7-8). 계시록 7장 2절에는 '해 돋는 데로부터'(계 7:2)라고 표현되었다.

> 만군의 여호와가 말하노라. 내가 내 백성을 동방에서부터, 서방에서부터 구원하여 내고 인도하여다가 예루살렘 가운데 거하게 하

리니 그들은 내 백성이 되고 나는 성실과 정의로 그들의 하나님이 되리라. (슥 8:7-8)

'동방에서부터'와 '해 돋는 데로부터'(계 7:2)는 모두 극동의 한국을 뜻한다고 보는 이들이 많다(복음신문, *성경과 현실*, http://cafe.daum.net/AmenComeJesus/2DDc/138?q=동방의%20한나라, 연합뉴스, '조선, 동방의 해가 뜨는 나라', 2016년 12월 16일, 그 외 예언가들 참조: http://cafe.daum.net/bulseungsa/9EKk/232?q=동방의%20해뜨는%20나라).

또 다른 성경의 증거가 있다. 이사야 55:5의 "네가 알지 못하는 나라를 네가 부를 것이며 네가 알지 못하는 나라가 네게로 달려올 것"(사 55:5)이라는 말씀이 있다. 권혁승 교수(서울신대 구약학)는 '네가 알지 못하는 나라'는 '한국'이라고 주장했다. 따라서 하나님께서는 '이스라엘 선교사역을 위해 한국교회를 특별히 부르셨다고 했다. 그 이유를 그는 이렇게 설명했다.

'알다'에 해당하는 히브리어 '야다아'는 단순한 정보 차원의 지식이 아니라 경험을 통한 앎이라는 것이다. 따라서 '네(이스라엘)가 알지 못하는 나라'는 역사적으로 유대인 공동체가 없었던 한국과 같은 나라를 의미한다고 했다(권혁승, *이스라엘 선교사역을 향한 한국교회의 부르심*, 기독일보(시애틀), 2018년 9월 5일).

역사적으로 유대인 공동체가 없었던 나라들이 한국 이외에도 많은데, 왜 하필 한국인가? 그는 이렇게 설명한다.

전 세계에 100명 이상의 유대인 공동체가 존재하고 있는 나라는 모두 94개국이다. 현재 유엔 가입국이 193

개국인 점을 감안할 때, 유대인 공동체가 없는 나라는 99개국이다. 그러나 그 중에서 기독교적 영적 수준과 OECD에 속하는 경제력을 함께 갖고 있는 나라로는 대한민국이 유일하다. 그런 한국교회를 지금 이스라엘이 부르고 있고, 한국교회는 이제 그들에게로 달려갈 사명이 있다. 〈상게서〉

바울은 복음에 빚진 자(롬 1:14-15)라고 했다. 그 빚을 갚기 위해 이방 나라에 복음을 전할 책임이 있다고 했다. 우리 한국인 기독교인들은 처음 복음을 전해주었던 유대인에게 빚진 자들이다. 이제 마지막 시대에 유대인에게 복음을 전하여 그 빚을 갚을 때이다.

열다섯 번째, 한국과 이스라엘은 우상숭배를 하면 망한다

앞의 제2장 여섯째에서 '한국과 이스라엘은 남과 북이 갈라졌던 분단 국가였었다'란 제목으로 설명했다. 그런데 종교학적 측면에서 이스라엘이나 한국은 두 나라가 뼈아픈 분단의 역사가 있다는 것도 유사하지만, 분단의 원인도 우상숭배라는 점에서 유사하다.

허문영 박사(통일연구원 선임연구위원)는 솔로몬의 우상숭배 이후 남유다와 북이스라엘로 갈라졌던 것처럼, 한국교회도 일제 강점기 때에 1938년 9월 9일 평양 서문밖교회에서 신사참배를 허락하는 결의를 한 후 10년 뒤 평양에 공산정권이 들어섰다고 했다

(천지일보, '신사참배'라는 우상숭배가 남북분단 초래했다, 2015년 1월 23일).

한국교회의 신사참배라는 우상숭배가 남과 북이 갈라지게 되었던 원인이었다는 것이다. 저자는 신본주의 입장에서 그의 주장에 동감한다.

열여섯 번째, 한국과 이스라엘의 생존은 하나님께 의존할 때만 가능하다
<생존의 비밀이 신본주의라는 점에서 한국과 이스라엘은 유사하다>

주변 초강대국들에 둘러싸여 있는 한국과 이스라엘의 가장 중요한 생존의 비밀은 무엇인가? 두 나라 모두 눈에 보이는 강대국을 의지하지 말고, 눈에 보이지 않는 하나님만을 믿고 의지할 때 평화를 누릴 수 있었다는 것이다. 이것 또한 두 나라의 유사점이다. 좀 더 자세히 설명해보자.

A. 이스라엘의 생존은 하나님만 의지할 때 가능했다

먼저 이스라엘이 타민족에게 침략을 당한 이유를 살펴보자. 성경 시대에 이집트는 이스라엘 백성에게 가공할 만한 초강대국이었다. 두려움의 대상이었다. 하나님은 이스라엘 백성에게 이집트의 본질을 가르쳐 주셨다. 이집트 왕 바로는 상한 갈대 지팡이와 같은 존재라고 말씀하셨다.

> 보라. 네가 이집트를 믿는도다. 그것은 상한 갈대 지팡이와 같은 것이라. 사람이 그것을 의지하면 손에 찔리리니, 이집트 왕 바로는 그를 믿는 모든 자에게 이와 같으니라. (사 36:6)

지팡이의 기능은 무엇인가? 일어날 힘이 없는 사람이 그것을 의지하여 바로 서게 하는 보조 기구다. 그래서 지팡이의 재료는 사람의 몸을 지탱해 줄만큼 강하고 단단한 나무여야 한다. 그런데 갈대로 만든 지팡이, 더구나 상한 갈대로 만든 지팡이는 그 기능을 감당할 수 없다.

하나님은 이스라엘 백성에게 이집트가 군사적으로 매우 강대하게 보일지라도, 그것은 상한 갈대와 같은 존재이기 때문에 그것을 믿지도 말고, 의지하지 말라고 하셨다. 그것을 의지하여 몸을 기댈 때, 그것이 너희를 지탱해 주지 못할 뿐 아니라, 오히려 그것이 부러져서 그의 손에 상처를 입힐 뿐이라는 것이다.

하나님은 이스라엘(북왕국과 남왕국 모두 포함)이 남과 북에 위치한 초강대국에 의지하는 것을 막기 위하여 여러 번 경고하셨다. 이방 방백들을 의지하지 말며 도울 힘이 없는 인생도 의지하지 말고(시 146:3), 오직 하나님만을 의지하도록 명령하셨다(사 31:1-3).

> 도움을 구하러 이집트로 내려가는 자들은 화 있을진저, 그들은 말(앗시리아의 기병대)을 의뢰하며 병거의 많음과 마병의 심히 강함을 의지하고, 이스라엘의 거룩하신 자를 앙모치 아니하며 여호와를 구하지 아니하거니와 여호와께서도 지혜로우신즉 재앙을 내리실 것이라. 그 말을 변치 아니하시고 일어나사 악행하는 자의 집을 치시며 행악을 돕는 자를 치시리니 이집트는 사람이요 신이 아니며, 그 말들은 육체요 영이 아니라. 여호와께서 그 손을 드시면 돕는 자도 넘어지며 도움을 받는 자도 엎드러져서 다 함께 멸망하리라. (사 31:1-3)

그러함에도 불구하고 대부분 이스라엘 왕들은 남쪽의 이집트가 치면 북쪽의 바빌로니아에 구원을 청했고, 바빌로니아가 치면 이집트에 구원을 청했다(사 30:2, 31:1, 36:6; 겔 17:15). 눈에 보이지 않는 하나님을 의지하기보다는 눈에 보이는 초강대국들을 더 두려워했고 의지했다. 하나님에 대한 믿음이 없어졌기 때문이다.

그 결과 이스라엘이 이집트나 갈대아인을 의지했을 때는 온 국토가 초토화되고 열국의 조롱거리가 되었다. 그러나 그들이 다윗이나 솔로몬처럼 하나님의 말씀에 따라 하나님만 의지했을 때에는 초강대국이 되었다(삼하 5:10; 대상 11:9, 14, 29:28-30)다.

따라서 하나님은 천지를 창조하시고 인간의 역사를 주관하시는 여호와 하나님만을 믿고 의지하라는 것이다. 왜냐하면 그분이 이스라엘의 주인이 되시고 그분이 훨씬 더 강한 능력이 있기 때문이다.

B. 대한민국의 생존은 하나님만 의지할 때 가능했다

앞에서 유대민족의 생존의 비밀은 여호와 하나님만 믿고 의지할 때 가능했다고 했다. 저자는 한민족의 생존 비밀도 유대인의 것과 동일하다고 믿는다.

한국도 역사적으로 남쪽의 일본이 치면 북쪽의 중국에 구원을 청했고, 중국의 명이 치면 북쪽의 청에게 구원을 청했다. 청이 치면 일본에 구원을 요청했다. 그 결과 한국은 항상 남과 북의 초강대국의 침략에 온 국민이 온갖 수치와 고난을 당해 왔다. 그리고 그들에게 조공을 바쳐야 했다.

그런데 1885년 4월 5일 미국의 두 젊은 선교사들, 호레이스 언더우드(Horace Underwood, 장로교)와 헨리 아펜젤러(Henry Appenzeller, 감리교)가 한국에 들어왔다(Grayton, 1985; Hunt, 1980). 그 후 한국교회는 경이로운 성장을 거듭했다. 초기에 평양은 '제2의 예루살렘'이라 부를 정도로 기독교가 왕성한 도시였다(NK조선, *해방 전 '제2의 예루살렘' 北기독교 신자들*, 2010년 1월 16일). 한국은 기독교 역사 115년이 지난 2000년에 전 국민의 25%(1200만 명)가 기독교인이라는 통계를 보이며 세계에서 유례를 찾기 힘든 가장 왕성한 교회 성장(Kim, Warner and Kwon, 2001)을 이룬 민족이 되었다.

많은 한국 백성들이 하나님을 믿고 의지하기 시작했다. 그 결과 1953년 이후 약 70년 동안 평화를 유지했다. 그리고 하나님의 복을 받아 국력이 강해져서 온 민족의 역사적인 소원인 쌀밥에다 고깃국을 먹게 되었다.

6.25 전쟁이 일어났을 때 유엔군이 참전하기로 했던 일화도 너무나 유명하다. 당시 거부권을 가졌던 5개 상임이사국 중 하나인 소련 대표가 참전을 결정해야 할 회의에 참석치 않았다. 만약 그가 참석했더라면 그는 거부권을 행사하여 유엔군은 참전하지 못했을 것이다. 그 결과는 대한민국은 지구상에서 없어지고 공산화 되었을 것이다. 누가 이런 역사를 주관하는가? 전능하신 하나님이시다.

한국의 5천년 역사상 70년 동안이나 평화를 유지했던 적은 이 시대가 유일하다는 것을 온 국민들은 알아야 한다. 전능하신 여호와께서 우리의 방패가 되어 주셨기 때문이다.

따라서 한국 국민들도 천지를 창조하시고 인간의 역사를 주관하시는 여호와 하나님만을 믿고 의지해야 한다. 왜냐하면 그분이 영적 이스라엘 백성인 한국인의 주인이 되시고 그분이 어떤 최강대국보다 훨씬 더 강한 능력이 있기 때문이다.

> 6.25 전쟁 때 거부권을 가졌던 소련 대표가 회의에 참석했더라면
> 대한민국은 없어지고 공산화되었을 것이다.
> 누가 이런 역사를 주관하는가?

미국 선교사가 본 조선인

갓을 쓰고 다니는 조선인

〈문화일보, *갓을 쓰고 다니는 조선인*, (인터넷 유머), 2019년 03월 21일〉

〈저자 주: 한국인은 누구인가? 독자들의 이해를 돕기 위해 15년 동안 한국에서 외신 기자 생활을 한 영국 기자가 1999년에 쓴 글을 요약하여 싣는다.〉

옛날 선교 초기, 조선에 온 미국인 선교사가 보니 양반들은 모두 머리에 갓을 쓰고 있었다. 모습이 하도 신기하여 한 유식한 양반에게 물어 보았습니다.

"그 머리에 쓴 것이 뭐요?"

"갓이요."

"아니 갓이라니? 갓(God) 이면 '하나님'인데 조선 사람들은 머리에 하나님을 모시고 다니니 하나님의 영이 이미 그들에게 임했다는 것 아닌가!"

선교사가 또 물었습니다.

"그러면 이 나라 이름이 무엇이오?"

양반은 한자로 써 보였습니다.

"朝鮮이요! [아침 朝 + 깨끗할 鮮] 이렇게 씁니다."

그 선교사는 더욱 깜짝 놀라 "깨끗한 아침의 나라, Morning Calm의 나라란 말이 맞는구나." 라고 말하고는 조선의 '朝'자를 풀이해 달라고 하였습니다.

양반은 천천히 글자를 쓰면서 대답했습니다.

먼저 열십(十)자를 쓰고, 그 밑에 낮이라는 뜻의 날일(日)자를 쓰고, 또 열십(十)자를 쓰고, 그 곁에 밤이라는 뜻의 달월(月)자를 썼습니다. "이렇게요."

십자가十, 날일日, 십자가十, 달월月

선교사는 더 놀라서 중얼거렸습니다.

"낮(日)에도 십자가(十), 밤(月)에도 십자가(十), 하루 종일 십자가라는 뜻이구나!"

그리고 또 말했습니다. "鮮자도 풀이해 주시오."

"물고기(魚) 옆에 양(羊) 자를 씁니다."

선교사가 다시 놀라며 말했습니다.

"물고기는 초대 교회 상징 '익투스'로 '예수 그리스도 하나님의 아들'이라는 신앙 고백이고, 또 羊은 '하나님의 어린 양'이니 鮮자는 완전히 신앙 고백의 글자입니다."

선교사는 감탄하여 말했습니다.

서양 선교사는 한국인이 갓을 쓴 것을 보고 GOD을 머리에 이고 다니는 하나님의 백성으로 보았다. 기분 좋은 유머다. 사진은 1883년 9월 미국에 도착한 조선의 첫 외교 사절이 찍은 공식 기념 사진.

"朝鮮이라는 나라는 이름부터가 낮이나 밤이나 십자가만 바라보며 '예수 그리스도는 하나님의 아들이요, 우리의 구주이신 어린 양'이라는 신앙고백적 이름을 가지고 있지 아니한가! 조선은 하나님께서 예비해 두신 복음의 나라로다."

선교사가 또 질문을 하였습니다.

"마지막으로 조선 사람을 영어로는 어떻게 쓰나요?"

"'Chosen People'이라고 씁니다."

"와우! 선택된(Chosen) 사람들(People), 조선 사람들은 과연 동방의 선민(選民) 입네다."

현용수의 선민 유머 '조선 민족'

저자가 유대인 신학교(American Jewish University)에서 강의를 들을 때였다(1991년 8월). 한번은 로버트라는 유대인 학생과 재미난 대화를 했다.

저자는 그에게 "유대인은 하나님의 선민"(Jews are the Chosen People of God)이라고 말했다. 그는 저자가 발음한 'the Chosen People'(선민) 중 'chosen'이란 단어의 발음이 나쁘다면서 정확한 발음을 가르쳐 주었다. 자신은 샌프란시스코에 살았을 때에 한국인이 운영하는 회사에 근무하면서 한국에도 가보고 한국말도 배웠다고 했다.

"너희 한국 사람이 이조시대 때에 '조선 사람'이라고 했죠. 그 '쵸선(조선)'이라는 영어 발음이 'chosen'의 발음과 거의 동일합니다."

그래서 저자도 "물론 한국 사람은 발음만 '쵸선 사람'이 아니고, 실지로 너희 유대인처럼 하나님의 '선택된 민족', 즉 "조선 민족(the Chosen People)'입니다"라고 대답하여 함께 웃었다.

제 6 장

경제발전 측면에서 본
한국과 이스라엘의
유사점

I. 서론: 악조건 속에서 성취한 한국과 이스라엘의 경제성장

본 주제에서 한국의 경제발전사에 대해 좀 더 자세히 소개하는 이유가 있다. 저자가 미국에서 수십 년을 살다가 한국에 와보니 너무 많이 변했다. 긍정적인 변화도 많지만 부정적인 변화도 많다. 부정적인 것들 중에 하나가 안보 면에서 너무나 많은 세대 차이가 있음을 발견했다.

다음세대 자녀들이 학교에서 친북성향 교사들에 의하여 왜곡된 친북성향 교과서로 교육받은 결과 할아버지 세대의 자랑스러운 현대사를 너무나 모르고 있다. 그들은 대한민국을 건국하고 발전시켰던 세계적인 영웅들, 이승만 박사나 박정희 전 대통령을 원수로 여기는 경향이 많다.

대신 세기의 역사적인 악한 정권을 수립한 북한의 공산주의자들인 김일성, 김정일 및 김정은을 찬양하고 있는 경우가 많다. 이를 바로잡지 않으면 한국에는 희망이 없다. 따라서 독자들이 다음세대에게 바른 현대사를 가르치는데 도움을 주기 위하여 다소 길게 설명한다. 그리고 '경제발전 측면에서 본 한국과 이스라엘의 유사점'은 제6장의 결론 부분, VI. 2. '한국과 이스라엘 경제성장의 23가지 유사점'에서 모아 정리했다.

〈저자 주: 이스라엘의 경제 발전은 너무 많이 소개했기 때문에 여기에서는 한국의 경제 발전에 대해 많이 소개한다. 저자는 경제학자가 아니다. 그래서 필요할 경우 다른 전문가의 글을 요약하여 싣는다.〉

1. 한국과 이스라엘의 경제 발전의 악조건 비교

대한민국과 이스라엘은 모두 1948년에 건국했다. 그러나 70년이 지난 현재 세계가 놀라는 경제 대국을 이루었다. 그 뿐만 아니라 두 나라 모두 최악의 조건 속에서 경제성장을 이루었다는 것이다. 즉 최악의 역경을 딛고 최고의 경지에 올랐다는 것이다. 이 점에서 두 나라는 매우 닮았다.

그렇다면 한국과 이스라엘, 두 나라 중에 어느 쪽이 선진국을 이루는데 더 어려움이 많았을까? 한국의 악조건은 무엇이고 이스라엘의 악조건은 무엇인가? 두 나라의 악조건을 비교해보는 것은 다음 세대에 교훈을 주기 위해서도 매우 중요하다.

왜냐하면 자녀들에게 건국 당시 두 나라의 고난의 역사를 깊이 기억하게 할 뿐만 아니라, 그런 역사를 운행하신 하나님의 깊은 뜻을 알 수 있기 때문이다.

A. 한국의 경제발전 조건이 이스라엘보다 어려웠던 것들

대한민국이 1948년 건국을 한 후 경제발전 조건이 이스라엘보다 더 안 좋았던 것들은 무엇인가? 몇 가지 살펴보자.

첫째, 전쟁의 피해 면에서

한국은 건국 후 2년 뒤에 혹독한 6.25 전쟁(1950-1953)을 겪었다. 모든 것이 파괴된 잿더미 속에서 경제를 개발해야 했다. 물론 이스라엘도 전쟁을 네 차례 이상 겪었다. 그러나 한국 전쟁이 더 참혹했다고 주장할 수도 있다. 그 근거는 무엇인가?

한국 전쟁은 유엔군 16개국이 참전했던 거의 제3차 세계대전에 맞먹을 만한 세계대전이었다. 초강대국 미국, 중국, 소련이 참가했다. 그리고 전쟁 발발에서 휴전까지 3년이란 긴 세월이 걸렸다. 그 동안 북한군이 한반도를 거의 모두 철저하게 파괴하고, 약탈하고 짓밟았다. 처음에는 낙동강 이남만 빼고 국토 전체를 황폐화시켰고, 1.4후퇴 때는 휴전선(38선)까지 내려왔다. 그리고 전쟁의 승패는 반쪽만 이긴 전쟁이었다.

반면 이스라엘의 전쟁은 유엔군이 참전하지 않았던 국지전이었다. 그리고 대부분 단기전(예: 1967년 6일 전쟁)이었다. 그리고 모두 이스라엘이 이긴 전쟁이었다. 오히려 영토를 확장했다.

따라서 한국은 이스라엘에 비해 전쟁의 피해가 큰 것만큼 경제 개발도 힘들었다고 할 수 있다.

둘째, 세계화 면에서

당시 한국인은 전 세계에서 가장 무지한 백성이었다. 외부 세계를 전혀 모르는 조선시대의 우물 안 개구리 시절이었다. 국민의 민도(民度)도 그만큼 낮았다.

반면 유대인은 전 세계 오대양육대주에 흩어져 살다가 이스라엘로 모여든, 세계화가 최고로 잘 된 민족이었다. 따라서 한국은 이스라엘에 비해 세계를 모르는 것만큼 경제 개발도 더 힘들었다고 할 수 있다.

물론 당시 이승만 박사 같은 세계의 정세를 꿰뚫은 천재 엘리트도 있었다. 이것은 하나님께서 조선인을 살리시기 위한 계획이었다고 본다. 이것은 마치 하나님께서 최하의 교육도 받지 못했던 이집트의 노예민족 유대인을 구출하시기 위하여 모세를 최강의 나라 이집트로 유학을 보내셨던 것같이, 하나님은 최악의 미천한 조선인을 구출하시기 위하여 이승만을 미국으로 유학을 보내신 것과 같다.

셋째, 경제적인 측면에서

이에 더하여 한국 국민들 대다수는 5000년 동안 내려왔던 가난에 찌들었던 사람들이었다. 반면 유대인은 전 세계에 흩어져 살면서도 잘 사는 사람들이 한민족보다는 많았던 민족이었다. 전 세계에서 가장 가난한 민족이었다(아래 II항. '대한민국의 발전 과정, 박정희를 중심으로' 참조).

따라서 한국은 이스라엘에 비해 가난한 것만큼 경제 개발도 더 힘들었다고 할 수 있다.

넷째, 인재(人才)면에서

일제가 조선인에게는 기술을 가르쳐 주지를 않아 한국인은 손톱 깎게는 고사하고, 자전거하나 만들 줄 모르는 민족이었다. 오직 농사만 짓는 국민들이 대다수였다. 게다가 국민 다수가 문맹인이었고, 거의 원시인 그대로였다. 저자가 어린 시절 살았던 충청북도 보은군 수한면 소계리 가막제의 생활이 그랬었다.

반면 유대인은 유럽의 최첨단 발전된 나라들에서 출생하고 학습했던 사람들이 너무 많았었다. 더구나 그들에게는 모든 방면에서, 즉 과학, 경제, 문학, 금융, 미술, 예술, 사회 등에서 세계 최고의 두각을 나타냈던 인재들이 너무나 많았다.

뿐만 아니라 유대인은 전 세계 오대양육대주에서 습득한 고급 기술과 정보들이 너무나 많았다. 예를 들면, 현재도 유대인이 전 세계에서 보석 분야에 두각을 나타내는데 그 이유는 유대계 아프리카인들이 아프리카에서 다이아몬드를 비롯한 보석의 원석을 많이 보유하고 있기 때문이다. 그래서 보석 가공술도 유대인 기술자가 최고다.

따라서 한국은 이스라엘에 비해 인재가 부족한 것만큼 경제 개발도 더 힘들었다고 볼 수 있다.

다섯째, 디아스포라적인 면에서

한국인은 이스라엘에 비해 외국에 나가 있는 인구가 거의 없었다. 일제의 만행을 피해 중국이나 소련, 혹은 일본으로 건너갔던 사람들이 전부였다.

그러나 이스라엘은 전 세계에 흩어져 있었다. 이스라엘이 건국할 때 팔레스타인으로 들어온 유대인은 일부였다. 70년이 지난 현재에도 이스라엘에는 약 700만 명 정도가 살고 있는데 비해, 외국에 거주하는 유대인은 약 800만 명 정도다. 특히 미국에 약 700만 명이 살고 있다. 나머지는 전 세계에 그대로 흩어져 살고 있다.

이스라엘은 건국을 할 때 디아스포라가 많은 것만큼 그들이 최선을 다해 도와주었다. 물론 현재도 그들의 도움은 매우 크다.

반면 한국은 그런 도움이 상대적으로 매우 적었다. 물론 일본에 거주했던 일부 지식인들이 있었으나 유대인에 비하면 너무나 적었다. 그나마 일부 부유한 일본 거류민들은 대부분이 조총련에 속하여 북한을 도왔다.

기억합시다

누가 이분들에게 '꼰대세대'라고 하는가!

지금 70-80-90 세대들(2019년 기준)은 젊은 시절 이렇게 살아왔고, 지금의 캥거루 세대들을 키워왔다.

1. 그들은 〈호롱불〉 세대였다.
전깃불이 없어 호롱불을 켜놓고, 책상이 없어서 엎드려서 숙제를 해야만 했다.

2. 그들은 〈측간〉 세대였다.
실내 화장실이 없어 살을 에는 듯한 한겨울 새벽에도 마당 한 구석에 있는 재래식 변소에서 볼일을 보아야만 했다.

3. 그들은 〈우물〉 세대였다.
상수도가 없어 동네 공동 우물에서 양동이에 물을 퍼 담아 머리에 얹거나 물지게로 집에 옮긴 후 항아리에 담아놓고 먹어만 했다.

4. 그들은 〈가마솥〉 세대였다.
겨울에 집이나 동네에 목욕탕이 없어 가마솥에 물을 끓여 부엌 한 구석에서 목욕을 해야만 했다.

5. 그들은 〈손빨래〉 세대였다.
세탁기가 없어 한겨울에도 개울에 나가 얼음장을 깨고 빨래를 해야만 했다.

6. 그들은 〈자전거〉 세대였다.
자가용은 물론 대중교통수단이 없어 자전거를 타고 다녀야만 했다.

7. 그들은 〈고무신〉 세대였다.
구두는 물론 운동화도 없어 한겨울에도 검정고무신을 신고 다녀야만 했다.

8. 그들은 〈까까중〉 세대였다.
이발소에 갈 돈을 아끼기 위해 일 년 내내 까까 중머리를 하고 다녀야만 했다.

9. 그들은 〈보자기〉 세대였다.
책가방이 없어 보자기에 책을 싸서 허리에 차고 다녀야만 했다.

10. 그들은 〈고무줄〉 세대였다.
장난감이나 놀이기구가 없어 고무줄로 새총을 만들고 줄넘기를 하면서 놀아야만 했다.

11. 그들은 〈강냉이〉 세대였다.
도시락을 싸들고 갈 쌀이나 보리쌀이 없어 학교에서 강냉이죽을 끓이거나, 강냉이 빵을 만들어 급식을 제공하여 끼니를 때워야만 했다.

12. 그들은 〈주경야독〉 세대였다.
낮에는 가사일이나 농사일을 돕기; 풀베기, 나무하기, 소먹이기, 동생 돌보기 등을 하고서 밤이 이슥해서야 학교숙제를 해야만 했다.

13. 그들은 〈주판〉 세대였다.
컴퓨터가 없어 다섯 알이 있는 주판을 굴리면서 셈을 해야만 했다.

14. 그들은 〈입학시험〉 세대였다.
중학교, 고등학교, 대학교를 본고사 입학시험을 치러 상급학교에 진학을 해야 했다.

15. 그들은 〈공돌이 공순이〉 세대였다.
너무 가난하여 돈이 없어 진학하지 못하면 서울에 올라와 부자집에 들어가 식모살이 아니면 구로공단 같은 공장에서 공돌이 공순이를 해야만 했다.

16. 그들은 〈사글세〉 세대였다.
신혼 살림집을 구할 돈이 없어 거의 모두가 사글세 단칸방부터 시작하여 전세로 이사를 다녀야만 했다.

17. 그들은 〈월남전〉 세대였다.
나라가 빈곤하여 다른 나라 전쟁에 참전하여 목숨 걸고 돈을 벌어와야만 했다.

18. 그들은 〈파독 광부. 간호사〉 세대였다.
한국이 빈곤국이어서 독일에 남자는 광부로 여자는 간호사로 가서 돈을 벌어와야만 했다.

19. 그들은 〈중동 지역 노동자〉 세대였다.
국가와 가족을 위하여 이역만리 중동지역에서 땀을 흘려가며 돈을 벌어야만 했다.

* 그들은 그렇게 열심히 국가와 가족을 위하여 일했다.
그렇게 해서 지금의 대한민국이 건재하고 있지 않는가!

누가, 이분들에게 꼰대라고 하는가? 바쁜 사람들도, 굳센 사람들도, 바람과 같던 사람들도 집에 돌아오면 부모가 되었다. 가족을 위하여 불을 피우고 집안에 못을 박는 부모가 되었다. 저녁 바람에 문을 닫고 낙엽을 줍는 부모가 되었다. 바깥은 요란해도 부모는 어린 자식들과 가족들을 보호하는 울타리가 되기 위해서 열심히 싸웠다.

부모는 자식에게 양심을 지키라고 낮은 음성으로 가르쳤다. 아버지의 눈에는 눈물이 보이지 않으나, 그가 마시는 술에는 눈물이 절반일 것이다. 아버지는 가장 외로운 사람들이었다.

그들은 아버지로서 가장으로서 가난하고 엄한 부모님 밑에서 자라나와 열심히 캥거루세대를 키워낸 죄밖에 없는 샌드위치 세대들일 뿐이다.

〈출처: http://blog.naver.com/PostView.nhn?blogId=kjb09911&logNo=221739795632〉

1960년대 이전만 해도 거의 모든 집이 밤낮 일을 해도 밥을 먹고 살기 힘든 시대였다. 시골 초가집은 원시인이 사는 곳 같았다. 그런 한국인이 오늘의 기적을 이루었다.
사진은 낮에는 물레를 돌리고(하) 밤에 가족을 위해 눈물로 기도하는 어머니(상)

B. 이스라엘의 경제발전 조건이 한국보다 어려웠던 것들

이제 이스라엘이 1948년 건국을 한 후 경제발전 조건이 한국보다 더 안 좋았던 것들은 무엇인가? 몇 가지 살펴보자.

첫째, 국토와 인구 면에서

이스라엘은 한국에 비해 너무나 빈약하다. 이스라엘의 국토는 한국 남한의 1/3정도다. 반면 아랍권의 영토는 이집트와 중동 지역 거의 전체다. 그리고 인구도 1967년 당시 이스라엘은 약 250만 명인데 비해 아랍권은 약 5억 명에 달했다. 2019년 현재도 이스라엘의 인구는 약 700만 명인데 비해 적(敵)은 아랍권과 그 외 다른 나라에 거주하는 이슬람까지 합하면 약 13억 명에 달한다.

따라서 이스라엘은 한국에 비해 국토가 작고, 인구가 적은 것만큼 경제 개발도 그만큼 힘들었을 것이다.

둘째, 국토의 환경적인 면에서

이스라엘은 한국에 비해 열악하다. 한국은 국토가 그야말로 금수강산이다. 강수량이 많아 물도 많고, 숲이 우거진 산들도 많다. 땅이 비옥하다.

반면 이스라엘의 국토는 북쪽 골란 공원과 갈릴리 지역 이외에는 거의 사막이다. 물도 거의 없고, 기온이 매우 뜨겁다. 사람살기에 적절하지가 않다. 한국의 국토는 이스라엘에 비하면 천국이다.

따라서 이스라엘 국토의 환경이 한국에 비해 나쁜 것만큼 경제 개발도 더 힘들었을 것이다.

셋째, 천연자원적인 면에서

이스라엘은 한국의 광산에 비해 매우 적다. 더구나 아랍권이 보유하고 있는 석유 매장량에 비하면 너무나 빈약하다. 이스라엘에게 천연자원이 귀한 것만큼 경제 개발도 더 힘들었을 것이다.

넷째, 영토 분쟁적인 면에서

이스라엘은 한국에 비해 자신들의 영토를 지키기 위한 명분이 약하다. 유대인이 처음 3400년 전에 이스라엘이란 국가를 건설했을 때 영토 자체가 없었다. 떠돌아 다니는 유랑민족이었다. 하나님의 명령을 받고 남의 땅 가나안을 침공하여 그 지역 사람들을 멸한 후, 그 지역에 나라를 건설한 것이다.

〈자세한 것은 저자의 저서 현용수의 고난의 역사교육 시리즈 제2권, '*유대인의 고난의 역사교육*', 제2부 제1장 I. '이스라엘이 건국되는 과정' 참조 바람〉

때문에 그 땅 주인이었던 팔레스타인인들이 이스라엘과 싸우는 목적은 자신의 조상들이 살던 옛 영토를 돌려달라는 것이다. 따라서 그들은 전쟁에서 이길 경우 모든 유대인을 그 땅에서 몰아내자는 것이다. 그런 면에서 유대인은 더 이상 물러날 곳이 없는 사람들이다.

반면 중국이나 일본은 설사 한반도를 점령한다고 해도, 한국인의 주권을 빼앗고, 그 땅을 식민지로 삼아 한민족의 자산을 착취는 할망정 모두 몰아내지는 않을 것이다. 그런 면에서 유대인이 경제를 개발하는데 한국인보다 더 불리하다고 할 수가 있다.

다섯째, 전투 횟수 면에서

이스라엘은 한국에 비해 더 빈번한 적들의 공격을 받았다. 이스라엘은 한국에 비해 더 빈번한 적들의 공격을 받아 왔다. 아랍권과 네 차례 이상 전면전도 치렀지만, 국지전은 일 년 내내 끊이지를 않는다. 현재도 마찬가지다.

반면 한국은 휴전 이후 북한과 전면전도 없었다. 북한의 도발은 가끔 있었다. 따라서 이스라엘은 한국에 비해 그만큼 경제 개발도 더 힘들었을 것이다.

여섯째, 안보(安保) 면에서

이스라엘은 한국에 비해 의지할 나라가 거의 없다. 미국은 6.25 전쟁 당시 북한과 휴전협정을 하는 조건으로 한국에게 한미상호방위조약을 체결해주었다. 한국에 전쟁이 나면 자동적으로 개입하여 한국을 지켜주겠다는 조약이다. 아직도 미군이 한국에 주둔하는 이유다. 따라서 한국은 미군이 북한의 공격을 막아주어 평화를 유지하기가 쉬웠다.

반면 이스라엘은 오직 자신들의 힘으로 모든 국방을 지켜야 했다. 물론 미국의 원조가 일부 있었지만, 한국에 비하면 매우 적었다. 미국이 한국만큼 도와주지 못하는 이유는 유엔에 가입한 아랍권 나라들의 반발이 심한데다가 미국 국민들 사이에서도 반발이 있었기 때문이다.

따라서 이스라엘을 지켜줄 나라가 없는 것만큼 경제 개발도 더 힘들었을 것이다.

이상으로 여러 가지 측면에서 한국과 이스라엘이 건국 후 선진국으로 진입하는데 힘든 여건들을 대조해보았다. 저자의 견해로는 이스라엘이 한국보다 더 힘들었을 것이라고 생각된다. 아무튼 두 나라 모두 이런 역경 속에서 기적 같은 경제성장을 성취했다. 아무도 이것을 부정할 수 없을 것이다.

2. 2015년 대한민국의 세계적 위상

〈저자 주: 다음은 월간조선 조갑제 기자가 *2015년 대한민국의 세계적 位相*이란 제목으로 쓴 글을 요약하여 싣는다. 2015년 1월 9일〉 (출처: http://blog.naver.com/ysk0519/220234601576)

1961년 박정희 소장이 군사혁명으로 정권을 잡고 경제개발에 착수하였을 때 한국의 1인당 국민소득은 93달러였다. 당시 경제 통계 대상이었던 103개국 중 87위로 최 하위권이었다.

〈저자 주: 1953년도에는 67달러였다(중앙일보, 2008년 7월 19일).〉

1위는 2926달러의 미국, 지금은 한국과 비슷해진 이스라엘은 1587달러로 6위였다. 일본은 26위(559달러), 스페인은 29위(456달러), 싱가포르는 31위(453달러)였다. 아프리카 가봉은 40위(326달러), 수리남은 42위(303달러), 말레이시아는 한국의 1인당 국민소득보다 세 배가 많아 44위(281달러)였다.

필리핀은 한국보다 약 3배나 많은 268달러로서 49위였다. 필리핀은 당시 한국인에겐 선망의 대상이었다. 남미의 과테말라도 250달러로 53위, 잠비아(60위, 191달러), 콩고(61위, 187달러), 파라과이(68위, 166달러)도 한국보다 훨씬 잘 살았다.

박정희 소장 그룹의 일부는 이집트의 낫세르를 따라 배우려 했다. 아프가니스탄도 124달러로 75위, 카메룬은 116달러로 77위였다. 캄보디아도 116달러로 78위, 태국은 110달러로 80위였다. 차드 82위, 수단 8위, 한국 87위! 그 뒤 52년간 한국이 얼마나 빨리 달리고 높게 뛰었는지는 설명이 필요가 없다.

한국은 유신시대로 불리는 1972-1979년에 중화학공업 건설을 본격화하면서 1인당 국민소득 랭킹에서 도약한다. 1972년에 한국은 323달러로 75위, 말레이시아는 459달러로 64위였다. 1979년에 가면 한국은 1,734달러로 59위로 오른다. 말레이시아는 63위로 1,537달러였다.

말레이시아가 못해서가 아니고 한국이 잘하여 뒤로 밀린 것이다. 2012년 한국의 1인당 국민소득은 명목상 2만2589 달러로 세계 34위, 구매력 기준으론 3만2800 달러로서 세계30위이다.

삶의 질 순위로는 180여 개국 중 12등! 1961년에 한국보다

세 배나 잘 살았던 필리핀은 2,611달러로 세계 124위, 이집트는 3,112달러로 119위이다. 필리핀의 1인당 국민소득은 지난 51년간 약 10배, 한국은 약 250배가 늘었다. 한국인은 필리핀인보다 25배나 빨리 달렸다.

대한민국과 북한의 경제 발전을 비교하면 지난 65년(1953-2018) 동안 한국은 1인당 소득(GNI, gross national income)이 1953년 67달러에서 2018년 30,600달러로 457배가 증가했지만, 북한은 동일한 기간에 58달러에서 1,298달러로 22배 증가했다〈세계은행, *2018년 1인당 소득 명목 GNI, 국민 총소득*, 2019년 7월 발표한 경제통계〉.

3. 저자가 미국 현지에서 체험했던 한국의 경제발전

대한민국은 2018년 새해에 국민소득이 3만1천 달러를 이루어 선진국에 진입했다. 세계사적으로 유례가 없는 '압축 성장'을 실현한 나라다. 유럽이 200년 걸려 이룩한 산업화를 미국이 100년 만에 이뤘고, 일본이 50년 걸렸다면 한국은 30년 만에 달성했다 (정승연, *선진국의 조건*, 기호일보, 2018년 1월 15일).

20세기에 수많은 개발 도상 국가들이 있었다. 그 중에 선진국으로 도약한 대표적인 국가가 이스라엘과 대한민국이다. 물론 자원이 풍부해 국민소득이 높은 나라들은 제외한 것이다. 더구나 인구 5000만 이상인 나라가 선진국으로 발전한 나라는 흔치 않다.

대한민국이 경제 선진국으로 진입한 것은 단지 국민성, 즉 수직문화와 기타 장점이 좋기 때문에 이룬 것만은 아니다. 하나님이 함께 하셨기 때문이라고 생각한다.

저자는 1975년에 이민을 갔기 때문에 한국의 경제성장에 대해서는 잘 모른다. 그리고 경제학자가 아니다. 그러함에도 불구하고 한국이 많이 발전하고 있다는 것은 미국에서 경험할 수 있었다.

초기 미국의 이민자들은 거의가 가난 때문에 기회의 땅 미국에 이민을 왔다. 이민자들이 한국을 도와줄 수 있는 길은 파독 광부나 간호사들처럼 미국에서 달러를 벌어 한국 가족에게 돈을 많이 보내주는 것이었다. 그리고 마켓에서 한국 물건을 많이 사주어 한국의 수출을 늘리는 것이다. 당시 한국인들은 애국심이 강했기 때문에 늘 조국 대한민국의 평화와 번영에 관심이 많았다.

그런데 미국에서 대한민국의 기적을 느낄 수 있었다. 1980년대 말쯤에 현대 자동차가 미국의 고속도로를 누비고 있었다. 당시 미국 차 이외에는 유럽 차 일부와 일제차 일부가 대세였던 시대였다. 그런데 더 놀라운 것은 1980년대 중반에 삼성과 LG TV와 전자기기가 들어오기 시작했다. 처음에는 변두리에 싸구려 세일 품목으로 들어더니 점점 중심을 파고들었다.

당시 미국의 백화점에는 소니와 파나소닉 등이 매장에서 가장 잘 보이는 비싼 정면에 전시되었던 시대였다. 그런데 2000년도부터 소니는 변두리로 사라지고 삼성과 LG가 가장 비싼 곳에 전시되고 있었다. 정말로 불과 몇 십 년 만에 기적이 일어난 것이다. 당연히 미주 동포들도 어깨에 힘이 들어가기 시작했다. 얼마나 기뻤을는지 상상이 되겠는가! 물론 자녀들에게도 이것은 자랑거리였다.

도대체 한국에 어떤 일들이 있어났던 것인가? 언론에 소개된 내용을 요약하여 싣는다

II. 한국 경제발전의 총 기획자 박정희

1. 박정희, 왜 그가 위대한가

박정희 전 대통령은 대한민국 발전의 총 기획자였다. 이승만 박사가 건국을 하고 나라의 기초를 놓았다면, 박정희는 그 기초 위에 경제성장이란 번영을 이루었다. 후자는 전자의 터 위에 세운 공헌이다. 만약 전자가 없었다면 후자는 결코 있을 수 없다. 따라서 두 분은 하나님께서 한국민족을 위해 준비하신 기묘한 파트너(짝)다.

〈저자 주: 이승만 박사에 대해서는 제1부 제2장 13번째, '한국과 이스라엘은 고난의 건국 과정이 유사하다'에서 설명했기 때문에 여기에서는 박정희의 업적에 관하여만 설명한다.〉

박정희는 왜 위대한 지도자인가? 대략 네 가지로 요약할 수 있다.

첫째, 그는 5000년 동안 가난했던 한국을 부국(富國)으로 만들려는 불타는 사명과 의지를 가졌다.

둘째, 그는 부국을 만들 수 있는 원대하고 정확한 계획서(청사

진)들이 있었다.

<U>셋째,</U> 그는 현실적으로 그가 기획한 청사진을 직접 성취할 수 있는 능력이 있었다.

<U>넷째,</U> 그는 자신의 앞길을 방해하는 거대한 세력들을 무찌를 만한 지도력이 있었다.

박정희는 경제 건설만 한 것이 아니다. 그의 앞길을 방해하는 거대한 세력들, 즉 장애물들을 제거하며 경제를 건설해야 했다.

1) 호시탐탐 남한을 적화하려는 북한 공산주의자들과 싸우며 나라를 건설해야 했다.

2) 그의 원대한 뜻을 헤아리지 못하는 어린 대학생들이나 속이 좁거나, 사익을 위한 정치인들의 끊임없는 반대 투쟁을 진압하며 나라를 건설해야 했다.

3) 당시에는 아프리카 콩고보다 더 가난했던, 즉 자본이 전혀 없는데서 나라를 건설해야 했다.

박정희가 뚝심 있는 큰 인물이 아니었다면 이 삼중고(三重苦)를 결코 이겨낼 수 없었을 것이다. 박정희는 왜 독재를 해야 했는가? 만약 그가 5년 단임제 대통령이었다면 결코 오늘과 같은 부국강병을 만들 수 없었을 것이다. 약 18년(1961년 5.16 혁명부터 1979년까지)이란 장기 집권을 했기 때문에 '압축 성장'을 할 수 있었다. 유신체제를 만들 수밖에 없었던 이유다.

만약 당시 반대파 정치인들이나 대학생들이 박정희가 그의 계획대로 경제를 발전시킬 수 있도록 잠잠했더라면 더 빠른 시일 내에 경제성장을 이룰 수 있었을 것이다. 그리고 독재도 할 필요가 없었을 것이다. 정권을 연장하기 위한 무리한 불법 정치자금을 마련할 필요도 없었을 것이다.

〈저자 주: 박정희가 돈을 모았던 것은 나라를 위한 것이지 결코 자신이 호위호식하기 위함이 아니었다. 그가 서거했을 당시에는 청와대에 돈이 없었다.〉

만약 국민들이 그랬었더라면 그는 경제성장을 이룬 이후 당연히 대통령직을 그만두었을 것이다. 그리고 한국은 민주화가 되었을 것이다. 왜냐하면 정권을 연장할 이유가 없기 때문에 독재가 더 이상 필요 없었을 것이기 때문이다.

그렇게 되면 세계 최초, 최 단시간에 개발도상국에서 선진국으로 진입한 국가이면서, 민주화도 이룬 위대한 국가가 되었을 것이다. 민주화란 어느 정도 경제성장이 이루어진 후에 정착할 수 있기 때문이다.

싱가포르 국민들은 리콴유(이광요, 1923-2015) 수상이 거의 50년이라는 장기 독재를 참아주었는데, 한국 국민들은 18년도 참지를 못했다. 너무나 안타깝다. 그로 인한 인적 및 물적 피해는 너무나 엄청났다. 그 후유증은 오늘날 종북좌파와 보수 우파의 이념 싸움으로 나타나고 있다.

2. 대한민국의 발전 과정, 박정희를 중심으로

〈저자 주: 이 글은 이종철 교수가 chosun.com 토론마당에 '미래의 조국 대한민국을 위하여'란 제목으로 올린 글을 요약한 것이다. 2012년 7월 18일, 출처: forum.chosun.com/message/messageView.forum?bbs_id=1010&message_id=911065〉

A. 박정희는 대일청구권자금을 어디에 썼나

한일회담은 총 14년이 소요됐다. 이승만-장면 정권에서 9년간 협상했고, 박정희 정권 5년 만에 타결을 보았다. 타결액은 무상 3억 달러, 유상 2억 달러, 민간 상업차관 3억 달러, 총 8억 달러였다. 정부 부문 청구액 5억 달러는 66년부터 75년까지 10년에 걸쳐 나눠 받되, 매년 무상 3,000만 달러, 유상 2,000만 달러 총 5,000만 달러 한도 내에서 양국 정부의 협의에 의해 받기로 했다.

유상 2억 달러에 대해서는 산업 시설과 기계류 등 공공 차관의 형태로 7년 거치 13년 분할 상환하되 금리는 연 3.5%가 적용됐다. 이에 대해서는 마치 선진국들의 은행들이 기업 프로젝트에 자금을 빌려준 후부터 빌려준 돈을 받지 못 할까봐 자금 사용 과정을 감시했다.

1976년 당시 경제기획원 발간 '청구권자금백서'에 따르면 전체 청구권 자금의 55.6%가 포항제철 건설 등 광공업 투자에 쓰였다. 유상 2억 달러는 대부분 포항제철 등 기간산업과 경부고속도로 등 사회 간접자본 시설 확충에 사용됐다. 사회 간접자본 확충에도 전체 자금의 18%를 투입했다.

　소양강 다목적댐 건설(2,161만 달러), 경부고속도로 건설(689만 달러), 상수도 확장(409만 달러), 한강철교 복구(89만 달러), 영동화력발전소 건설(178만 달러), 철도시설 개선(2,027만 달러) 등이 이때 이뤄졌다. 상대적으로 농어민에게 돌아간 자금은 많지 않았다. 농림업에 7.8%, 수산업에 5.4% 등 농업에 총 13.2%를 배정했다.

　이 중 포항종합제철 건설에만 무상자금 3,080만 달러와 유상자금 8,868만 달러 등 총 1억1948만 달러를 몰아줬다. 전체 청구권 자금의 23.9%에 이른다. 광공업용으로 도입된 원자재 1억3,282만 달러도 대부분 포철을 짓고 공장을 돌리는 데 썼다. 원자재까지 합치면 전체 청구권 자금의 절반 이상을 포철에 투자했다.

B. 다른 나라들은 대일청구권 자금을 어떻게 썼나

　일본 정부로부터 대일청구권 자금을 받은 나라는 아시아 5개국, 필리핀, 한국, 인도네시아, 미얀마, 베트남이었다. 대외경제정책연구원이 2,000년에 펴낸 '대일 청구권 자금의 활용 사례 연구'에서 연세대 경제학과 김정식 교수는 이들 5개국 중에서 한국이 청구자금을 최고로 잘 사용했다는 결론을 내렸다.

　무상자금은 필리핀이 5억5,000만 달러로 제일 많았고, 한국이 3억 달러, 인도네시아 2억2,308만 달러, 미얀마 2억 달러, 베트남 3,900만 달러 순이었다. 일본이 차관 형태로 지원하는 유상자금과 민간이 자금을 지원하는 상업차관을 합칠 경우 한국과 필리핀이 각각 8억 달러로 제일 많았다.

인도네시아는 대통령의 개인별장이 있는 곳에 호텔을 짓고, 부유층을 위한 백화점을 지었다. 청구권 자금의 효율성이 가장 낮은 국가였다.

필리핀은 항만 및 도로건설 등에 사용했지만 당초 댐 건설 및 철도 연장 계획이 계획대로 실시되지 못했다. 대지주와 대자본가 등이 필리핀 정치를 주도하면서 일본의 배상금이 이들의 이권을 채우는 데 활용됐다.

미얀마는 파괴됐던 철도 및 도로 복구 등에 주력하면서도 당시 총리의 '복지국가 계획'을 성공시키기 위해 사회복지 부문에도 상당액의 자금을 투입했다.

베트남은 전체 자금의 50% 이상을 발전소 및 송전시설에 투입했다.

C. 박태준의 포항제철 건설 사업 성공

당시 경부고속도로를 건설할 때, 박정희 대통령은 자금 유출에 대해 엄청난 단속을 했다. 당시 경부고속도로 건설 현장에는 군의 공병대 장교들이 대거 파견되어 날림공사와 자재 유출을 감시했다.

당시 사회에서 가장 청렴한 집단은 그래도 군인들이었다. 포항제철 공사를 박정희 대통령이 직접 챙기지 않았다면 자금의 수십%가 유출됐고, 중국의 등소평까지도 그토록 부러워했던 오늘날의 포항제철은 없었을 것이다.

박태준 씨는 그 마패를 보여주면서 모든 이권과 청탁을 차단했다. 일본의 소니사는 아키오 모리타가 이룩한 신화였고, 파나

소닉사는 마츠시타 고노스케가 이룩한 신화였다. 박정희 집권 초기에는 필리핀과 인도네시아가 한국보다 3배 더 잘 살았지만, 지금은 한국이 이들보다 10-11배나 더 잘 산다. 이는 순전히 박정희가 이룩한 한강의 기적 때문이었다. 이 통계 하나만으로도 오늘의 대한민국은 박정희가 이룩한 신화였다.

아키오모리타와 마츠시타고노스케는 일본 국민의 신앙이지만 한국의 박정희는 세계적으로는 대한민국의 신화를 창조한 위대한 지도자로 인정받고 있는데도 불구하고 국내에서는 온갖 욕을 다 먹는다. 가롯 유다 같은 이런 인간들에 대해서는 입에 들어가는 밥숟가락 마저 빼내고 싶어진다.

한국은 왜정시대를 거치면서 인적 자원이 거의 없었다. 그러나 하나님은 상상치 못했던 세계적인 인물들을 준비해 주셨다. 사진은 한국 경제성장의 불멸의 영웅들, 정주영 이병철 박태준 회장

D. 미국이 평가했던 일제 강점기의 조선왕국의 무능력

세계의 유수 열강들은 누가 더 많은 식민지를 보유하느냐에 국가의 프라이드로 여기면서 식민지 쟁탈전에 몰입했다. 그러나 조선만은 이러한 외부 세상에 눈과 귀를 막고 오직 정적을 모함-모략하여 죽이고 귀양 보내는 데만 열중했다. 당시 이러한 나라라면 누구에게든 먹힐 수밖에 없었다.

1905년 7월 29일, 일본 총리 가쓰라 다로와 미국의 루즈벨트 대통령의 특사인 육군 장관 W.H. 태프트 사이에 비밀협약이 맺어졌다. 미국이 필리핀을 갖는 대신 일본은 조선을 가지라는 것이었다. 이것이 바로 가쓰라-태프트 밀약이며, 이 밀약에 의해 1910년 을사보호조약이 강요됐다.

러-일 전쟁이 발발 직후 루즈벨트 대통령은 당시 조선을 이렇게 평가했다.

> "1900년 이래 한국은 자치할 능력이 없으므로 미국은 한국에 대해 책임을 져서는 안 되며, 일본이 한국을 지배하여 한국인에게 불가능했던 법과 질서를 유지하고 능률 있게 통치한다면 한국을 위해서도 좋은 것이라고 확신한다."

미국의 원자탄에 의해 한국이 해방됐을 당시에도 미국은 조선에 자치 능력이 없다고 평가했다.

E. 한심했던 거지 나라 지도자, 이승만과 박정희

이승만과 박정희 역시 이런 민초들에서 피어난 꽃들이었다. 이순신, 안중근, 유관순은 민초에서 피어난 정신적 지도자들이었지만, 이승만과 박정희는 국가를 위기에서 건져내고, 현대적 민주국가의 틀을 세우고, 세계에서 꼴찌로 못 사는 거지의 나라를 경제 10위권 국가로 우뚝 세울 만큼 의지와 능력을 갖춘 민초 출신의 위대한 지도자였다.

당시 조선 인구의 80%는 농업인구, 80%가 한글마저 배우지 못한 문맹, 그야말로 한심한 국가였다. 1945년에서 1959년까지의 15년간, 미국으로부터 제공받은 원조액은 연평균 1억8천만 달러. 현금이 아니라 물자였다.

정부는 미국에서 받은 잉여농산물, 유연탄, 석유 등을 시장에 팔아 그 돈으로 세출 예산을 세웠다. 기업이 없고, 80%의 인구가 피폐한 농촌에서 초근목피(草根木皮)로 연명하다가 피똥을 싸는 환경 하에서 세금이 어디에서 걷혔겠는가. 잉여농산물 유입은 농촌을 피폐화시켰고, 젊은이들의 이농 현상을 초래하여 수백만의 실업자를 유발시켰다.

해방 이래 보잘 것 없긴 하지만 그 나마의 대기업들에게 위에서 정부예산을 부어넣었다. 그러나 밑에서는 업주와 정치인 및 관리들이 빼가는 돈 통에 불과했다. 밀수품이 범람하고 정경유착으로 사회는 부패할 대로 부패해서 국가의 운명이 암담하기만 했다. 고관대작들은 축첩과 양주와 춤으로 사치와 방탕에 빠졌고 대부분의 정치꾼들은 사기꾼 같았다.

하나님께서 한국교회를 쓰시기 위해 준비하신 건국의 아버지 이승만 박사(좌)와 경제대국을 이룬 지도자 박정희 전 대통령(우)

1961년, 박 대통령은 장충단 공관에서 집필한 그의 메모식 저서 '국가와 혁명과 나'에서 이렇게 기술하고 있다.

"1956년부터 1962년까지 7개년간의 원조는 연평균 5억 달러였다. 경제원조가 2.8억불, 군사원조가 2.2억불이다. 환언하면 한국경제가 완전히 자립하자면 군사 면을 제외하고도 2.8억불과 무역적자 5천만 불을 합쳐 3.3억 불을 새로이 벌어야 하는 것을 의미한다. 또 그렇게 된다 해도 이는 현상 유지하는 데 그치는 일이다. 이에 가중되는 연평균 2.88%의 인구 증가, 즉 72만 명의 압력은 어찌할 것인가?"

"원조를 받지 않고 우리의 힘으로 경제를 운용하는 것은 기적 이외에 바랄 것이 못되지 않는가? 위기를 고하는 수많은 국민의 생활난, 해마다 늘어만 가는 식량

부족, 30%의 실업률, 모두가 시급한 해결의 길을 바라고 있는데 반해 해결 방안이 전혀 보이지 않는다."

당시 실업률 30%! 지금의 실업률은 3.5%. 매년 30만 명의 대학생들이 졸업을 하지만 겨우 5,000명 정도만이 취직을 하는 지금의 실업률이 겨우 3.5%라 하니, 당시의 30% 실업률이 얼마나 살인적인 것이었겠는가!

F. 미국에 거부당한 박정희는 독일에 구걸

미국은 박정희의 1961년 5.16혁명세력을 인정하지 않았다. 다른 나라들에서도 똑같은 상황이 발생할 것이라는 우려에서였다. 미국은 주던 원조도 중단했다. 당시 미국 대통령은 민주당의 존 에프 케네디, 박정희 소장은 케네디를 만나기 위해 백악관을 찾았지만 케네디는 끝내 만나주지 않았다. 짐을 싸면서 박정희 소장과 수행원들은 서러워서 한없이 눈물을 흘렸다.

〈저자 주: 실제로 당시 대한민국 예산의 90%를 미국이 원조해 주어도 GNP가 겨우 85달러로 세계에서 두 번째로 못사는 나라였다. 무상원조가 중단되면 GNP가 10달러 미만으로 곤두박질 칠 수 있는 상황이었다(장호석, *미국의 대한무상원조 동결과 5.16혁명*, 2017년 6월 12일). 미국은 한국 1곳에 아프리카 대륙보다 원조를 더 많이 했었다(이영훈, 조선일보, 2015년 5월 22일).〉

박정희는 서독에 광부와 간호원을 보냈다. 고졸 출신 파독 광부 500명을 모집하는 데 4만6천이 몰렸다. 학사 출신도 수두룩했다. 손이 고우면 떨어질 것이 걱정되어 연탄에 손을 비비며 손을 거칠게 만들었다.

어린 간호사들은 울면서 거즈에 알콜을 묻혀 딱딱하게 굳어버린 시체를 이리저리 굴리며 하루 종일 닦았다. 광부들은 지하 1,000미터 이상의 깊은 땅 속에서 뜨거운 지열을 받으며 열심히 일했다.

하루 8시간 일하는 서독 사람들에 비해 열 몇 시간을 그 깊은 지하에서 석탄을 캤다. 서독 방송과 신문들은 대단한 민족이라며 가난한 한국에서 온 간호사와 광부들에게 찬사를 보냈다.

"세상에 어쩌면 저렇게 억척스럽게 일 할 수 있을까!"

이들에 붙여진 이름이 '코리안 엔젤'이었다.

G. 독일을 방문한 박정희, 모두가 통곡했다

"우리 열심히 일 합시다. 후손들을 위해서 열심히 일 합시다."

얼굴이 찌든 광부와 간호사들에게 그는 이 말만 반복하면서 눈물을 흘렸다. 광부와 간호사들이 몰려나와 육 여사와 박 대통령을 잡고 통곡했다. 광부들이 뤼브케 대통령 앞에 큰 절을 했다.

"고맙습니다, 고맙습니다. 한국을 도와주세요. 우리 대통령님을 도와주세요. 우리 모두 열심히 일 하겠습니다. 무슨 일이든 하겠습니다!"

뤼브케 대통령도 울었다. 호텔로 돌아가는 차에서도 박 대통령은 계속 눈물을 흘렸다. 옆에 앉은 뤼브케 대통령이 박대통령에게 손수건을 주면서 힘주어 말했다.

"우리가, 서독 국민들이 도와주겠습니다."

박정희는 서독 국회에서 자존심을 다 버리고 이렇게 연설을 했다.

"돈 좀 빌려주세요. 한국에 돈 좀 빌려주세요. 여러분들의 나라처럼 한국은 공산주의와 싸우고 있습니다. 한국이 공산주의자들과 대결하여 이기려면 분명 경제를 일으켜야 합니다. 그 돈은 꼭 갚겠습니다. 저는 거짓말 할 줄 모릅니다. 우리 대한민국 국민들은 절대로 거짓말하지 않습니다. 공산주의자들을 이길 수 있도록 돈 좀 빌려주세요."

유엔에 등록된 나라 수는 120여 개국, 당시 필리핀 국민소득 170불, 태국 220불 등. 그때, 한국은 68달러였다. 우리 밑에는 달랑 인도만 있었다. 북한은 우리보다 2배, 필리핀은 3배나 더 잘 살았다. 가발을 만들어 내다 팔았다. 동네마다 엿장수가 다녔다.

"머리카락 파세요!"

아낙네들이 머리카락을 잘랐다. 서울 간 아들놈 때문에 잘랐고, 쌀을 사기 위해 잘랐다. 싸구려 플라스틱으로 예쁜 꽃을 만들어 수출을 했다. 곰 인형도 팔았다. 쥐잡기 운동! '코리안 밍크'

도 만들어 팔았다. 돈 되는 것은 무엇이던지 내다 팔았다.

1965년, 수출이 1억 달러였다. 세계가 놀랐다. 그들은 이를 '한강의 기적'이라 부르기 시작했다.

H. 월남 파병이 한국 경제 발전에 미친 영향

〈저자 주: 저자도 1969-1970년도에 파병되어 월남에서 약 1년 동안 복무했다. 자세한 것은 저자의 저서 '쉐마교육 개척기', 제5장 월남전 참전 pp. 121-130 참조 바람〉

1961년7월, 중공과 북한 간에 혈맹적 동맹조약이 체결됐다. 소련, 중공, 북한이 이루는 북방 삼각세력의 팽창 정책이 공조체제를 가동하기 시작했다. 1962년 12월, 김일성이 '4대 군사노선'을 발표했다. 1964년, 중공이 핵실험에 성공했다. 1965년4월, 김일성이 '남조선 통일을 위한 3대 혁명론'을 발표했다. 이와는 대조적으로 남한의 입지는 점점 더 약화되어 갔다.

미국에서는 월남전의 확전으로 인해 남한에 공여하던 원조를 삭감하는 한편 주한미군을 월남에 투입할 수밖에 없다는 정서가 확산됐다. 북한은 공세의 고삐를 바짝 조여가고, 미국은 발을 빼려하고, 그야말로 한국은 누란의 위기에 처해 있었다.

1966-1972년간 월남에서만 직접 획득한 외화는 8억7,250만 달러였다. 이중에서 장병 송금액은 1억7,830만 달러로 베트남으로부터의 송금된 전체 외화의 20.4%에 불과했다. 나머지 80%는 베트남에 수출, 베트남에 군납, 파월 기술자 송금, 파월 지원경

비, 파월 건설 및 용역에 의한 수입이었다.

　미국의 후원과 한국군의 맹활약, 월남특수가 일궈낸 '신인도'에 따라 외국자본이 물밀 듯 들어왔다. 원조, 차관, 상품 및 용역 수출의 물꼬가 터졌다. 1965-1972 동안 외자 도입액은 32억 8,820만 달러나 됐다. 대미수출을 보자. 1964년에 3,600만 달러였던 것이 10년 만인 1973년도에는 무려 10억2,120 달러로 28.3배로 도약했다.

　주한미군이 한국에 뿌린 돈이 8억 달러, 군원이관 중단액이 9,300만 달러 등 총체적으로 한국군이 월남특수로부터 거두어들인 경제적 이익은 50억 달러 이상으로 추산된다. 장병 1인당 17,000 달러씩 국가에 기여한 것이다. 이는 소위봉급 83년 치에 해당하는 돈이다.

저자도 월남파병 군인이었다. 사진은 월남에서 찍은 추억들(상 뒤편, 하 맨 오른쪽이 저자)

이는 장장 14년간의 교섭 끝에 1965년6월3일에 얻어낸 대일 청구자금, 즉 무상원조 3억 달러, 재정차관 2억 달러, 상업차관 3억 달러, 도합 8억 달러에 비하면 엄청난 금액이다.

외화 보유고를 보자. 1964년도 외환보유고는 겨우 1억 2,800만 달러였으나, 1975년에는 15억4,000만 달러, 1978년에는 49억4,000만 달러로 폭증했다. 남북한 1인당 GNP를 보자. 1953년, 남북한 1인당 GNP는 각기 67달러와 53달러로 남한이 1.2배 더 높았다.

그러나 1959-1965 6년간에는 역전됐다. 남한이 북한의 60-70% 수준으로 추락했다. 그러나 월남이 패망한 1975년에는 남한이 북한보다 1.4배 앞섰고, 지금은 29배로 앞서가고 있다.

한국군은 월남의 8개항만 중 5개를 장악하고 있었다. 이로 인해 월남의 주요 공사는 한국 기업이 맡았다. 당시 천막회사였던 한진과 현대는 기술도 없이 담요나 모기장 그리고 급수 대책도 없이 무작정 월남 땅으로 상륙했다. 한진은 월남에서 1.5억 달러를 벌어들였고, 현대는 캄란 부두 공사 500만 달러를 비롯하여 연평균 100만 달러 이상의 계약고를 올렸다.

I. 월남과 중동 건설에서 번 돈의 사용처

1974년 초 청와대 오원철 경제 수석이 박대통령에게 건의했다.

"중동은 고온에다 모래 바람이 부는 열악한 땅입니다. 금녀, 금주의 땅이라 선진국 근로자는 아무리 돈을 많이 줘도 가려 하지 않습니다. 우리에겐 군인 정신으로 무장된 수십만의 제대 장병이 있습니다. 월남 참전 용사들도 많습니다. 여자 근로자가 만든 상경공업 상품을 수출하여 지탱해오던 한국경제의 패턴을 바꿔야 합니다."

1965년-75년 9년간 중동건설 수주액은 불과 2,400만 달러였다. 1974년에는 8,900만 달러, 1975년에는 7억5천만 달러, 1976년에는 24억3,000만 달러, 1977년에는 33억 8,700만 달러, 1978년에는 79억 8,200만 달러를 기록했다.

박대통령이 집권하기 이전에 한국엔 일자리가 없었다. 당시의 공식 통계만으로도 실업률은 1963년 29.9%, 1964년에는 29.7%였다. 공장이라고는 겨우 제분, 제당, 제약 회사들과 같은 것뿐이었고, 기계공업은 아예 존재하지도 않았다. 손톱깎이 하나 제대로 만들지 못했다. 강도와 정밀도를 규정하는 스펙이라는 개념은 존재하지도 않았다. 사회 전체가 무력감으로 가득 차 있었고, 청년들에겐 앞길이 막막했다.

박대통령은 월남에서 벌어들인 돈을 가지고 경부선, 댐공사,

파월장병 환송 장면(1970년). 저자도 LST(미군함)를 타고 파월되어 맹호부대에서 1년간 복무했다. 떠날 때는 그곳에서 전사하여 다시 오지 못할 수도 있다는 각오로 떠났다.

발전소 등 대규모 인프라를 건설했고, 다른 한편으로는 기능학교들을 세워 기능공을 대량으로 양성했다. 국제 기능올림픽에서 금메달은 한국이 독차지했다. 한국은 기능공의 나라가 됐다.

박대통령은 외국에 특사들을 내보내 한국에 값싸고 질 좋은 기능공들이 많으니 들어와서 공장을 지어달라고 호소했다. 대통령을 신뢰한 외국기업들이 줄줄이 들어와 공장을 지었다. 일자리가 갑자기 늘어나기 시작했다. 눈물과 한숨의 대명사 '보리 고개'라는 말이 없어지는 순간이었다.

박정희가 이룩한 신화는 기적 그 자체였다. 박대통령의 일자리 만들기, 누구도 흉내 못내 세계인들은 뉴딜 정책이 8백만 일자리를 만들어 낸 것에 대해 두고두고 칭송한다. 하지만 박대통령의 일자리 만들기는 이보다 훨씬 더 기막히다. 앞이 보이지 않던 그 시대에 어떻게 기능공을 양성해서 일자리를 폭발적으로 만들어 낼 생각을 할 수 있었는지에 대해 필자는 지금도 혀를 찰 만큼 감탄하고 있다.

등소평이 박정희를 숭상한 이래 중국은 지금 박정희를 경제 선생님으로 모시고 경제성장에 박차를 가하고 있으며 베트남의 도이모이 역시 그의 성장 모델을 따르려고 노력하고 있다. 누가 뭐래도 한국의 박정희는 아시아 10대 인물 중 상석에 속해 있다.

J. 다른 대통령들이 그 돈을 받았다면 어디에 사용했을까

한일협정은 굴욕외교였나? "청구자금이 적어도 50억 달러는 돼야 했다"는 근거 없는 말을 하는 사람들이 박정희 죽이기에 나섰다. 한일협정이 체결되던 1965년, 일본의 외화 보유고는 겨우 14억 달러, 일본은 한국말고도 미국의 압력에 못 이겨 4개국에 돈을 주었다. 모두 14억 달러가 넘는 돈이었다. 청구권이라는 것은 일본이 지은 죄 값을 의미했다.

그렇다면 일본은 어째서 한국에 돈을 주었는가? 미국 때문이었다. 미국이 일본을 윽박질렀다. 8억 달러는 일본의 국력으로써는 상당한 거액이었다. 이로 인해 일본의 대학생과 지식층들이 '굴욕외교'라며 길거리에 나서 일본 정부를 성토했다.

박정희를 성토하고 싶은 사람들은 "일본에서 받은 돈이 적다. 더 받아내자"고 지금도 우물 안에서 소리를 높이지만 우리 못지 않게 피해를 보고 학살까지 당한 중국은 한 때나마 일본에 점령당했다는 사실이 부끄러워 돈 달라는 소리를 절대로 하지 않는다.

우리가 일본으로부터 받은 것은 무상 3억 달러가 전부인가, 아니면 8억 달러가 전부인가? 8억 달러 말고 더 있는가? 국교가 정상화되고, 박 대통령의 일자리 불리기가 시작되면서 일본의 자본과 기술이 물밀듯 몰려들었다.

만일 기다렸다가 그 후의 다른 대통령들이 대일청구권 자금을 받았다면 그들은 그 돈을 어떻게 사용했을까? 아마도 자기들도 뜯어가고 집행 과정에서 온갖 세도가와 사기꾼들이 달려들어 줄줄이 새어나갔을 것이다. 뿐만 아니라 좌파 정권들은 일자리를 구하는 청년들에게 50만원씩 나눠주었을지도 모를 것이다.

그러나 박정희를 보라. 진해 별장에서 기자들에게 허리띠를 보여주었다. 나긋나긋 하게 얇아져 있는 허리띠였다. 모든 기자들이 숙연해 했다. 물을 아끼려고 화장실 물통에 벽돌을 넣었다. 그가 가장 아끼던 사람들은 공돌이와 공순이였다. 그는 이들에게 야간학교를 다니도록 해달라며 고용주들에게 절을 하는 자세로 편지를 썼다.

서거한 다음, 그가 단돈 몇 푼이라도 감추어 놓았다는 증거는 아직 하나도 없다. 그가 도둑이면 대한민국 국민 모두가 도둑일 것이다. 누구든 박정희를 도둑이라고 주장하려면 증거를 댐과 동시에, 그 자신의 도덕성부터 공개해야 할 것이다.

III. 박정희, 이병철, 정주영, 박태준, 이건희가 한국 발전에 미친 공헌

1. 한국 경제의 기초를 놓은 박정희, 이병철, 정주영, 박태준, 이건희

한국은 세계 최빈국을 벗어나 눈부신 경제성장을 이루었다. 그 중심 인물은 박정희, 이병철, 정주영 세 사람이었다. 그들이 국민과 함께 대한민국의 '한강의 기적'을 이루었다. 이에 저자는 박태준과 이건희(전자사업)를 더하고 싶다.

한 나라의 경제가 크게 발전하기 위해서는 그 산업의 기초, 즉 기간산업(인프라)이 견고해야 한다. 그 인프라란 바로, 도로, 철강, 항만시설, 전기 등이다. 박태준의 철강 산업의 성공은 황무지였던 한국의 경제를 일으키는데 큰 기여를 했다.

여기에 역사적인 창의적인 발상을 가진 탁월한 기업가들이 있었다. 무역에 이병철, 자동차와 조선 및 건설에 정주영 그리고 후에 전자 제품에 이건희는 이런 견고한 기간 사업의 바탕 위에 값싼 양질의 노동력을 이용하여 세계적인 멋진 집을 지은 위인들이다.

세계적인 한국 경제라는 오케스트라의 총 지휘는 박정희가 맡았다. 그래서 그가 독재를 했음에도 불구하고 위대하다는 소리를 듣는 이유다. 물론 기간산업과 그 위에 집을 지을 수 있는 무대, 즉 자유민주주의 국가 대한민국을 건국하신 분은 이승만 박사다.

그가 없었다면 오늘의 영광스러운 대한민국은 있을 수 없다. 그가 아랫사람 이기붕을 잘못 두어 3.15부정선거라는 오점을 가졌음에도 불구하고, 가장 위대한 한민족 지도자들 중 하나라는 평가를 듣는 이유도 여기에 있다. 실로 하나님은 대한민국 경제를 발전시키기 위해 최고의 멋진 배우들을 준비하셨다고 보아야 한다. 그리고 그 배우들은 최선을 대해 뛰었다.

2. 박정희, 이병철, 정주영이란 세 명의 영웅

〈저자 주: 박정희, 이병철, 정주영이 한민족에게 남긴 업적을 잘 묘사한 조선일보의 양상훈 칼럼을 싣는다(박·정·이 동시 탄생, 민족 행운의 7년, 2009년 11월 10일)〉

내년이 이병철 삼성 창업주 탄생 100주년이다. 기념행사가 준비되고 있다는 소식을 듣고 최근 본 뉴스들을 떠올렸다. 올해 우리나라 무역흑자가 일본을 앞설 것이라고 한다. 필자의 기억 속에서 일본은 감히 넘보지 못할 무역흑자 대국이었다. 금융위기 후의 특수한 사정 탓이겠지만 식민지였던 우리가 이 흑자대국을 한번이라도 앞서는 일은 필자의 생애에서는 보지 못할 줄 알았다.

런던에서 팔리는 전자제품의 30%가 삼성전자 제품이다. 지금 미국에서 가장 성장하는 자동차 회사는 현대자동차다. 모두 일본 회사들이 차지하고 있던 자리다. 대영제국의 저 콧대 높은 수도와 세계 자동차 산업의 메카에서 우리가 일본을 위협하게 된 이 일들을 기적이라는 말 외에 무엇으로 표현할 수 있을까. 한국이 일본보다 앞서 G20 정상회의의 의장국이 된 정도의 기적은 이제 기적 축에 끼기도 어려울 정도다.

 개인적으로 너무나 궁금한 것은 우리의 무엇이 이런 기적을 일으켰느냐는 것이다. 우리나라는 임진왜란 이후 300년간 퇴락을 거듭하다가 100년 전에는 세계 지도에서 없어져 버렸던 나라다. 무려 300년간 지리멸렬하다가 망했다면 집안이든, 사회든, 나라든 회생의 불씨가 완전히 꺼지게 마련이다.

 우리만 유일하게 정말 쓰레기통에서 장미꽃 피듯이 일어났다. 우리 어딘가에서 소중한 불씨가 꺼지지 않고 있었던 것이다. 그 답 외의 다른 답 하나가 있다면 이 땅에서 1910년과 1917년의 7년 사이에 일어났던 일이라고 생각한다.

 1910년, 지금부터 99년 전 우리나라가 일본에 망했던 바로 그해 2월 12일에 이병철이란 아이가 태어났다. 이 아이가 장차 전자 왕국을 만들어 어마어마한 국부(國富)를 창출하게 될지 누구도 알지 못했다. 나라가 망한 해에 앞으로 나라를 먹여 살릴 인물이 태어났다는 것은 우리 민족의 미래에 대한 예언과도 같았다.

 그로부터 5년 뒤 1915년 11월 25일 정주영이란 아이가 태어났다. 이 남루한 아이가 조선(造船)대국, 자동차대국의 꿈을 이루고 우리 후손들이 영원히 얘기할 성공 신화를 만들 줄 안 사람은 없었다. 두 사람은 장성하기까지 서로 얼굴도 이름도 몰랐으나 꿈과 의지만은 똑같았다.

 필자는 이병철, 정주영 두 사람의 업적은 광개토대왕에 필적한다고 믿는다. 우리 역사에서 위대한 장군들은 거의 전부가 외

적의 침입으로부터 나라를 지킨 사람들이다. 밖을 공격해 영토를 넓힌 사람은 광개토대왕 같은 몇 사람뿐이다.

지금의 세계에서 영토는 시장(市場)이다. 이병철과 정주영은 지구 땅 끝까지 찾아가 상륙했다. 피를 흘리며 교두보를 확보하고 거기서 적을 치면서 전진해 우리 영토로 만들었다. 그렇게 얻은 영토가 5대양과 6대주에 미치지 않는 곳이 없다.

대영제국에 해가 지지 않았던 것과 조금도 다를 것 없이 지금 대한민국 영토에는 해가 지지 않는다. 얼마 전 만난 한 대기업 회장은 "우리나라에서 GE의 잭 웰치가 유명하지만 그는 이병철, 정주영의 발톱 새 때만도 못한 수준"이라고 했다. 두말할 필요도 없는 얘기다.

광개토대왕과 같은 영웅은 수백 년에 한 명씩 태어나는 법이다. 정주영과 이병철은 5년 사이에 태어났다. 이것만도 기적과 같은 역사의 행운이다. 그러나 우리 민족의 행운은 여기서 그치지 않았다. 정주영이 태어난 지 다시 2년 만인 1917년 11월 14일 박정희라는 아이가 태어났다.

작고 못생겼던 이 아이가 패배의식에 찌든 나라를 부국강병의 길로 몰아갈 줄은 누구도 생각하지 못했다. 박정희의 수출주도 성장전략, 중화학공업 육성전략, 외자도입 전략은 결국 모두 성공하고 우리 역사의 물줄기를 바꿔놓았다. 박정희가 있었기에 이병철·정주영이 있었고 이병철·정주영이 있었기에 박정희가 위대할 수 있었다.

몇 백 년에 한 명 나올까 말까 한 영웅들이 7년 사이에 세 사람이나 한꺼번에 태어나 절망적 무(無)에서 찬란한 유(有)를 창조했다. 한반도 천지개벽의 이 순간을 살면서 우리 민족에게 세 사람을 한꺼번에 주신 천지신명께 감사하고 또 감사할 따름이다.

식민지 시절 박정희가 일본군에 들어갔다고 비난하는 사람들이 있다. 박정희가 쌓은 토대 위에서 우리나라는 지금 곳곳에서 일본을 제치고 있다. 이 이상의 극일(克日)이 있는가. 일본과 가장 잘 싸운 사람이 누군가. 이병철·정주영의 과오에 대해서도 말들이 있지만 그들의 업적에 비하면 지엽말단도 되지 않을 일들이다.

이제 사흘 후면 박정희 탄생 92주년, 곧 다시 정주영 탄생 94주년이다. 이병철 100주년을 계기로 이 세 거인과 함께했던 우리의 위대한 역사에 대해 본격적인 평가가 일어났으면 한다. 박정희는 국립묘지에 묻혔으나 정주영, 이병철은 그러지 못했다. 두 사람은 국민 마음속의 국립묘지에 묻혀 있다고 생각한다.

〈출처: http://news.chosun.com/site/data/html_dir/2009/11/10/2009111001807.html〉

명사특강

이병철 회장의 미꾸라지 양식법
〈고난도 돈이 된다〉

　삼성그룹의 고 '이병철' 회장의 젊은 시절 일화를 소개하겠습니다. 일본에서 대학을 다니다가 중도에 그만두고, 자신의 고향인 경남 '의령'에서 농사를 지을 때의 이야기입니다.
　이 분은, 일찍부터 이재술(理財術)이 뛰어 났던지, 논에서 돈 버는 방법을 연구해 냈습니다.

　당시의 논 1마지기(200평)에서는 농사가 잘 되어야 쌀 2가마니가 생산되던 시절이었습니다.
　이 회장은 시험 삼아 논 1마지기에는 벼를 심고, 그 옆에 있는 또 다른 1마지기 200평에는 '미꾸라지' 새끼 1,000마리를 사다가 봄부터 길렀습니다.
　가을에 수확 때까지 양쪽 모두 똑같은 비용을 투입하여, 각각 재배하고 길렀는데, 벼를 심은 논에서는 역시 쌀 2가마니가 생산되었고, 미꾸라지를 기른 논에서는 커다란 미꾸라지가 약 2,000마리로 늘어났습니다. 그것을 전부 잡아서 시장에 팔았더니 쌀 4가마니 값을 받았습니다.

　그 이듬해에 또 시험양식(養殖)을 했습니다. 한쪽 논 200평에는 역시 어린 미꾸라지 1,000마리를 작년과 같이 길렀고, 다른 논 200평에는 미꾸라지 1,000마리와 미꾸라지를 잡아먹고 사는 천적인 '메기' 20마리를 같이 넣고 길러서, 가을에 양쪽 모두 수확을 하고 보니, 처음 논에는 2,000마리의 미꾸라지가 생산되었습니다.
　메기와 미꾸라지를 같이 넣어 길렀던 다른 논 200평에서는 메기들이 열심히 미꾸라지를 잡아먹었는데도 4,000마리로 늘어났고, 메기는 200마리로 늘어났습니다. 그래서 그걸 모두 팔았더니 쌀 8가마니에 해당되는 돈을 벌었습니다.

왜 그랬을까요?

이 우주 생명계(生命界)의 자연 현상은, 어려움과 고통과 위험이 닥쳐오면 긴장하여 더 활발히 움직이고, 생존본능이 강화되어 더 열심히 번식하고, 훨씬 더 강인(强靭)해 진다는 사실입니다.

〈출처: 이보용, 이병철 회장의 미꾸라지 양식법, 포천신문사, 2013년 8월 22일.〉

한국경제 성장에 위대한 영웅들. (상) 우로부터 전 박정희 대통령, 전 이병철 삼성그룹 회장, 전 정주영 현대그룹 회장. (하) 전 박정희 대통령과 전 박태준 포항제철 사장

Ⅳ. 미국 선교사가 본 한국과 북한: 인요한의 '북한 방문기'

〈출처: 통일부 통일교육자료센터 소장 자료, '한반도의 큰 비전 통일 대박!, 희망의 메시지, 권호명 1, 제3편 제7장 인요한의 '북한 방문기', 서울: 한국 신문기자클럽, 2014; http://blog.daum.net/slnam/6812759 2012년 2월 28일〉

미국 4대째 미국인 의료선교사, 북한 방문 후 대한민국의 위대함을 깨닫고 너무 감사하여 울었다고 했다. 사진은 의사이며 교수 인요한(John Linton)

〈저자 주: 필자 인요한의 영문이름은 John Linton, 1959년 전주에서 출생, 순천에서 자랐다. 연세의대를 졸업, 미국에서 1년 수련의 과정을 하고 돌아와 연세의대 가정의학과 교수 겸 세브란스병원 국제진료센터 소장과 미국 장로교 한국 대표를 맡아보고 있다.

그의 가족은 4대에 걸쳐 우리나라와 인연을 맺고 있다. 그의 증조 외할아버지 Eugene Bell(미장로교 선교사)은 의료 선교 사업을 했다. 그의 할아버지 William Linton은 22세 때 한국에 와 48년간 의료, 교육, 선교 활동을 했다. 그리고 그의 아버지인 Hugh Linton은 군산에서 태어나 전남 도서지역에 600여 개의 교회를 개척하고, 인천상륙작전에 참전하기도 했다.

그의 형인 Steve Linton은 북한에서 질병으로 고통 받는 환자들을 위해 의약품 및 의료장비를 지원하는 '유진벨' 재단의 회장직을 맡고 있다. 이와 같이 그의 가족은 한국에 살면서 선교, 봉사 활동, 북한 결핵 퇴치 사업과 의료 장비 지원 사업 등을 펼치고 있다.)

1. "남조선이 우리보다 앞선 것 얘기해 보라우!"

개성에서 평양으로 차를 타고 올라가는데 안내원이 "남조선이 우리보다 좀 앞선 것을 얘기해 보라우!" 그러더라고요.

"좋다. 무엇이든 물어봐라, 다 이야기해 주마."
이런 심정으로 40분을 강의를 했어요.

첫 번째, 우리가 잘 사는 까닭은 박정희 때문이다. 박정희 다음은 당신 정주영 알지 않느냐? 정주영만 있는 게 아니었고 거기 이병철도 있었다. 박태준도 있었다.

여러 사람이 박정희로부터 특명을 받고, 특혜를 받고 엄청난 공장들을 세우고 국가를 발전시켰다. 나는 전라도에서 컸기 때문에 사실 박정희 대통령이 나쁜 사람인 줄 알았다. 그러나 너무 너무 너무 잘 몰랐다. 박정희는 위대한 사람이었다.

중국이 오늘날 잘 살게 된 것도 박정희를 공부했기 때문에 저렇게 잘 산다. 중국도, 싱가포르 이광요도 박정희 사상을 배운 사람들이다. 박정희는 위대한 사람이다. 인권문제 가지고 따지는 사람이 있는데 기본 생계가 보장되어야 인권도 논할 수 있는 거다. 남조선에서 보릿고개를 없애 준 사람, 그게 박정희다.

두 번째, 잘 살게 된 까닭은 남쪽에 있는 근로자들 때문이다. 구로공단에서 16시간씩 일했다. 잘 살려면 돈을 모아야 된다. 그래서 돈을 모으기 위해 16시간씩 공장을 돌리고 심지어 여자들이 머리카락까지 팔았다. 뼈를 깎는 아픔을 겪었다.

2. 미국에 "줄 잘 서서 그렇디 뭐"

세 번째, 남조선이 잘 사는 이유는 한국의 여성들 때문이다. 근면·절약정신. 당신 한국 여자들이 얼마나 대단한 줄 아냐? 그건 공감하더라고요. 그래서 "그 여자들! 우리 어머님들 때문에 잘산다." 그렇게 얘기했더니 이 양반이 뭐 좀 시큰둥해요.
"줄 잘 서서 그렇디 뭐?"
갑자기 그러는 거예요. 그래서 "거, 무슨 얘기요?"했더니 "남조선 아이들은 미국 뒤에 줄 섰고, 우리는 소비에트 뒤에 줄 서 가지고 이렇게 돼버렸디."
중국 얘기는 하지도 안 합디다. 그래서 내가 그 보고 질문을 했어요.
"그러면 필리핀은 미국 뒤에 백 년 전에 줄을 섰는데 왜 이렇게 못 살죠?" (웃음)
한국 사람들에게 아부하려고 이 자리에 나온 것이 아니고 객관적인 사실을 가지고 말합니다. 미국에 이민 가면 한국 사람들이 1년이면 80% 이상이 새 차를 사요. 5년이면 80% 이상이 새 집을 마련해요. 미국 사람들은 30년이 돼도 그걸 못해요. 대단한 일입니다.

제가 좋은 얘기 많이 했죠? 나쁜 얘기 좀 해도 되겠죠? 지금 한국 사람들이 보수와 진보, 좌와 우, 모든 사람들이 소모를 하고 있어요. 성숙하면 타협을 해야 돼요. 서로 조금씩 양보해야 돼요.

> "남조선은 미국 뒤에 줄 섰고,
> 우리는 소련 뒤에 줄 서서 이렇게 돼버렸디."
> "그러면 필리핀은 미국 뒤에 백 년 전에 줄섰는데 왜 못 살죠?"

3. "링컨이 박정희보다 백 배 더 독재했습니다"

링컨 대통령이 박정희 대통령보다 백 배 더 독재했습니다. 신문사 300개 문 닫았어요. 주 의회를 재판도 안하고 연금을 시켰어요. 대법원장 불러 가지고 "당신 까불면 감옥에 넣어 버리겠다!" 했어요.

남북이 나눠지고 전쟁이 날 것 같으니까 링컨조차도 그런 극단의 처방을 냈어요. 미국 사람들은 사람의 업적을 평가할 때 '시대성'을 감안한 평가를 하는데, 대한민국은 당시의 '시대성'은 배제하고서 오늘의 잣대로 옛날을 평가하는 오류를 범하고 있어요.

그래서 그런지 박정희 대통령은 기념관이 없어요. 이거 바꿔어야 됩니다. 미국 사람들은 링컨이 잘못한 부분은 땅속에 묻어 버렸어요.

미국 방문해 보셨죠? 워싱턴 링컨기념관에 가보면 링컨이 예수님 다음으로 훌륭한 사람으로 되어 있어요. 국가와 민족을 위해서 업적을 냈을 때, 이순신 장군 어떻게 했어요? 왕이 감옥에 넣어 버렸어요. 그렇죠? 사촌이 땅을 사면 유대인들은 잔치를 벌입니다. 사촌이 땅을 사면 세력이 그만큼 커졌기 때문에 배 아프기는커녕 잔치를 벌여야 될 일이에요. 남 잘 된 것을 축복해 주고 축하해 주고 그런 문화로 좀 바뀌었으면 좋겠습니다.

저도 세브란스에서 공부 잘 못하고 해서 꼴등 하다시피 했는데 미국에 가서는 세브란스에서 교육받은 덕분에 제가 중간이 아니라 우수한 쪽에 들어갔어요. 그게 세브란스 교육이에요. 나가서 힘을 겨뤄보니 까짓것 아무것도 아니더라고요.

> 링컨은 신문사 300개 문 닫았어요.
> 주 의회를 재판도 안하고 연금을 시켰어요.
> 전쟁이 날 것 같으니까 링컨조차도 그런 극단의 처방을 냈어요.

4. 박정희가 기초 닦은 대한민국의 4가지 희망은

박정희 어른이 기초를 닦은 대한민국의 희망을 얘기하겠습니다.

첫째 희망은 조선사업입니다. LNG 선을 영하 70도, 그 액체 LNG를 보관할 수 있는 조선소 기술이 세계에서 대한민국이 최고입니다. 1위예요. 특허가 있어서 흉내도 못 내요.

포항제철에서 박태준의 후배들이 지금 철을 만들어내는데 전 세계적으로 거치는 코크스(Cokes)라는 단계를 거치지 않고 철을 만듭니다. 아무리 철 값이 떨어져도 생산능력 있고 수익이 남습니다. 대한민국에서 일어나고 있는 일입니다.

둘째 희망은 IT산업. 전 세계에서 고속 인터넷이 제일 완벽하게 깔린 나라가 대한민국입니다. 이게 제 마지막 비판이자 칭찬입니다. 삼성전자가 지난 5년 동안에 소니(Sony)를 앞섰는데 최대 10년을 앞섰답니다. 삼성, 대단한 기업입니다. 누가 만들었죠? 이병철이지요.

셋째 희망은 자동차 산업. 기아자동차가 미국의 최악 불황일 때 최악의 지난 1년 동안 미국 자동차 시장 점유율을 6% 올렸습니다. 어마어마한 일입니다.

5. 김일성, "머슴과 지주를 없애겠다." 그 결과

얘기가 너무 길어지면 재미없으니까 마지막으로 여러분한테 이북에 대해 얘기하겠습니다. 이북 사람들이 선택을 잘못해 가지고 어떻게 저렇게 망가졌는지…. 전쟁 전에는 평양이 서울보다 더 잘 살았다고 해요. 전기도 남아돌아가고…. 그런데 도대체 어떻게 해서 저렇게 됐는지….

김일성이 이렇게 나왔어요.

"머슴과 지주를 없애겠다."

그 사회는 머슴과 지주가 당원하고 인민으로 바뀌어 버렸습니다. 97%가 소위 인민입니다. 3%가 소위 그 사람들이 없애겠다는 지주 쪽에 들어갑니다. 그걸 아셔야 돼요.

여러분 우리 집사람이 중국으로 북한 의사들을 데리고 나와서 교육을 시켰어요. 최고 3일 정도 교육받다가 뭐라고 하는지 아세요?

"이런 것 가르치지 마세요. 우리는 마취할 시약도 없는데 이런 것 배워 봐야 머리만 아픕니다. 그리고 돌아갈 때 28개의 뇌물이 필요합니다."

우리 집사람이 깜짝 놀랐답니다. 무슨 뇌물이 필요하냐고…. 뭘 요구했을 것 같아요? 돈? 선물? 아닙니다. USB입니다.

"남조선 사극을 좀 담아 달라. 최대한 가능하다면 지난 것까지도 담아 달라. 최신 것." "이거 가지고 가다가 걸리면 어떻게 하려고 그러세요? 총살 아니냐?" 그랬더니 "아- 일 없습니다. 이 거 가지고 가서 지우고 들어가서 파일을 복구시키면 돼요."

그러니까 세관 통과할 때 누가 보면 없는 걸로 되어 있고…. 그래 가지고 거기에 있는 고관들한테 최고 인기선물입니다. 이런 것들이 지금 끝을 예고하고 있습니다.

2003년도 쯤 되는 데, 무쏘 車를 사서 1년 반 만에 폐차를 시켰어요. 비포장도로 마천령 고개를 넘고, 함경남도, 북도 사이에 일제시대 때 길이 그대로예요. 변한 것 하나도 없어요.

6. 김일성이 묵었던 '청진 관광려관'에서 겪은 당혹스런 체험

이북 호텔은 평양을 떠나면 정말 지내기가 힘듭니다. '청진 관광려관'에 도착을 했어요.

"우리는 남의 돈을 모금해 가지고 오니까 제일 싼 방 주세요."

그러면 그 쪽 얘기는 항상 똑같아요.

"3등실 돈 가지고 일등실에서 주무세요."

호텔 선임이었거든요.

"위대한 장군님이 주무셨던 방에 가서 자세요."

그래서 호기심에 갔더니 몇 월 며칠 위대한 장군님이 거기서 주무셨답니다. 다음 목욕을 하고 싶어요. 비포장도로로만 열 몇 시간을 달렸으니 머리에다가 흙을 한 삽 올려놓은 것 같아요. 그래서 프런트에 가서 "나 목욕을 좀 하고 싶은데 더운 물…" 말하니까

"우리 십 분씩 쏴 주겠습니다."

얼마나 고마운지….

그래서 호텔방에 올라와서 7시가 되기 5분 전부터 옷 다 벗고 목욕탕 앞에서 기다리는 거예요. 그런데 세 가지 장비가 필요해요. 바케쓰가 하나 있어야 돼요. 그걸 목욕탕 속에 잘 빠뜨려야 돼요. 사회주의 국가는요, 목욕통 청소 안 해요. 밑에 진흙이 좀 있어요. 그러니까 그건 찬물을 받아놓고, 그거는 화장실용 물이거든요.

그 다음에 세숫대야 하나 놓고 바가지 갖고 기다리는 거예요. 그런데 영락없이 딱 7시 정각이 되면 물이 나와요. "퀄퀄퀄퀄"하고 물이 나오기 시작하는데 그걸 또 빨리 받아내야 합니다. 왜? 녹물이에요. 관이 오래 됐거든요.

그 다음에 더운물 갖고 목욕을 시작했을 때 여러분은 거짓말 같으실 텐데요. 거짓말 아닙니다. 갑자기 세상이 새까만 거예요. 정전이 된 겁니다. 온 호텔방을 기어 다니며 배낭 속에 플래시를 찾는데 한 3분 걸렸어요. 찾아가지고 왔는데 처음에 3분 보냈죠, 찾는데 3분 보냈죠, 그래서 한 3분밖에 안 남았어요.

거짓말 아닙니다. **갑자기 세상이 새까만 거예요.**

7. 박정희가 일군 국가에서 우리는 다 재벌 같이 삽니다

소중한 이 국가(대한민국)를 잘 지켜야 합니다. 귀국해서 나중에 연희동 공중목욕탕에 갔는데 아주 불이 훤하더라고요. 갑자기 청진 생각이 나는 거예요. 찬물도 퀄퀄 나오고 더운물도 퀄퀄 나오고···.

제가 벽을 보고 혼자서 울기 시작했어요. 너무 너무 고마워서. 마음껏 목욕하는 거 한 번도 고맙게 생각한 적이 없는데 그냥 눈물이 나는 거예요. 아버지 장례식 때도 안 울었어요. 그런데 그것보다 더 소중한 메시지는 박정희 대통령이 깔아놓은 바탕에 대단한 국가를 세우고, 우리가 가진 것이 엄청 많아요.

우리는 다 재벌 같이 삽니다. 여러분들이 손자 손녀, 여러분 자녀한테 다 얘기해야 됩니다. 여행갈 수 있는 것, 자기 차 운전할 수 있는 것, 친구 만날 수 있는 것, 가서 통닭하고 생맥주 마실 수 있는 것, 따뜻한 방에서 자는 것, 여름에는 다 에어컨 켜고 지내는 것, 등등.

여러분 소중한 것이 많습니다.
이 국가를 잘 지켜야 합니다.
이 나라를 우리가 잘 지켜나가야 됩니다.

〈Q. 왜 필리핀이나 아프리카의 콩고는 세월이 흘러도 한국보다 발전할 수 없는가? 왜 케냐는 전체 인구의 70%가 기독교인이지만 여전히 가난한가?

답은 저자의 저서 '현용수의 인성교육 노하우', 제2권 제2부 제4장 III. '인성교육 원리 적용 1: 왜 수직문화가 개인과 민족에게, 기독교인에게 필요한가'란 항목에 있는 질문 2, 3, 4, 5에 대한 답변 참조〉

연희동 공중목욕탕에서 제가 감격하여 혼자서 울기 시작했어요.
이 국가를 잘 지켜야 합니다.

V. 왜 하나님은 한국에 교회성장과 함께 경제성장을 주셨나
<한국과 이스라엘 경제성장에 하나님의 간섭이 있었다>

앞에서 한국과 이스라엘의 경제성장의 역사를 설명했다. 이제 그 성공 뒤에 보이지 않는 영적 측면을 설명해보자. 특히 하나님께서 한국의 경제성장을 간섭하시지 않았느냐 하는 확신을 하게 된다. 그렇다면 하나님은 왜 한국에 경제성장을 주셨는지 그 이유를 설명해보자.

1. 하나님이 한국에 경제성장을 주신 2가지 이유

한국의 경제가 급성장했다는 것은 영적 측면에서 하나님께서 한국에 복을 많이 주셨다는 것을 뜻한다. 한국이 영적 측면에서 하나님의 복을 받게 된 이유는 무엇인지 설명해보자.

A. 한국교회가 성장했기 때문이다

19세기 후반에 서양 선교사들이 한국에 복음을 전해주었다. 그리고 독실한 기독교인 이승만 초대 대통령은 대한민국을 건국할 때 미국을 모델로 한 '기독교 입국론'을 기초로 한 대한민국 헌법을 만들었다. 그 후 한국의 교회성장은 급성장했다. 한때(2000년) 한국은 전체 국민의 거의 40%(천주교 포함)까지 하나님을 섬기는 나라가 되었다. 개신교는 약 1200만 명(인구의 25%)이고 (Kim, Warner and Kwon, 2001), 천주교는 약 580만 명(13%)이었다(시사저널, *개신교는 왜 홀로 쇠퇴하는가*, 2006년 10월 19일).

한국은 양적인 교회성장만 이룬 것이 아니라 하나님을 섬기는 질(質) 또한 유대인처럼 매우 높았다. 초대교회 때는 열정과 헌신 및 봉사가 특출했다. 말씀을 사모하고 기도에 열심이었다. 세계 선교도 특출하게 열심히 많이 했다. 미국 다음으로 선교사 파송 수가 많아졌다(월간조선, *기독교 선교사 2만명 파송시대의 明暗*, 2010년 1월호). 그리고 일제 강점기와 6.15전쟁 시기에는 신앙을 지키기 위한 순교자들도 매우 많았다. 대표적인 인물로는 주기철 목사와 손양원 목사가 있었다.

⟨저자 주: 자세한 것은 본서 제2부 '한국 교회성장 문제 해결을 위한, 극소수 개신교가 3.1 운동의 리더가 되었던 이유 연구' 참조⟩

그 후 하나님께서는 한국에 교회성장만 주신 것이 아니라 경제성장도 함께 주셨다. 1970-1980년대에 가장 많은 교회성장을 이루었는데, 그 성장에 뒤이어 한국 경제성장도 뒤따라 왔다는 것이다. 돌리키어 보면 어둠의 땅 한국은 하나님의 교회가 성장하면서 경제성장도 함께 이루었다는 것을 발견할 수 있다.

이것은 무엇을 뜻하나? 이스라엘과 유대인이 성경에 근거한 믿음의 행동을 한국인 기독교인이 본받았더니 땅의 부와 재물 그리고 그 외의 것들도 함께 따라 왔다(대하 1:12)는 것이다. 이것은 눈에 보이는 한국의 경제성장은 눈에 보이지 않는 믿음에 비례했다고 볼 수 있다.

믿음으로 모든 세계가 하나님의 말씀으로 지어진 줄을 우리가 아나니 보이는 것은 나타난 것으로 말미암아 된 것이 아니니라. (히 11:3)

너희는 먼저 그의 나라와 그의 의를 구하라 그리하면 이 모든 것을 너희에게 더하시리라. (마 6:33)

> 보이는 한국의 경제성장은 보이지 않는 믿음에 비례했다.

B. 한국교회가 이스라엘을 축복했기 때문이다
<남한과 북한의 차이>

또한 한국교회가 하나님의 큰 복을 받게 된 또 다른 이유가 있다. 그것은 유독 한국교회가 하나님이 눈동자처럼 지키시는 이스라엘과 유대인을 지나칠 정도로 사랑하고 축복했다는 것이다(제1부 제5장 12-16번 참조). 이것 역시 하나님의 복을 받기에 매우 합당한 행위다. 왜냐하면 하나님은 이스라엘과 유대인을 축복하는 자를 축복하시고 저주하는 자는 저주하신다고 말씀하셨기 때문이다.

하나님은 유대인의 조상들과 이렇게 약속하셨다. 아브라함의 후손 유대인과 그들의 나라 이스라엘을 축복하는 자를 축복하시고, 저주하는 자를 저주하시겠다고 하셨다. 그 성경적 근거를 찾아보자.

〈하나님이 아브라함에게 축복하신 말씀〉

> "너[아브라함]를 축복하는 자에게는 내가 복을 내리고 너를 저주하는 자에게는 내가 저주하리니 땅의 모든 족속이 너를 인하여 복을 얻을 것이니라 하신지라."(창 12:3)

따라서 누구든지 아브라함을 축복하는 자는 복을 받을 것이며 그를 저주하는 자는 저주를 받을 것이다(창 12:3).

〈이삭이 하나님을 대신해 야곱에게 축복한 말씀〉

"만민이 너[야곱]를 섬기고 열국이 네게 굴복하리니 네가 형제들의 주가 되고 네 어미의 아들들이 네게 굴복하며 네게 저주하는 자는 저주를 받고 네게 축복하는 자는 복을 받기를 원하노라." (창 27:29)

따라서 누구든지 야곱을 축복하는 자는 복을 받을 것이며 그를 저주하는 자는 저주를 받을 것이다(창 27:29).

〈하나님이 발람을 통하여 이스라엘을 축복하신 말씀〉

"꿇어앉고 누움이 수사자와 같고 암사자와도 같으니 일으킬 자 누구이랴. 너[이스라엘]를 축복하는 자마다 복을 받을 것이요, 너를 저주하는 자마다 저주를 받을 지로다." (민 24:9)

따라서 누구든지 이스라엘을 축복하는 자는 복을 받을 것이며 이스라엘을 저주하는 자는 저주를 받을 것이다(민 24:9).

요약하면 한국교회에 구원 받은 백성이 날로 많아지고 하나님을 열심히 섬겼다. 그리고 하나님의 말씀대로 이스라엘을 사랑하고 축복했다. 그 결과 하나님은 유대인에게 약속하신 것처럼, 한국교회에도 그 약속을 동일하게 지키셨다(신 28:1-14). 유대인이 하나님을 잘 섬기면 복을 주시어 "머리가 되고 꼬리가 되지 않게 하시며"(신 28:12), "네가 많은 민족에게 꾸어 줄지라도 너는 꾸지 아니할 것이라"(신 28:12)고 약속하셨는데, 그것을 한국교회에도 적용해 주셨다. 즉 유대인처럼 한국 민족을 만방에 뛰어난 독수리 민족으로 만드신 것이다(신 32:11).

이것은 무엇을 뜻하나? 1) 어느 나라나 하나님의 교회가 성장하고 하나님을 잘 섬기고 이스라엘을 축복하면 축복을 받고, 2) 하나님의 교회, 즉 기독교를 말살하고 이스라엘을 저주하면 저주를 받는다는 것을 뜻한다.

그 증거로 대한민국(한국)과 조선민주주의인민공화국(북한)을 예로 들 수 있다.

한국은 전자에 속하고(물론 미국도 전자에 속한다), 북한은 후자에 속한다. 북한 인민들도 동일한 한국인이지만 그들은 기독교를 말살하고 이스라엘의 반대편에 섰기 때문에 세계에서 가장 비참한 지옥 같은 나라로 전락했다고 볼 수 있다. 이런 상반된 두 정권의 예를 한반도에서 세계 최초로 만드신 분도 하나님이시라는 것을 알아야 한다. 하나님께서는 이에 대한 분명한 의도가 있을 것이다.

〈저자 주: 자세한 것은 제1부 제2장 14번째, '한국과 이스라엘은 건국 후 70년 동안 계속 적의 도발에 시달린다' 참조〉

기독교와 이스라엘을 축복하면 복을 받고,
기독교를 말살하고 이스라엘을 저주하면 저주를 받는다.
전자의 예는 한국이고 후자는 북한이다.

2. 종말론적 입장에서 하나님의 예정이 있었다

이제 하나님의 입장에서 왜 한국에 경제성장을 시기적인 면에서 하필 20세기에 주셨는지. 그 이유를 알아보자. 첫째는 하나님의 예정론에 근거한 종말론적 입장이고, 둘째는 하나님이 한국에 경제성장을 주신 목적과 한국교회의 사명에 대하여 알아보자 (이어지는 제3항).

우리는 이런 경제성장의 이면에 하나님께서 어떤 계획이 있었는지에 대한 영적 통찰력을 가져야 한다. 하나님께서는 한국을 마지막 시대에 사용하시기로 만세 전에 예정하셨다. 그리고 때가 차매(20세기) 택하신 한국을 세상에 드러내신 것이다. 택하신 목적은 종말론적인 입장에서 예수님의 재림을 준비하시기 위함이다.

〈저자 주: 물론 본서 제1부 전체에서 언급한대로 이 시기 이전, 즉 단군시대부터 하나님이 오늘날과 같이 한국과 한국인을 사용하시기 위하여 한국인을 여러 가지 면에서 하나님의 선민 유대인과 유사점이 많게 하셨다.〉

하나님이 마지막 시대(20세기 혹은 그 이후)에 한국을 사용하실 것을 예정하셨다는 증거를 몇 가지 들어보자.

1) 시기적인 면에서 이스라엘 회복운동의 시작과 한국 교회의 태동이 비슷했다. 모두 19세기에 이루어졌다.

2) 두 나라의 건국 시기도 모두 1948년에 이루어졌다. 1)-2)항은 모두 하나님의 종말이 가까워졌다는 것을 알리는 표징이었다 (막 13:28-29). 〈제1부 제4장 11-13번에 더 자세히 설명했음〉

3) 건국의 이념적 면에서 두 나라 모두 건국이념이 신본주

의 사상이었다. 물론 차이는 있었다. 이스라엘은 구약에 근거한 선민사상에 의한 신본주의 사상에 근거한 것이고, 한국은 이승만 초대 대통령이 신약의 복음에 근거한 '기독교 입국론'이었다. 이것은 하나님이 한국을 마지막 시대에 만방을 위한 제사장 나라로 만드시기로 예정한 것을 성취하신 것이다.

이스라엘이 신본주의 사상으로 건국했다는 것은 당연하지만 한국이 그렇다는 것은 매우 의외다. 당시 한국은 유교와 불교가 강했던 시대(거의 99%)에 국민 대다수가 한 번도 들어본 적이 없었던 기독교 입국론이 강행되어 성공했다는 것은 아무리 생각해도 하나님의 계획이 아니었다면 불가능한 것이었다. 극동 아시아, 즉 중국, 대만 및 일본에 한국보다 기독교가 먼저 들어갔는데도 왜 그들은 기독교 국가가 되지 못했는가? 하나님의 예정된 선택에서 제외되었기 때문이다.

> 하나님께서는 한국을 마지막 시대에 사용하시기로 만세 전에 예정하셨다.
> 그리고 때가 차매 ….

3. 하나님이 한국에 경제성장을 주신 목적과 한국교회의 4가지 사명

제6장에서는 '경제발전 측면에서 본 한국과 이스라엘의 유사점'을 살펴보았다. 그리고 제6장 V에서는 영적인 측면에서 "왜 하나님은 한국에 교회성장과 함께 경제성장을 주셨나?"를 살펴보았다.

앞에서 이에 대해 '하나님이 한국에 경제성장을 주신 2가지 이유'와 "종말론적 입장에서 하나님의 예정이 있었다"를 설명했다. 이제 마지막으로 '하나님이 한국에 경제성장을 주신 목적과 한국교회의 사명'에 대해 설명해보자.

하나님은 하나님의 예정된 때가 찼기 때문에 한국을 선택하셔서 1) 교회성장과 함께 2) 경제성장을 주셨다. 세계 교회를 돌아보면 교회가 성장한다고 꼭 경제가 성장하는 것은 아니다. 케냐는 전체 인구의 70%가 기독교인이지만 여전히 가난하다. 그런데 왜 하나님은 한국에 2가지를 함께 주셨나?

〈저자 주: "교회가 성장한다고 꼭 경제가 성장하는 것은 아니다"에 대해서는 저자의 저서 *현용수의 인성교육 노하우*, 제2권 제2부 제4장 III. '인성교육 원리 적용 1: 왜 수직문화가 개인과 민족에게, 기독교인에게 필요한가'란 항목에 있는 질문 2, 3, 4, 5에 대한 답변 참조〉

하나님이 한국에 경제성장을 주신 목적은 무엇인가? 이 땅에 사는 동안 평안히 잘 먹고 잘 살다 천국을 가라고 경제성장을 주셨는가? 아니다. 하나님이 한국교회를 향하신 하나님의 계획이 있는데, 그 계획을 완수하게 하기 위해서는 믿음의 성숙과 함께 경제가 뒷받침되지 않으면 안 되기 때문이다.

전자가 이면적 신앙 성숙이라면 후자는 눈에 보이는 표면적 성과물(열매)이다. 청교도들이 건국했던 미국이 20세기에 세계선교 강국이 되었던 것도 그들의 믿음과 함께 경제성장이 뒷받침되었기 때문에 가능했다.

한국교회의 사명은 무엇인가? 이 사명은 마지막 시대에 하나님이 원하시는 계획을 완수하는 것이다. 그 계획(목표)은 무엇인가? 한국교회뿐만 아니라 전 세계교회가 주님 오실 때까지 살아남을 수 있게 하는 것이다.

하나님께서 주님의 재림을 준비하기 위하여 한국교회를 향하여 어떤 사명을 주셨는지를 알게 해 주었다. 하나님께서 유대인에게 구약의 지상명령을 주셨던 것처럼 신약교회에는 신약의 지상명령을 주셨다. 그런데 20세기 후반에 부족한 저자에게 잃어버렸던 구약의 지상명령을 발견하게 하시고 이를 한국교회와 전 세계에 전파하라는 사명을 주셨다.

이와 함께 더 구체적으로 설명하면 다음과 같다.

첫째, 한국에 더 많은 민족복음화다.

둘째, 한국교회가 주님 다시 오실 때까지 살아남아 하나님이 주신 사명을 잘 감당하기 위해서는 다음세대에 신앙을 전수해야 한다. 그 방법이 한국 교회에 구약의 지상명령 쉐마를 전파하고 실천하는 것이다. 복음은 구원을 위한 것이고, 쉐마교육은 다음세대에 말씀을 전수하는 성경적인 교육이다.

〈저자 주: 쉐마(수직선교)에 대해서는 *잃어버린 구약의 지상명령 쉐마*'(전3권) 참조〉

셋째, 이스라엘 선교, 즉 이스라엘에 복음을 전파하는 것이다.

넷째, 전 세계 복음화, 즉 전 세계에 복음과 쉐마를 전파하는 것이다. 복음전파는 수평선교이고, 쉐마전파는 수직선교다. 이 2가지 선교가 이루어져야 주님이 재림하실 수 있다.

〈저자 주: 자세한 것은 저자의 저서 '세계선교의 한계, 왜 유대인의 쉐마교육선교가 답인가', 제4부 '기독교와 쉐마교육선교 전략' 참조〉

신약시대 교회는 2000년 동안 세계에 복음을 열심히 했다. 그러나 이제는 한국교회는 전 세계에 복음과 함께 쉐마, 즉 수직선교의 방법도 전해야 한다는 점에서 이전과 차이가 있다.

결론적으로 하나님께서 한국에 경제성장을 주신 이유는 하나님이 한국교회에 주신 이 4가지 사명을 완수하게 하기 위함이었다고 믿을 수밖에 없다.

> 하나님의 계획을 완수하게 하기 위해서는
> 믿음의 성숙과 함께 경제가 뒷받침되어야 한다.

Ⅵ. 요약과 결론 및 한국과 이스라엘 경제성장의 유사점

1. 요약 및 결론

제1부 제6장의 제목은 '경제발전 측면에서 본 한국과 이스라엘의 유사점'이다. 두 나라가 어떻게 전 세계에서 가장 못 사는 밑바닥 나라에서 출발하여 30-40년 만에 세계경제 대국으로 성장했는지에 대해 설명했다. 주요 인물들의 공헌과 힘겨웠지만 위대한 성공의 과정과 결과를 설명했다. 참으로 세계가 놀랄만한 기적이다.

제6장의 큰 제목들은 다음과 같다.

Ⅰ. 서론: 악조건 속에서 성취한 한국과 이스라엘의 경제성장
Ⅱ. 한국 경제발전의 총 기획자 박정희
Ⅲ. 박정희, 이병철, 정주영, 박태준, 이건희가 한국 발전에 미친 공헌
Ⅳ. 미국 선교사가 본 한국과 북한: 인요한의 '북한 방문기'

제목을 보면 제6장은 제1-4장과 달리 유사점들을 하나씩 나열해가며 쓰지 않았다. 대신 저자의 시대에 이루어졌던 경제 성장의 피와 땀의 역사들을 이스라엘과 비교하며 그대로 서술했다. 왜냐하면 저자는 다음세대들이 본서를 읽기를 원하기 때문이다. 그들이 조상들의 고난과 영광의 역사를 기억하면서 자신들의 정체성을 되찾고 하나님과 조상들의 노고에 감사하기를 바라기 때문이다. 그리고 자신이 한국인으로 태어났음을 자랑스럽

게 여기기를 바란다.

하나님은 한국을 마지막 시대에 사용하시기 위하여 교회성장과 믿음만 성장시키신 것이 아니다. 하나님의 계획을 완수하는 데 필요한 경제까지 세심하게 준비하게 하셨다. 뿐만 아니라 세계인이 한국인을 믿을 수 있도록 한국의 명성도 드높게 하셨다.

세계 어느 나라도 한국이 이렇게 부강하게 될 줄은 꿈에도 몰랐다. 그래서 어느 나라도 한국에 돈을 꾸어주지를 않고 멸시를 했다. 가장 천한 민족을 들어 강한 민족들을 부끄럽게 만드신 여호와 하나님, 주님께 감사와 찬송 그리고 영광을 올려드린다.

2. 한국과 이스라엘 경제성장의 23가지 유사점

앞에서 서술했던 '경제발전 측면에서 본 한국과 이스라엘의 유사점'을 간단히 요약하면 다음과 같다.

첫째, 두 나라는 전쟁의 폐허에서 경제성장을 이루어냈다.
둘째, 두 나라는 국토와 인구가 작은 데서 경제성장을 이루어냈다.
셋째, 두 나라는 천연자원이 빈약한데서 경제성장을 이루어냈다.
넷째, 두 나라는 짧은 기간에 경제성장을 이루어냈다.
다섯째, 두 나라에는 훌륭한 정치 지도자들이 있었다.
여섯째, 두 나라에는 세계적인 경제성장의 주역들이 많이 나왔다.
일곱째, 두 나라는 과학기술이 매우 빠르게 세계수준으로 발전했다.

여덟째, 두 나라의 경제성장에는 두 나라 국민들의 강한
　　교육열이 한몫했다.

아홉째, 두 나라는 세계적인 상품들이 많이 나왔다.

열 번째, 두 나라는 마케팅을 세계 시장을 상대로 했다.

열한 번째, 두 나라는 그들의 강한 수직문화, 즉 정신세계가
　　경제성장의 동력이 되었다.

열두 번째, 두 나라는 애국애족심이 매우 강했다.

열세 번째, 두 나라는 적과 싸우며 경제성장을 이루었다.

열네 번째, 두 나라는 경제성장과 민주화를 동시에 이루었다.

열다섯 번째, 두 나라는 세계인의 무관심과 멸시 속에서
　　경제성장을 이루었다.

열여섯 번째, 두 나라는 세계 개발도상국의 모델이 되었다.

열일곱 번째, 두 나라는 온 국민이 단결하여 경제성장을 이루었다.

열여덟 번째, 두 나라는 경제 성장에 마을 공동체 조직을 활용했다.

열아홉 번째, 두 나라는 경제성장을 위해 가장 천한 3D업종을
　　마다하지 않았다.

스무 번째, 하나님은 겨자씨같이 작은 두 나라를 들어
　　대국들을 부끄럽게 만드셨다.

스물한 번째, 하나님은 한국과 이스라엘의 신앙성장과 더불어
　　경제성장을 간섭하셨다.

스물두 번째, 두 나라는 최대 기독교 국가인 미국의 도움을
　　받아 경제성장을 이루었다.

스물세 번째, 하나님이 두 나라에 경제성장을 주신 이유,
　　즉 종말론적 사명이 있다.

대한민국과 한국인 그리고 이스라엘과 유대인의 유사점을 연구하면서 참으로 놀라운 하나님의 경륜과 섭리에 탄복하지 않을 수 없다. 하나님은 인류의 역사를 주관하시는 분이시다. 하나님이 아브라함의 후손으로 이스라엘을 만드시고 이스라엘의 역사를 인류 역사의 해시계로 사용하고 계신다. 이것은 전 세계가 아는 바다.

이에 비하여 한국은 20세기 중반까지 세계가 하나 같이 무관심했던 나라였다. 가장 가난하고 미천했던, 지극히 작은 극동의 조용한 아침의 나라였다.

그런데 하나님은 한국을 제2의 이스라엘 민족으로 택하시어 마지막 시대에 예수님의 재림을 준비하게 하신다. 그 역사의 현장에 우리가 서 있다는 것이 얼마나 자랑스러운가! 할렐루야!

제 7 장

전체 요약
결론 및 문제제기

I. 요약 및 결론

1. 연구의 결과와 결론

저자는 서론에서 하나님은 20세기부터 한국민족을 제2의 이스라엘 민족으로 사용하고 계신다고 자부할 만한 증거들을 제시했다. 한국은 폭발적인 교회성장과 함께 세계 제2의 선교국가가 되었다는 것이다(월간조선, *기독교 선교사 2만명 파송시대의 明暗*, 2010년 1월호). 그리고 한국교회는 이스라엘과 매우 깊은 관계가 있을 뿐만 아니라 이스라엘과 유대인을 너무 사랑하고 그들에게 복음을 전하려고 노력한다는 것이다(제1부 제5장 10-14번째 참조).

저자는 이와 관련하여 이런 질문을 했다. 왜 하나님은 아시아권 중에서 한국보다 복음을 먼저 받아들였던 필리핀교회, 중국교회 및 일본교회보다 한국교회를 그토록 사랑하시고 더 사용하시는가?

이 질문에 대하여 한국과 한국인이 이스라엘과 유대인과의 상관관계적 측면에서 답변해보자. 김진섭 교수는 구약시대에는 유대인이 하나님의 선민이었고, 신약시대에는 20세기에 들어서며 한국인을 제2의 이스라엘 민족(유대인)이라고 정의했다(기독교연합신문, *한국-이스라엘 수교 50주년 기념 국제 심포지엄*, 2012년 9월 14일).

이 말이 맞으려면 제2의 이스라엘 민족이라고 칭할 만한 유대인과의 유사점이 다른 민족들보다 더 많아야 한다. 더 나아가 유대인의 나라 이스라엘과 대한민국(한국)과의 유사점도 다른 나라들보다 더 많아야 한다.

그래야 두 나라와 두 민족간의 상관관계가 높은 것이다. 그리고 하나님의 선민의 조건을 많이 충족시키는 것이다. 상관관계가 거의 없다면 선민의 조건에 그만큼 맞지 않는다는 것이다. 즉 제2의 이스라엘 민족이라고 칭할 근거가 없다는 것이다. 그런 면에서 두 나라와 두 국민의 유사점이 얼마나 많은지, 혹은 적은지를 연구하는 것은 종교적인 측면과 종말론적인 측면에서 대단히 중요하다.

이것은 초대교회 당시 유대인과 그대로 닮았던, 동일한 민족이었던 12제자나 바울 그리고 유대민족이 그만큼 하나님의 일을 많이 했던 것과 동일하다.

따라서 저자는 본서에서 한국과 한국인과 이스라엘과 유대인의 유사점들을 5가지 영역으로 나누어 연구했다. 그 결과 1) 지리와 역사적 측면에서 17가지, 2) 가족의 가치와 제도 측면에서 35가지, 3) 교육과 문화의 측면에서 16가지, 4) 종교적 측면에서 16가지 그리고 5) 경제발전 측면에서 23가지 등 총 107가지의 유사점들을 발견했다. 물론 이 외에도 더 많이 있을 것이다. 그러나 지면상 이것으로 마감했다.

그런데 특이한 점은 그 유사점들 대부분이 오직 한국과 한국인에게만 해당되는 것이 많다는 것이다. 이것은 두 나라와 두 국민의 상관관계가 그만큼 많다(깊다)는 것을 뜻한다. 그리고 이스라엘과 유대인이 하나님의 선택 기준(선민의 조건)에 합격했던 것처럼, 한국인도 상대적이나마 그 기준에 합격했다는 것을 뜻한다. 매우 기쁜 희소식이다.

어떤 이는 중동의 아랍국들과 아랍인들이 한국과 한국인보다 유대인을 더 많이 닮았다고 주장하기도 할 것이다. 물론 언어나 역사 및 문화적으로는 그럴 수 있다. 그러나 초강대국에 둘러 쌓여있는 지형적 특성이나 경제적인 측면 그리고 성경이 예언한 종말론적 측면에서는 한국과 한국인이 그들보다 훨씬 더 많이 닮았다고 볼 수 있다.

결론적으로 하나님은 만세 전부터 한국민족을 마지막 시대를 위하여 제2의 이스라엘 민족으로 택하시고 주권적으로 간섭하셨다는 것이다. 그래서 한국과 한국인은 이스라엘과 유대인과의 상관관계가 다양한 면에서 너무나 많고 깊다는 것이다.

이것은 우리가 다른 민족보다 우수해서가 아니라, 온전히 하나님의 주권 속에서 하나님의 은혜로 말미암은 것이므로 참으로 그분께 감사하지 않을 수가 없다.

이것은 마지막 시대에 한국민족을 향하신 하나님의 뜻이 분명히 있다는 것이다. 그 뜻, 즉 하나님이 주신 사명이 무엇인지를 바로 이해하고 그것을 잘 수행할 수 있기를 기원한다. (다음 항목에서 이어짐) 유대인이었던 12제자나 바울 그리고 유대민족이 초대교회의 기초를 놓았는데, 마지막 시대에는 한국교회가 주님의 재림을 준비하는 사명을 받았다는 것은 매우 영광스러운 일이다.

한국인은 왜 유대인과 같은 유사점과 선민사상이 많은가?

> 유대민족이 초대교회의 기초를 놓았다면
> 한국교회는 종말을 준비한다는 점에서
> 매우 영광스럽다.

2. 연구의 결과가 한국 민족에게 주는 세 가지 유익

저자는 제1부 제1장 I항 "한국인과 유대인의 유사점을 연구하는 것은 왜 선민의 조건을 연구하는 것인가"〈부제: 한민족은 왜 제2의 이스라엘 민족인가〉에서 다음과 같은 질문을 했다.

두 나라와 두 민족 간의 상관관계가 높은 것이 증명된다면 한국 민족에게 어떤 유익을 줄 수 있나?

이제 본 연구를 통하여 상관관계가 높은 것이 증명되었다. 그렇다면 한국 민족은 어떤 유익을 얻게 되었는지 알아보자. 대략 3가지 유익을 얻게 되었다.

첫째, 한국인도 이스라엘 민족처럼 하나님의 특별한 사랑을 받는 민족이라는 자부심을 갖게 되었다. 이것은 한국인 부모들이 자녀들에게 너희들은 다른 민족들과 확연히 다른, 하나님의 제2의 선민이라는 신본주의 정체성을 세워주는 데 대단히 중요한 역할을 한다.

이것은 무엇을 뜻하나? 하나님은 천지를 창조하시고 인간의 역사를 주관하시는 분이다. 그 하나님의 사랑과 전권적인 간섭이 한국인의 반만년 역사와 수직문화(정체성) 속에 존재했었다는 것이다. 그런데 한국인은 아직까지 그것을 몰랐을 뿐이다. 이제 그 숨겨진 비밀을 알게 되었으니 얼마나 반가운 소식인가!

둘째, 종말론적인 측면에서 한국교회는 확신을 가지고 적극적으로 자신들의 정체성과 하나님이 주신 특별한 사명을 찾고 실천할 수 있게 되었다.

셋째, 이 2가지는 하나님 앞에서 한국인이 한국인으로 살아가는 것이 얼마나 중요하고 자랑스러운지를 깨닫게 해주는, 즉 한국인의 자존감을 높여주게 되었다.

이 3가지 유익은 "본 연구의 결과가 한국인의 정체성과 자존감에 어떤 영향을 미치는가?"에 대한 답변이다. 대단한 수확이다.

따라서 모든 한국인 부모들이 이런 결과를 자녀들에게 가르친다면 그들은 유대인처럼 강한 정체성과 높은 자존감을 가지게 될 것이다. 또한 그들은 독수리 민족이 되어 하나님 앞에 충성스러운 그리스도의 군사가 될 수 있을 것이다.

> 이 3가지 유익은 "본 연구의 결과가 한국인의 정체성과 자존감에 어떤 영향을 미치는가?"에 대한 답이다.
> 대단한 수확이다.

3. 연구 결과가 주는 교훈(Implications and Applications)

A. 연구 결과와 관련된 질문과 답변

본서의 연구 결과와 관련된 몇 가지 질문이 있다. 이에 답변을 하는 것은 한국교회가 하나님의 뜻을 깨닫고 그것을 수행하기 위해 대단히 중요하다.

첫째 질문, 역사적으로 유대인의 특성은 하나님이 그분이 원하시는 대로 그분이 주신 율법에 의하여 만드신 것이다. 그렇다면 하나님은 한국과 한국인의 특성도 역사적으로 유대인과 닮게 하신 것들이 많은가?

답변: 물론이다. 연구의 결과 약 107가지나 한국과 한국인이

이스라엘이나 유대인과 같은 특이한 유사점들이 많다는 것은 우리 민족의 약 5000년 역사 속에서 우리가 이방이었을 때부터 하나님이 주권적으로 유대인과 유사한 선민사상을 형성하도록 간섭하셨다고 보아야 한다.

그 이유는 마지막 시대에 주님을 위해서 제2의 이스라엘 민족으로 사용하시기 위하여 만세 전부터 택하셨기 때문이다. 즉 이것은 하나님이 유대민족을 하나님이 원하시는 기준에 맞추기 위해 아브라함 이후 수천 년 동안 그의 후손을 교육을 시키셨던 것처럼, 한국인도 그렇게 오랫동안 교육시키셨다는 것을 뜻한다.

그 결과 한국인은 성경의 내용을 더 깊고 넓게 이해할 수 있다. 그 이유는 한국인의 문화가 유대인의 문화와 유사한 것들이 그만큼 더 많기 때문이다(예: 가족제도 및 효 등).

둘째 질문, 하나님은 두 나라와 두 국민의 유사점이 그렇게 많은데 왜 20세기가 들어서서야 복음을 주시고 한국과 한국인을 들어 사용하시는가?

답변: 그 이유는 하나님께서 한국을 마지막 시대에 사용하시겠다고 예정하셨기 때문이다. 하나님께서는 마지막 때에 '해 돋는 데로부터'(계 7:2) 그리고 '동방에서부터', 즉 동방의 한국으로부터 구원하여 내고 인도하여다가 예루살렘 가운데 거하게 하겠다(슥 8:7-8)고 예언하셨기 때문이다(자세한 것은 본서 제1부 제5장 14번째, '종말론적 입장에서 한국교회가 이스라엘 선교를 해야 하는 이유' 참조).

따라서 시기적으로 한국교회를 들어 사용하시는 20세기 후반은 예수님의 재림(종말)이 가까웠다는 것을 뜻한다(막 13:28-29, 자세한 것은 제1부 제5장 11번째, '종말론적 입장에서 이스라엘 회복운동의 시작과 한국교회의 태동이 동시대에 이루어졌다' 참조).

셋째 질문, 하나님은 왜 20세기 이전까지는 한국에 혹독한 고난과 가난을 주시고 그 이후에 평화와 경제성장을 주셨는가?

답변: 한국은 약 5000년 역사 속에서 6.25 전쟁 이후 현재(2020년)까지 약 70년 동안 평화를 누린 것이 가장 긴 평화의 시대다. 기록된 대규모 외침만 90여회, 작은 노략질까지 합하면 993회(거의 1000번)의 외침을 받았다(전자신문, 가난한 선비와 약소국의 공통점은?, 2017년 9월 28일).

그런데 하나님이 한국에 20세기에 평화와 경제성장을 주신 이유가 있다. 한국교회가 하나님이 주신 사명을 잘 감당하게 하기 위해서는 평화와 물질이 필요하기 때문이다. 뿐만 아니라 세계만방이 한국인을 믿을 만한 크레딧(신용)과 명성도 필요하다.

따라서 하나님은 한국에 20세기 후반에 평화와 경제성장도 주시고 그에 걸 맞는 세계적인 신용과 명성도 주셨다. 아무리 유대인과 유사점이 많고 예수님을 믿는 민족이라 하더라도 평화와 경제적 능력 그리고 신용과 명성이 뒷받침해주지 않으면 하나님께서 주신 사명을 잘 감당할 수 없을 것이다.

그렇다면 하나님은 20세기 이전까지는 한국에 왜 혹독한 고난과 가난을 주셨나? 그것은 하나님께서 한국인의 마음의 밭, 즉 복음적 토양을 옥토로 만드시기 위함이었다. 따라서 20세기 이

전 시대는 이때를 준비하기 위한 훈련 기간이라고 보아야 한다.

이것은 또한 한국민족이 하나님을 몰랐을 때에는 고난의 연속이었지만 하나님을 만난 후 만사가 형통해졌다는 교훈을 준다. 따라서 이제부터는 오직 하나님만 의지해야 한다. 〈저자 주: 제1부 제5장 16번째, '한국과 이스라엘의 생존은 하나님께 의존할 때만 가능하다' 참조〉

넷째 질문, 동일한 한국인인데 왜 북한은 사용하지 안 하시나?

답변: 북한도 동일한 한국인이다. 이스라엘과 유대인을 유사점이 매우 많다. 물론 공산주의 국가가 되면서 유대인과의 유사점이 많이 파괴되어 상대적으로 남한보다는 적을 것이다. (예: 경천애인 대신 김일성 우상숭배 등)

그러함에도 다른 나라나 다른 민족들보다는 상대적으로 많을 것이다. 그런데 왜 하나님께서는 북한을 사용하지 않으시나?

그 이유는 북한이 공산주의가 되면서 교회를 모두 멸절시켰기 때문이다. 앞으로 북한 체제가 무너지고 남한 주도로 통일이 되면 하나님께서 한국과 한국인을 더 크게 들어 사용하실 것으로 기대된다.

> 하나님의 계획을 완수하게 하기 위해서는
> 믿음의 성숙과 함께 경제가 뒷받침되어야 한다.

B. 하나님은 한국교회에 어떤 사명을 주셨나

1) 하나님이 주신 사명, 서구교회와 한국교회의 2가지 차이점

마지막 시대에 하나님의 계획(목표)은 무엇인가? 한국교회뿐만 아니라 전 세계교회가 주님 오실 때까지 살아남을 수 있게 하는 것이다. 더 많은, 충만한 수를 구원하시기 위함이다(롬 11:25). 하나님께서는 한국교회를 향하여 이 계획을 완수하기 위한 특별한 시대적 사명을 주셨다. 그것이 무엇인가?

하나님께서 신약교회에는 신약의 지상명령을 주셨다. 그런데 20세기 후반에 부족한 저자에게 잃어버렸던 구약의 지상명령, 쉐마를 발견하게 하시고 이를 한국교회와 전 세계에 전파하라는 사명을 주셨다. 구약의 지상명령 쉐마는 하나님께서 유대인에게 주셨던 지상명령으로서 신약의 지상명령과 짝을 이룬다.

구약의 지상명령은 신약의 지상명령과 무엇인 다른가?

신약의 복음은 구원을 위한 것이다. 그리고 신약의 지상명령은 전 세계에 복음을 전파(spread)하라는 예수님의 명령이다(마 28:19-20). 그러나 쉐마(교육)는 부모세대가 다음세대에 말씀을 전수(convey)하라는 하나님이 유대인에게 주신 명령이다(창 18:19; 신 6:4-9). 전자는 수평선교이고 후자는 수직선교다. 전파와 전수는 다르다. 〈저자 주: 쉐마에 대해서는 '*잃어버린 구약의 지상명령 쉐마*' (전3권) 참조〉

물론 교회사를 보면 유럽교회나 미국교회가 하나님의 일을 많이 했던 것은 사실이다. 그러나 그들은 신약의 지상명령, 즉 복음을 만방에 전파하는 일만 열심히 했다. 그러나 한국교회는 구약과 신약의 지상명령을 모두 실천하고 전 세계에 전파해야 할 사명이 있다는 점에서 서구교회와 차이가 있다.

또 다른 차이가 있다. 서구교회들은 유대인을 매우 혐오하여 핍박했다(Anti-Semitism). 그러나 한국교회와 한국인은 그들에게 매우 우호적이다. 설사 비기독교인이라고 하더라도 그들의 경전인 탈무드에 매우 관심이 많다.

한국에서 오랫동안 기자 생활을 했던 팀 알퍼(Tim Alper) 기자가 유대인 영자 신문에 '한국인은 왜 탈무드에 열광하는가'란 기사를 썼을 정도다. 그는 한국인들의 집착에 가까운 '탈무드' 선호 현상에 놀랐다고 했다(Jewish Telegraphic agency, *Talmud-inspired learning craze sweeps South Korea*, January 14, 2019). 〈저자 주: 더 자세한 것은 제1부 제5장 열세 번째, '최근 한국 교회가 유대인과 이스라엘에 관심이 많아진 것은 종말론적 현상이다' 참조〉

2) 하나님이 한국교회에 주신 4가지 사명

이와 함께 마지막으로 한국교회의 사명을 간단히 정리하면 다음과 같다.

첫째, 한국에 더 많은 민족복음화의 사명이 있다.

둘째, 한국교회가 주님 다시 오실 때까지 살아남아 하나님이 주신 사명을 잘 감당하기 위해서는 다음세대에 신앙을 전수해야 한다. 그 방법이 한국 교회에 구약의 지상명령 쉐마를 전파하고 각 교회와 가정이 실천하는 것이다.

셋째, 이스라엘 선교, 즉 이스라엘에 복음과 쉐마를 전파하는 것이다.

넷째, 전 세계 복음화, 즉 전 세계에 복음과 쉐마를 전파하는 것이다. 복음전파는 수평선교이고(신약의 지상명령), 쉐마전파는 수직선교다(구약의 지상명령). 이 2가지 선교가 이루어져야 주님이 재림하실 수 있다. 〈저자 주: 자세한 것은 저자의 저서 '세계선교의 한계, 왜 유대인의 쉐마교육선교가 답인가', 제4부 '기독교와 쉐마교육선교 전략' 참조〉

신약시대 교회는 2000년 동안 세계에 복음을 열심히 전했다(수평선교). 그러나 이제 한국교회는 전 세계에 복음과 함께 쉐마, 즉 수직선교의 방법도 전해야 한다는 점에서 이전과 차이가 있다. 그런 점에서 한국교회의 사명이 더욱 무겁다. 그러나 사명을 주신 분이 이 사명도 완수할 수 있도록 도와주실 것을 믿는다.

> 한국교회와 서구교회의 사명에는 어떤 차이가 있는가?
> 서구교회는 전 세계에 신약의 지상명령, 즉 복음만 전했지만
> 한국교회는 전 세계에 구약과 신약의 지상명령을
> 함께 전파해야 할 사명이 있다는 점에서
> 서구교회와 차이가 있다.

II. 문제 제기

1. 유대인과의 유사점이 없어지는 한국인, 하나님은 계속 사용하실 것인가

한반도에 가장 어둠이 깊게 쌓였던 19세기 말에 하나님의 빛의 복음이 들어왔다. 그 후 수많은 순교자들의 피를 거름 삼아 하나님의 백성들이 수없이 늘어나 한국의 교회가 급격히 성장했다. 그와 함께 우리 민족은 어둠을 깨고 모든 영역, 즉 교육, 군사, 경제, 음악, 예술, 문학 및 사회면에서 발전하기 시작했다. 드디어 1953년 이후 약 70년 동안 평화와 번영의 시대를 구가해 왔다.

한국교회가 특별히 다른 나라들에 비하여 급성장을 한 이유가 무엇인가? 물론 하나님의 특별하신 은혜도 있었지만, 저자는 당시 한국인들에게 유대인과 유사한 성경적인 요소들이 많았기 때문이라고 본다.

이것들은 대부분 한국인의 수직문화에 속하거나, 수직문화의 사람들이 성취한 것들이다. 따라서 고난의 때에 마음 밭이 옥토인데다 한국인의 삶과 비슷한 성경에 있는 이야기들을 이해하는데 별 어려움이 없었기 때문이라고 생각한다.

따라서 신본주의 입장에서 이것을 요약하면 한국인과 유대인의 유사점은 교회성장 동력의 원인이 되었고, 교회성장은 한국의 국가발전 동력의 원인이 되었다. 그만큼 한국인과 유대인의 유사점은 한국인의 생존과 번영에 대단한 상관관계가 있다는 것을 뜻한다.

그렇다면 앞으로도 "하나님은 한민족을 계속 사용하실 것인가?" "한국에 이런 평화와 번영이 계속 유지될 수 있을까?" 저자는 매우 비관적이다. 왜냐하면 앞에서 언급한 한국인과 유대인이 닮은 유사점들은 대부분 1970년대 이전의 것들이 많기 때문이다. 즉 현재는 그런 유사점들이 매우 많이 줄었다. 세대차이가 너무나 많이 난다.

예를 들어, 한국의 대부분 젊은이들은 "6.25 전쟁의 고난을 기억하지 못한다." "흰옷을 즐겨 입지를 않는다." "효사상이 투철하지도 않다." "팥죽의 의미도 모르고 먹지도 않는다." "가정의 가치관이 변했다" 등이다. 뿐만 아니라 한국에는 육을 자극하는 수평문화가 너무나 편만하게 퍼졌다.

"만난 지 100일, 우리 뽀뽀할까?"
"내 생일인데 같이 잘까?"
"12가지 피임법 중, 나에게 맞는 피임법을 나누어 보자"

2009년 개정한 중학생 보건교과서(우옥영 외, 천재교육 보건교과서, p. 91)에 있는 내용이다(펜앤마이크, 교과서가 미쳤다. 중학생에게 10가지 피임법 알려주며 "콘돔 찢어지지 않게 조심하라").

한국인과 유대인의 유사점이 교회성장과 평화와 번영에 미치는 영향			
한국인과 유대인의 유사점	수직, 수평문화 및 세대차이	교회성장	한국의 평화와 번영
많을수록	수직문화가 강함 세대차이 약함	교회성장이 잘됨	평화와 번영이 잘됨
없어질수록	수평문화가 강함 세대차이 강함	교회성장 잘 안됨	평화와 번영의 위기

한국은 현재 자신의 정체성인 수직문화, 즉 동방예의지국이나 여성의 순결과 너무나 거리가 멀어졌다. 앞으로 평화와 번영은 지속될 수 있는지 묻지 않을 수 없다.

그 결과 한국인과 유대인의 유사점들이 없어진 것만큼 교회성장도 마이너스로 급격히 떨어졌다. 이것은 무엇을 뜻하는가? 한국의 평화와 번영도 위험 수위에 있다는 것을 뜻한다.

그 이유는 유대인은 세대차이 없이 4000년 동안 아브라함부터 현재까지 자신들의 토라와 역사 그리고 전통, 즉 수직문화를 전수하는데 성공했지만, 한국인은 수평문화에 취하여 자신들의 수직문화를 대음세대에 전수하는데 실패했기 때문이다.

우리가 명심해야 할 것이 있다. 중국이나 일본은 하나님 없이도 잘살 수 있는 나라들이지만 한국은 하나님 없이는 또 다시 중국이나 일본의 속국이 될 수밖에 없다는 사실이다. 이것은 역사적으로나 지정학적으로 이미 증명된 것이다.

따라서 우리의 자녀들에게 자손대대로 신앙을 전수하여 한국교회가 살아남는 것이 무엇보다도 중요하다. 마지막 시대에 세계선교를 완수하기 위해서라도 일단은 한국교회가 살아남기 위하여 자손대대로 신앙을 전수해야 한다.

> 하나님은 한민족을 계속 사용하실 것인가?
> 왜 비관적인가?
> 그 대안은 무엇인가?

2. 한국교회가 살아남을 수 있는 2가지 대안

앞에서 이런 질문을 했다. "한국인이 유대인과 많은 유사점이 있었을 때는 하나님이 한국교회를 그토록 많이 사용하셨지만 그 유사점이 없어지는데도 계속 사용하실 것인가?"

답은 매우 비관적이다. 이 문제를 해결하는 대안은 있는가? 2가지를 제시한다.

첫째, 세대차이를 없애는 쉐마교육을 실천해야 한다

유대인이 세대차이를 없애는 노하우, 즉 쉐마교육을 남한의 한국인에게 도입하여 가르치고 실천해야 한다. 세대차이를 없애기 위해서는 이 방법 이외에는 다른 대안이 있을 수 없다.

즉 1) 유대인처럼 하나님으로부터 받은 구약의 지상명령인 쉐마교육을 실천해야 한다. 또한 2) 인성교육학적인 측면에서 유대인처럼 자녀들이 수평문화에 물드는 것을 차단하고, 한국인의 값진 수직문화를 가지도록 가르쳐야 한다. 〈저자 주: 수직문화와 종교성 및 영적 만족감에 관한 상관관계 연구는 저자의 저서 '*문화와 종교교육*' 참조 바람〉

둘째, 남북통일 후 북한을 복음화하는 것이다

또 다른 방법, 즉 매우 희망적인 것이 있다. 그것은 남한 정부가 주도하는 남북통일을 이룬 후 북한을 복음화하는 것이다. 왜냐하면 그들은 김일성 3대 수령을 우상화하는 것 이외에는 아직도 한국인의 전통적인 수직문화가 상대적이나마 그대로 보존되어 있기 때문이다. 북한은 서구의 수평문화를 철저하게 차단했기 때문에 한국인의 수직문화에 거의 세대차이가 나지 않는다.

이것은 그들에게는 유대인과 닮은 점이 그대로 보존되어 있다는 것을 뜻한다. 이에 더하여 그들은 고난을 많이 겪어 복음적 토양, 즉 마음 밭은 복음을 잘 받아드릴 수 있는 옥토다. 현재도 북한의 비밀 지하교회 교인들은 질적인 면에서 남한교회 교인들과 상대가 되지 않을 정도로 강하다고 한다. 순교를 두려워하지 않는다고 한다.

따라서 그들에게 복음과 함께 쉐마를 전한다면 하나님께서 나시 한 번 한국인을 크게 사용하실 수 있을 것이다. 하나님께서는 이를 위해 북한을 남겨두셨을 가능성도 높다. 인간이 짐작하지 못하는 하나님의 계획에 놀라울 뿐이다.

3. 5%의 오류와 95%의 공헌

〈저자 주: 다음의 글은 중앙일보, 2005년 12월 20일자 시론에 실렸던 저자의 칼럼인데 이 항목에 필요하여 그대로 싣는다〉

한국은 현재 진실게임이 온 나라를 흔들고 있다. 역사 바로잡기, 사학의 비리를 막는 사학법 개정도 이래서 나왔다. 그간 한국은 정에 이끌려 공의가 제대로 서지 못한 것도 사실이다. 이것이 심화돼 일어난 부작용이 사회 전반에 깔려있다. 이 때문에 처음에는 공의를 앞세운 진실 캐기에 국민은 시원함을 느꼈다. 그 결과 한층 투명한 사회가 된 것 또한 사실이다. 그러나 이제는 그 의도나 방법 면에서 도를 넘었다.

가장 우려되는 점은 대부분 5-10%의 오류를 파헤쳐 공의를 세운다는 명목으로 90-95%의 공헌을 파괴하는 데 있다. 이로 인한 국력의 손실은 엄청나다. 국내외 신인도가 추락한다. 공멸을 자초할 수도 있다.

오류를 무조건 덮자는 얘기가 아니다. 5-10%의 오류를 캐는 것도 중요하지만, 국익과 평화를 생각해 절제가 필요할 때는 절제하는 지혜도 필요하다는 것이다. 더 중요한 것은 90-95%의 공헌을 크게 살려야 한다는 것이다. 그래야 나라도 번영하고 공평하다.

외신에 따르면 대한민국의 현대사는 경이로운 성공의 표본이다. 그래도 약 10%의 오류가 있었다면, 90%는 성공적으로 보는 것이 타당하다. 이 역사발전에 민주화 운동을 한 사람들이 10% 정도 기여했다면 나머지 90%는 대부분 보수 세력이 했다고 봐야 한다. 노무현 대통령이 세계 정상들과 만나 어깨에 힘을 줄 수 있는 것도 그들의 공헌 때문임을 부정할 수 없다. 한국의 사학에 약 2% 미만(1874개 사학 중 비리 사학은 35개)의 오류가 있었다면, 98%의 긍정적인 공헌이 있다.

"신이 말씀하시기를 '내가 세상을 자비로만 창조했다
면, 죄가 깃들 것이다. 그러나 만약 정의로만 세상을

창조했다면 세상이 어떻게 견뎌낼 수 있겠는가'."

유대인의 미드라시에 나오는 말이다. 신의 공의 앞에 설 수 있는 사람은 하나도 없다는 말씀이다.

개인이나 가정이나 어느 공동체건 너무 까발리면 생존하기 힘들다. 깨끗하긴 하겠지만 따뜻한 평화가 없어진다. 가장 큰 손실은 열심히 사명을 갖고 사회와 국가에 공헌했던 사람들의 의욕을 빼앗는다. 대부분 큰 공적을 이룬 분들은 공헌도 크지만 과정에서 오류도 있게 마련이다. 반면 큰일을 하지 않는 사람은 공헌도 적고 오류도 비교적 없다.

한국은 왜 공의와 자비의 조화된 사회를 만들기가 힘든가? 여러 가지가 있겠지만 가장 큰 원인은 가정과 학교교육이 지식만 가르치고 지혜는 가르치지 않았기 때문이다. 지식은 도서관이나 학교에서 배우지만, 지혜는 역사, 전통, 철학, 사상, 종교, 고전 등에서 배운다. 지식이 "무엇이냐(What)"에 대한 공부라면 지혜는 "어떻게 대처하느냐(How)"하는 방법을 배우는 것이다.

지혜 교육에서 사리를 분별하는 판단력을 배운다. 지혜로운 판단력은 삶을 승리로 이끄는 스승이다. 대부분 한국 국민은 현재 제각각 모든 일을 심판하는 판사의 입장을 자처한다. 그만큼 의식수준이 높아졌다는 증거다. 그렇다면 훌륭한 지혜 있는 판사의 자격은 무엇인가?

탈무드는 2가지를 제시한다. 첫째, 항상 겸손하고 언제나 선행만을 행하며, 정확한 판별력과 위엄을 갖추고, 지금까지의 이력이 깨끗해야 한다. 따라서 우리는 남을 비판하기 전에 자신을 살

유대인은 한국인처럼 충효사상을 강조한다. 그들은 자녀들에게 애국애족정신을 철저히 가르친다. 그것이 그들의 생존의 비밀이다.
사진은 미국에 청소년들이 이스라엘 통곡의 벽에서 이스라엘의 평화와 번영을 위해서 기도하는 장면(상)과 이스라엘 군인이 예루살렘 통곡의 벽에서 나라의 평화와 번영을 위해서 기도하는 장면(하). 대한민국의 청소년과 군인들도 이렇게 교육을 시켜야 나라가 생존 할 수 있다.

펴야 한다. 둘째, 반드시 진실과 평화를 모두 구해야 한다. 만일 진실만을 추종한다면 평화는 잃고 만다. 그러므로 진실과 평화를 함께 지킬 수 있는 방법을 찾아내야 한다. 이것이 바로 타협이다.

한국 사회는 양극으로 나뉘어 심각하게 대립하는 현상이 도를 넘었다. 정의와 평화를 함께 살릴 수 있는 솔로몬과 같은 지혜가 요구된다. 지도자뿐 아니라 온 국민도 마찬가지다.

〈저자 주: 앞에서 한국인과 유대인의 유사점을 살펴보았다. 큰 틀에서 인성교육학적인 측면에서 두 민족 모두 수직문화가 매우 강했다. 그리고 한국인의 수직문화에는 유대인의 것과 유사한 것들이 많이 발견됐다. 이것은 한국인이 복음을 받아들여 하나님의 선민이 되고 하나님의 선민으로 살아가는 성화의 과정에 지대한 영향을 주었다고 했다.

그 구체적인 예를 보여주기 위하여 저자가 연구한 한국 초대 교회사에 관한 논문을 소개한다. 주제는 "1919년 전 인구의 1.4%에 불과했던 기독교인이 어떻게 전국적인 3.1 독립운동의 주체가 되었는가?"에 관한 것이다. 본 논문을 한국인과 유대인의 유사점과 관련하여 읽으면 많은 도움이 될 것이다. 특히 한국 교회사 초기에 평양을 왜 '제2의 예루살렘'이라고 불렀는지를 알게 될 것이다.

그런데 유대인의 수직문화는 현재까지 다음세대에 세대차이 없이 전수되어 그들이 하나님의 선민으로 사는 것이 과거와 동일하다. 그런데 2020년 현재 한국인은 1919년대에 비해 그 수직문화가 매우 퇴색되어 교회성장에 빨간 불이 켜졌다. 본 논문에서는 한국인의 특성(수직문화)이 사라진 이유를 밝히고, 그것이 한국교회성장에 어떤 부정적인 영향을 주었는지를 밝히고자 한다. 그리고 이에 대한 바른 대안을 제시하고자 한다.〉

제 2 부

한국 교회성장
문제 해결을 위한,
극소수 개신교가
3.1 운동의 리더가 되었던
이유 연구

Abstract

본 논문의 목적은 "1919년대 한국 개신교가 다른 종교에 비해 전 인구의 1.4%였는데도 불구하고 어떻게 3.1 독립운동에서 거국적인 리더가 될 수 있었느냐?"를 밝히는 것이다. 그리고 2000년대에는 그 장점이 왜 사라졌는지를 발견하여 현재 침체된 한국교회성장에 대안을 제시하고자 한다.

저자는 당시에 개신교가 큰 리더가 될 수 있었던 네 가지 이유를 발견했다.
1) 신학적 이유: 개신교인들이 복음을 받은 후 애국애족심이 많은 민족주의자들로 바뀌었기 때문이다. 2) 윤리학적 이유: 한국의 초대교회 지도자들이 자신의 죄를 회개하고 자기 개조 운동을 했기 때문이다. 3) 인성교육과 종교심리학적 이유: 조선인에게 강한 수직문화가 있었기 때문이다. 저자는 본 논문에서 수직문화를 1) 성격의 토양과 2) 마음의 토양으로 나누어 복음의 토양을 설명한 것이 새롭다 4) 교육신학적 이유: 선교사들이 바른 신학교육을 시켰기 때문이다.

특히 본 논문은 인성교육과 종교심리학적 측면에서 다음 세 가지를 질문한다. 1) 왜 현재는 1920년대처럼 복음의 파워가 나타나지 않는가? 그리고 왜 기독교인이 된 이후 그리스도를 닮아가는 제자화가 쉽지 않는가? 2) 왜 현재 개신교인은 19.7%인데도 불구하고 나라와 민족을 위하여 큰 리더십을 발휘하지 못하고, 오히려 사회로부터 비난을 받고 있는가? 3) 한국교회의 미래를 걱정하는 많은 교계 지도자들이 1920년대 한국의 초대교회를 본받자고 한다. 그런데도 왜 그것이 실현될 수 없는가?

본 논문은 이에 대한 근본 원인을 찾았다. 현재는 교회 내에서도 강한 수평문화의 발달로 인하여 한국인의 강한 수직문화가 거의 사라져서, 1919년대의 종교성 토양인 옥토가 돌밭, 길가, 가시덤불의 나쁜 토양으로 변했기 때문이다. 따라서 현대인의 종교성 토양을 1920년대의 옥토로 바꾸기 위해서는 가정과 교회 그리고 학교에서 수평문화를 차단하고 수직문화 교육을 강화해야 한다.

키워드: 3.1 독립운동, 개신교, 민족주의자, 수직문화, 마음과 성격의 토양, 옥토

제2부 차례

I. 서론
  1. 문제제기
  2. 연구의 범위
  3. 연구의 조건
II. 소수 개신교가 3.1 운동의 리더가 되었던 신학적 및 윤리학적 이유
  1. 신학적 이유: 개신교인들이 복음을 받은 후 민족주의자들로 바뀌었기 때문이다
    *명사특강: 죽음에 대한 금언
  2. 윤리학적 이유: 한국의 초대교회 지도자들이 '자기 개조 운동' 을 했기 때문이다
III. 소수 개신교가 3.1 운동의 리더가 되었던 인성교육과 종교심리학적 이유
  1. 조선인에게 강한 수직문화가 있었기 때문이다.
    〈왜 강한 수직문화에 복음이 결합되면 큰 파워가 발생하는가〉
    A. 조선인에게 있는 수직문화의 마음과 성격의 토양이 옥토였다
      *쉬었다갑시다: 너죽고 나죽고
    B. 조선인의 강한 성격의 토양이 순교자를 많이 낳게 했다
    C. 수직문화의 마음과 성격의 토양으로 본 4가지 신앙 타입
      1) A타입(옥토): EQ의 마음도 풍부하고, 의지력도 강한 사람
        *명사특강: 마음만 잘 먹으면 스트레스도 약이된다
      2) B타입(돌밭): EQ의 마음은 풍부하지만, 의지력이 약한 사람
      3) C타입(길가): EQ의 마음은 적지만, 의지력이 강한 사람
      4) D타입(가시덤불): EQ의 마음도 적고, 의지력도 약한 사람
    D. 4가지 신앙 타입 비교 분석
  2. 수직문화에 대한 이론을 증명했던 저자의 연구 논문
IV. 소수 개신교가 3.1 운동의 리더가 되었던 교육신학적 이유: 선교사들의 바른 신학교육 때문이었다
V. 요약 및 결론
  1. 요약
  2. 결론

I. 서론

1. 문제제기

3.1 독립만세운동 당시 조선인 전체 인구는 1,600만 명 정도였는데, 기독교인은 20만 명을 상회하여 한국 인구의 1.3~1.5%(평균치는 약 1.4%)를 차지하였다(이만열, 3·1운동은 기독교의 정의·사랑·평화에 기초).

〈저자 주: 기독교 인구가 1.8%였다는 통계도 있다. 이것은 1921년 조선 선교사 연합회에서 작성한 통계다(기독신보, 조선기독교회통계, 1922년 2월 15일)〉

그런데도 종교적 분포에 의하면 민족 대표 33인 중에 기독교인은 16명으로 압도적이었다. 천도교는 15명이었고, 불교는 2명뿐이었다. 그리고 유교와 천주교는 하나도 없었다(http://creamchoco.tistory.com/35).

민족 대표 33인을 연령별로 나누면 60대 2명, 50대 15명, 40대 11명, 30대 5명이었다. 젊은 30-40대가 16명이었다. 이들이 독립선언문에 서명하고 민족의 지도자 대표가 되었다는 것은 당시 젊은이들이 얼마나 성숙한 뜨거운 애족 애국심을 가졌는지를 잘 보여주고 있다. 오늘날 30-40대 청년들이 가진 애족 애국심과 너무나 큰 차이를 보이고 있지 않는가.

특히 당시 애족애국 청년들 중에는 기독교인이 많았다. 33인 중 가장 젊은 청년들은 박희도, 이갑성, 김창준이었다. 그들은 모두 만 30세의 기독교인이었다. 유관순 열사(1902년~1920년)도 만 17세의 독실한 기독교인이었다(https://ko.wikipedia.org/wiki/민족대표_33인).

당시 독립만세 운동의 통계를 보자. (1) 운동의 주동 세력이 뚜렷한 340여 회는 311개 지역으로 압축되었는데, 그 가운데 기독교가 25% 내지 38%였으며, 기독교나 천도교가 아닌 지역은 125개 지역이었다. (2) 체포·투옥자와 관련, 6월 30일까지 투옥자 9,458명 가운데 기독교인이 2,087명으로 22%를 차지하였고, 12월 말까지 복역자 19,525명 가운데 기독교인은 3,373명으로 17%이고, 천도교인은 2,297명으로 11%였다(이만열, *3·1운동은 기독교의 정의·사랑·평화에 기초*).

당시 조선인의 3.1운동을 해외에 알리며 조선을 위해 일제에 맞서 싸웠던 미국 선교사가 있었다. 윌리엄 린턴⟨William Linton, 한국명: 인돈(印敦), 1891년 2월 8일 ~ 1960년 8월 13일⟩이었다. 그의 후손 존 린턴(John Linton, 한국명: 인요한, 의사)은 당시 할아버지 윌리엄 린턴이 후손에게 전했던 말을 이렇게 회고했다.

> "당시 조선인 중 기독교인이 약 2%였는데, 그 중 30%가 조선의 독립운동에 가담하였다. 그래서 조선인이 선교사들을 존경하기 보다는 선교사들이 그런 조선인 기독교인을 더 존경했다." (CBS, *인요한 박사가 본 한국교회*, 한국 사회, 2018년 3월 22일)

이것은 당시 기독교가 민족의 운명을 결정짓는 데 얼마나 큰 기여를 했는지를 보여준다. 따라서 본 논문에서는 몇 가지 연구를 위한 질문을 할 수 있다.

연구를 위한 중심질문:

1920년대 개신교인은 1.4%(이만열 통계)였는데, 어떻게 그들이 3.1 독립만세운동에서 지도적 역할을 감당했는가? 즉 왜 한민족의 민족주의자들 중에 유독 기독교인들, 특히 개신교인들이 다수를 차지했는가? 그 이유를 몇 가지로 설명해보자.

연구를 위한 보조질문:

1) 왜 현재는 전도가 잘 되지 않는가? 왜 1920년대처럼 복음의 파워가 나타나지 않는가? 그리고 왜 기독교인이 된 이후 그리스도를 닮아가는 제자화가 쉽지 않는가? (한국기독공보, *한국교회 주요 교단 교세 현황, 다음세대 큰 폭 감소*, 2017년 10월 9일 참조)

2) 왜 현재 개신교인은 19.7%(2015년 통계청 종교인구 현황)인데도 불구하고 나라와 민족을 위하여 큰 리더십을 발휘하지 못하고 오히려 사회로부터 비난을 받고 있는가?

3) 한국교회의 미래를 걱정하는 많은 교계 지도자들이 1920년대 한국의 초대교회를 본받자고 한다. 그런데도 왜 그것이 실현될 수 없는가? 현재는 1920년대와 어떤 면에서 다르기 때문인가?

이 문제들을 해결하기 위해서 어떻게 1920년대의 종교성 토양, 즉 옥토를 준비할 수 있는가? 본 논문에서는 이 질문들에 대한 답을 신학적, 윤리학적, 인성교육학과 종교심리학적 그리고 교육신학적인 입장에서 살펴보고, 바른 대안을 제시하고자 한다.

2. 연구의 범위

본 논문은 교회사 연구 논문이 아니다. 극소수의 개신교가 3.1운동 당시 어떻게 거대한 타 종교들보다 지도자 역할을 할 수 있었느냐를 연구한 것이다. 따라서 일제가 조선을 침략한 역사적인 원인이나 과정 및 결과는 논하지 않는다. 당시 자세한 한국교회사에 관해서도 다루지 않는다. 그리고 1919년 3월 1일에 거행된 3.1 독립만세운동의 원인이나 과정 그리고 피해사항 등도 자세히 다루지 않는다.

왜냐하면 앞에서 언급한 연구를 위한 중심질문과 세 가지 연구를 위한 보조질문에 충실히 답변하기 위함이다.

3. 연구의 조건

3.1 운동이 일어났던 대한제국시대에는 한국인을 '조선인'이란 용어로 표현했다. 따라서 본 논문에서는 '한국인'이라는 용어를 주로 사용하지만 시대적 상황을 잘 설명하기 위해서 '조선인'이란 용어도 혼용한다.

II. 소수 개신교가 3.1 운동의 리더가 되었던 신학적 및 윤리학적 이유

1. 신학적 이유: 개신교인들이 복음을 받은 후 민족주의자들로 바뀌었기 때문이다

왜 많은 개신교인들이 민족주의자로 바뀌었나? 그 신학적 근거는 무엇인가? 기독교인은 성경을 정확무오(正確無誤)한 하나님의 말씀으로 믿는다. 그리고 모든 사상과 행동의 근거를 성경 말씀에 두고 있다.

당시 많은 개신교인들이 나라를 사랑하고 민족을 사랑하는 민족주의자들로 변한 이유는 성경의 주요 모범적인 지도적 인물들이 하나님과 자신들의 나라 이스라엘과 유대민족을 사랑하는 민족주의자들이었기 때문이다.

구약시대의 모세, 다윗, 다니엘, 예레미야, 에스라 등이 그 예다. 신약시대의 예수님 및 바울 등도 하나님과 동족을 매우 사랑하셨던 민족주의자들이었다(마 23:37; 롬 9:1-4). 그리고 그들은 하나님의 백성이라는 선민의식이 매우 투철했다.

이것은 무엇을 뜻하는가? 예수님을 믿으면 영적으로 하늘나라에 대한 정체성과 육적인 자신의 정체성이 뚜렷해진다는 것을 뜻한다. 즉 하나님 나라와 조국(祖國) 및 민족을 사랑하는 애국 애족자가 된다는 말이다. 더구나 당시에는 국가의 왕에게 충성하고 부모에게 효도하는 충효(忠孝)를 매우 강조했던 시기였기 때문에 더 애국 애족을 강조했을 것이다. 그리고 하나님의 백성이라는 강한 선민의식을 가지게 된다.

한국의 초대교회 지도자들이 이런 성경의 진리를 깨닫고 선민의식을 가지고 순교의 각오로 나라와 민족을 사랑하는 민족주의자로 변했다는 것은 그만큼 성경의 진리를 그대로 믿는 순수한 신앙을 가지고 있었다는 것을 뜻한다.

구약시대의 유대인처럼 한국인도 신약시대에 예수님을 믿는 하나님의 백성이라는 강한 선민의식을 가질 때 기독교인으로서 일본이나 중국 같은 거대한 이방의 힘에 대한 열등의식을 느끼지 않을 수 있다는 것을 보여준다. 만약 그렇지 않을 경우 한국인은 중국이나 일본에 대한 피해 의식에서 헤어나지 못하고 심한 열등감에 사로잡혀 다시 비겁한 사대주의 사상에 물들 수도 있다.

이만열 교수도 기독교인의 적극적인 3·1운동 참여 이유로 "하나님의 창조 섭리에 따른 민족관과 기독인의 민족의식 및 민족운동의 전통, 교단의 조직화, 종교적 자유의 박탈"을 들었다. 또한 이 교수는 "3·1운동을 주도한 기독교인의 민족의식 성격은 정의, 자유, 평화에 기초한 하나님 나라 건설과 확대라는 기독교 신앙과 자주, 평등, 해방을 목표로 한 독립국가, 민족자주의 건설이라는 민족적 양심의 접점에 있었다"고 평가하고 있다(오승훈, *3.1 만세운동과 기독교의 역할*, http://cafe.daum.net/hanachurch1/ptC5/139?q=3.1%B5%B6%B8%B3%B8%B8%BC%BC%BF%EE%B5%BF%B0%FA%20%B1%E2%B5%B6%B1%B3).

따라서 1920년대 1.4%(서론의 이만열 통계)의 인구를 가졌던 기독교가 일제에 맞서던 3.1 독립만세운동에 주도적 역할을 잘 감당할 수 있었던 것이다. 그 당시 만세운동에 참석한 대부분이 기독교인이었던 사실만으로도 알 수 있다(상게서).

그런 의미에서 2020년 현재에도 북한 공산당의 핵 위협과 남한 내에 포진한 종북좌파의 위협에 대항해서 대한민국을 구할 수 있는 그루터기도 보수 기독교일 수밖에 없을 것이다. 이것은 현재 구국의 일념으로 태극기 집회에 참석하는 이들 대부분이 기독교인이란 사실이 증명하고 있다.

반면 악에 속한 북한은 하나님의 백성인 기독교인을 원수로 지정하고, 북한에서 성경을 소지하고 있었다는 이유만으로도 무조건 학살하고 있다. 그들은 조국 대한민국의 원수다.

> **왜 많은 개신교인들이 민족주의자로 바뀌었나?**
> **그 신학적 근거는 무엇인가?**

> 명사 특강

죽음에 대한 금언

아래 명언을 반복하여 읽으라. 그러면 누구나 다 맞이할 죽음에 대하여 좀 더 알게 되리라. 모든 일은 준비하고 사는 것이 상책이다.

죽음에 대해서 우리가 명백하게 아는 것은 다음 5가지다.

1. 누구나 죽는다.
2. 순서가 없다.
3. 아무것도 가져가지 못한다.
4. 대신할 수 없다.
5. 경험할 수 없다.

- 이 세상에 죽음만큼 확실한 것은 없다. 그런데 사람들은 겨우살이 준비하면서도 죽음은 준비하지 않는다. (톨스토이)

- 사람들은 죽는 것을 다 알고 있다. 그럼에도 불구하고 마치 그것을 알지 못하는 듯 미친 듯이 산다. (리챠드 박스터)

- 한 명의 죽음은 비극이요, 백만 명의 죽음은 통계다. (스탈린)

- 아직 삶도 모르는데 어찌 죽음을 알겠는가. (논어)

- 수의(壽衣)에는 호주머니가 달려있지 않다. (동유럽 유대인 격언)

- 죽음은 높은 자나 낮은 자를 평등하게 만든다. (출처: 무명씨)

2. 윤리학적 이유: 한국의 초대교회 지도자들이 '자기 개조 운동'을 했기 때문이다

한국 초기 개신교와 민족주의의 상관관계를 연구한 학자가 있다. 뉴질랜드인, 케네스 웰즈 박사(Kenneth Wells)다. 그에 따르면, 조선 말기 개신교인은 소수였는데, 1920년까지 개신교 민족주의자들이 지도적 역할을 감당했다고 했다(웰즈, 새 하나님, 새 민족: 1896~1937년 한국 개신교와 자기 개조 민족주의에 대한 고찰, 순교자의 소리, 2017).

그는 1) 그들을 민족주의자로 이끈 신학적 근거는 무엇인지, 2) 어떤 교리로 민족주의적 신조를 만들어 갔을지'에 대한 물음을 갖고 연구를 시작했다고 했다. 그의 말에 의하면 한국인은 아무도 이런 주제에 대한 연구를 하지 않았다고 했다.

그는 두 번째 질문에 대하여 이렇게 답했다. 개신교식 민족주의가 나오게 된 배경은 안창호, 윤치호, 조만식 선생 등이 '자기 개조 운동'을 했기 때문이라고 했다. 따라서 그는 한민족 기독교인의 민족주의를 '자기 개조 민족주의'라고 이름을 붙였다(크리스천투데이, 2017년 9월 25일).

"안창호 선생과 그의 동료들은 자신들이 갖게 된 새 신앙의 교리와 영적 본질을 이해하고, 이를 개인과 사회에 반영하고자 진정으로 노력했다"고 강조했다. 그는 "길선주 목사도 1916년 '만사성취'라는 책을 통해 한국 사람들의 약점을 지적하고, 어떻게 고쳐야 할지 썼다"며 그 내용은 "게으르지 않고 술 취하지 않으며, 계층과 비관주의를 없애고 실력을 양성하는 것인데, 역시 자기 개조라고 할 수 있다"고 했다(상게서).

당시 조선인들의 약점은 게으르고, 술 취하고, 현세를 비관하고, 세월을 아끼며 실력을 키우는 것보다는 주색잡기(酒色雜技)나 노름 등을 많이 했었다. 그리고 정직하지 못한 점을 꼬집었다. 그런데 예수님을 믿고 난 이후 이런 잘못된 점들을 고치는 운동을 했다는 것이다.

〈참고자료 더 보기: http://cafe.daum.net/InHissteps/ZTAz/2385?q=%C0%CC%B8%B8%BF%AD%20%B1%B3%BC%F6%BF%CD%23%2C1%BF%EE%B5%BF〉

이것은 성경의 윤리적 가치에 근거한 자기 개조를 말한 것이다. 뿐만 아니라 3.1 독립운동 당시 일제가 무자비하게 총칼로 조선인들을 진압하는 위협에도 아무런 무장 없이 비폭력 독립운동 방법을 택한 것도 성경의 윤리적 교훈을 따랐기 때문이었다.

이것은 무엇을 뜻하는가? 예수님을 믿는 한국인이 어떻게 기독교인으로 살아갈 것이냐 하는 윤리적인 문제다.

조선 기독교인들의 삶이 변한 것은 그들이 예수님을 믿고 회심한 이후에 하나님의 백성이 되었다는, 강한 선민의식으로 인하여 높은 자존감을 갖게 되었다는 것을 뜻한다. 그 이후 좀 더 거룩한 백성이 되는 성화의 과정에서 구습을 좇는 옛 사람을 벗어 버리고(엡 4:22) 하나님의 백성답게 살자는, '자기 개조'에 초점을 맞추었다는 것이다.

대한민국의 건국 대통령 이승만 박사는 이런 토양에서 나온 인물이다. 독자들은 그가 왜 이 나라의 건국 목적을 '기독교 입국론'이라고 했는지, 그 이유를 이해할 수 있을 것이다.

III. 소수 개신교가 3.1 운동의 리더가 되었던 인성교육과 종교심리학적 이유

1. 조선인에게 강한 수직문화가 있었기 때문이다
<왜 강한 수직문화에 복음이 결합되면 큰 파워가 발생하는가>

A. 조선인에게 있는 수직문화의 마음과 성격의 토양이 옥토였다

당시 소수였던 기독교가 어떻게 한민족의 지도자 역할을 할 수 있었는가? 1920년대에 1.4%(서론의 이만열 통계)의 기독교가 3.1 독립만세운동이라는 거국적인 민족 운동의 주체가 되었던 것은 당시 조선인들이 가졌던 강한 수직문화에 복음이 결합되었기 때문이었다. 〈저자 주: 수직문화와 수평문화에 대해서는 저자의 저서 '현용수의 인성교육 노하우' 제1-2권, 제2부 '인성교육의 본질과 원리: 수직문화와 수평문화' 참조 〉

왜 강한 수직문화를 가진 이들에게 복음이 결합되면 폭발적인 파워가 발생하는가? 많은 이들은 한국의 초대교회의 부흥을 하나님이 한민족을 사랑하시고 축복하셔서 예루살렘의 초대교회처럼 성령의 큰 부흥의 역사를 이루었다고 설명한다. 물론 맞는 말이다.

그렇다면 교회사적으로 그러한 성령님의 강한 역사가 항상 어느 그룹에나 나타났는가? 아니다. 동시대에 일본에서는 일어나지 않았다. 그리고 아프리카 흑인에게는 일어나긴 했지만 세계로 뻗어 나갈만한 큰 파워의 물결은 유지되지 않았다. 그런데 하나님은 모든 민족을 다 사랑하시는데 왜 특별히 한민족에게 성령의 부흥운동이 강하게 일어나게 하셨는가?

〈저자 주: 한국교회와 일본교회에 관한 비교는 저자의 저서 '현용수의 인성교육 노하우' 제2권 제2부 II. 3. 'IQ와 EQ적 측면에서 본 이상적 종교성 토양(한국과 일본 교회의 비교)'와 4. 왜 한국인은 복음을 잘 받아들이고 하나님을 잘 섬겼는가' 참조〉

이것은 특별히 조선인에게 성령님의 강한 역사가 일어날만한 어떤 중요한 요소들이 있었다는 것을 시사해준다. 그리고 하나님께서는 그것을 귀하게 여기시고 때가 차매 축복해 주신 것이다. 그런 면에서 하나님께서는 마지막 시대에 한민족을 세계 열방을 위해 사용하시기 위하여 그것을 준비하게 하셨다고도 볼 수 있다.

그것은 무엇인가? 그것은 조선인이 가지고 있었던 한국인 특유의 강한 수직문화였다. 그들의 강한 수직문화에는 어떤 점들이 있어서 특별했는가? 이것을 인성교육학과 종교심리학적인 입장에서 설명해보자.

저자는 인성교육 교과서를 집필할 때 예수님의 '씨 뿌리는 자의 비유'(막 4:1-25)를 본문으로 4가지 종교성 토양, 즉 ① 길가 ② 돌밭 ③ 가시떨기 ④ 옥토(좋은 땅)에 대하여 자세히 설명한 바 있다. 그리고 하나님의 말씀을 씨앗으로, 인간의 마음은 씨를 받아들이는 마음의 밭으로 비유하셨다고 했다. 그것은 일반론이었다 [자세한 설명은 저자의 저서 '현용수의 인성교육 노하우' 제2권 제2부 II. '수직문화와 수평문화가 인성(종교성)의 토양에 미치는 영향'을 참조].

본 주제에서는 한국인이 가지고 있는 수직문화의 특징을 종교심리학적인 입장에서 더 자세히 설명해보자. 이를 위해서는 인간의 마음 밭(토양)을 다시 두 가지 토양으로 나누어야 한다. 즉 수직문화에는 두 가지 심리적 토양이 있다. 즉 1) 뼈대와 같은 강한 의지력(willpower)이라는 '성격의 토양'(personality soil)과 2) 살과 같은 측은지심(인정, compassion, EQ=감성지수)이라는 '마음의 토양'(heart soil)이다. '마음의 토양'은 'EQ 토양'(EQ soil)이라고 할 수도 있다. 한국인의 수직문화에는 이 두 가지 심리적 토양이 매우 풍부했다. [저자 주: 자세한 EQ 토양에 관해서는 *현용수의 인성교육 노하우* 제3권 제4부 '인성교육과 EQ(감성지수): IQ보다 EQ가 더 중요하다' 참조 바람]

따라서 본서에서 말하는 '옥토'에는 '성격의 토양이 옥토'라는 뜻과 '마음의 토양이 옥토'라는 두 가지 옥토가 모두 포함한다. 그래서 한 개인이 두 가지 옥토를 모두 갖추어야 인성교육학적인 입장에서 완전한 옥토를 가졌다고 할 수 있다. 물론 '성격의 옥토'와 '마음의 옥토'를 개별적으로 사용할 수도 있다.

첫째, 한국인의 성격의 토양은 한국인의 정신세계를 지탱해주는 특유한 성격(personality)을 말한다. 무엇을 한다면 한다는 강한 의지력(willpower), 고집(bigot), 끈기(endurance), 배반하지 않는 충성심 혹은 의리(loyalty, faithful, sense of duty)같은 것들이다. 이것은 인성교육학적인 입장에서 수직문화가 강할 때 얻어지는 깊은 심지(心地)에 기인한다. 수직문화를 '깊은 심연의 문화'(deep culture)라고 부르는 이유가 여기에 있다. 반면, 수평문화는 '얕은 표면문화'(surface culture)라고 한다(현용수, *현용수의 인성교육 노하우*, 제1권, pp. 222-223). 이것은 한국인의 성격의 토양이 옥토였다는 것을 증명해준다.

둘째, 한국인의 마음의 토양은 EQ 지수가 높은, 즉 풍부한 EQ

를 가진 토양, 즉 옥토였다. 당시 조선인의 마음은 왜 옥토였는가?

한국인은 본래 1) 정(情)이 많고, 2) 억울한 일을 많이 겪어 한(恨)이 많은 백성이었다. 그래서 눈물이 많았다(현용수, *현용수의 인성교육 노하우*, 제2권, pp. 162-164). 이에 더하여 일제의 핍박에 시달려 대부분 경제적 및 심령적으로 가난한 자들이었다. 의지할 때 없는 버려진 고아 같은 민족이었다. 또한 당시에는 현대와 같은 마음의 토양을 해치는 첨단 수평문화가 없었다.

이런 환경은 이집트의 바로의 핍박에 400년 동안 시달렸던 유대인이나, 로마의 압제에 시달렸던 예루살렘의 초대교회 유대인 교인들과 비슷했다. 이것은 하나님께서 사용하시기에 가장 좋은 종교성 토양이었다.

하나님께서는 "무릇 마음이 가난하고 심령에 통회하며 [하나님]의 말씀을 인하여 떠는 자를 권고하셨다"(사 66:2). 예수님께서도 심령이 가난한 자나 애통하는 자는 복이 있다고 말씀하셨다(마 5:3-4).

> 심령이 가난한 자는 복이 있나니 천국이 저희 것임이요. 애통하는 자는 복이 있나니 저희가 위로를 받을 것임이요. (마 5:3-4)

성령님은 이런 심령(마음)이 가난한 EQ의 마음을 가진 이들에게 찾아가서서 쉽게 역사하신다. 따라서 성령님을 '보혜사'라고 하는데 이는 '상담자'(counselor), 혹은 '위로하는 자'(comforter)란 뜻이다(요 14:26).

한국인에게는 단점도 많다. 그러나 다른 어느 민족보다 수직문화의 이 두 가지 심리적 토양(성격의 토양과 마음의 토양)이 좋았던 것은 큰 장점이었다. 하나님께서 한민족을 그토록 사랑하셨던 이유도 바로 이것 때문이라고 생각한다.

풍성한 EQ의 마음은 전도학적인 입장에서 예수님을 믿는 복음전파(evangelism)에 유익했고, 강한 의지의 성격은 제자학적 입장에서 그리스도의 형상(하나님의 형상)을 닮는 거룩한 제자 생활(discipleship)에 유익했다. 따라서 한민족은 옥토의 마음이었기에 예수님, 즉 복음을 받아들이기가 쉬웠고, 강한 의지력이라는 옥토의 성격을 가졌던 민족이었기에 복음을 믿었을 때에 그만큼 강한 회심의 파워(역사)가 일어났었다. 믿음의 강도도 그만큼 높았다. 그리고 성화(sanctification)에 대한 의지도 강했다.

그리고 그 파워는 한국인의 정신세계를 깨우는 데 큰 기여를 했다. 그리스도를 닮는 제자 생활을 하는 동안에 유대인처럼 하나님의 백성이라는 강한 선민의식을 가지고 민족주의자들로 바뀌었다. 주님을 위해 순교도 불사하겠다는 믿음의 결단력을 보인 것이다.

즉 강한 수직문화를 가진 조선인들에게 복음이 결합된 결과 폭발적인 파워가 나타나게 된 것이었다. 새벽예배도 유대인처럼 가장 열심히 드렸던 민족은 전 세계의 이방인 기독교인들 중에 한국인 기독교인밖에 없다.

그러면서 북미주 선교사들이 가르쳤던 성경의 율법을 배우면서 윤리적 가치 개조운동에 불이 붙은 것이다. 이것은 이전 이방인이었을 때의 잘못된 삶을 회개하고 새로운 삶으로 바꾸는, 하

수직문화의 두 가지 심리 토양의 기능

구분	기능	설명
A. 마음의 토양 (풍부한 EQ)	복음전파에 유익	EQ가 풍부한가, 적은가에 따라 복음을 잘 받아들이느냐 거부하느냐가 결정된다.
B. 성격의 토양 (강한 의지력)	그리스도를 닮는 제자 생활(성화)에 유익	믿음은 수직문화에 정비례 한다. 강한 믿음은 율법을 잘 지키게 한다. 그리스도를 닮는 제자 생활. 즉 성화가 쉽다.
분석 및 결론		A와 B는 균형을 이루어야 한다. B가 없고, A만 있을 경우 사랑만 강조하여 정의가 사라진 부패한 사회가 될 수 있고, A가 없고 B만 있을 경우 사랑의 결핍으로 율법주의자가 될 수 있다.

나님이 주신 율법을 지키려는 성화운동이었다.

이것은 무엇을 뜻하나? II항에서 설명했던 소수 개신교가 3.1 운동의 리더가 되었던 신학적 이유, 즉 "개신교인들이 복음을 받은 후 민족주의자들로 바뀌었기 때문이다." 그리고 윤리학적 이유, 즉 "한국의 초대교회 지도자들이 '자기 개조 운동'을 했기 때문이다."를 가능하게 했던 심리적 원동력이 바로 수직문화였다는 것을 증명한다. 물론 이것은 신학적 및 성경적 윤리학적인 입장에 아니라 인성교육학적 및 종교심리학적 이유에서 그렇다는 것이다.

그렇다고 해도 윤리의식이나 준법정신적인 면에서 한국인 기독교인이 평상시 율법을 잘 지키는 것이 생활화되었던 일본인 기독교인을 따라가는 데는 한계가 있다(http://www.sion.or.kr., 2003년 9월 2일). 이것도 한국인 기독교인이 인식해야 할 또 다른 인성교육의 주제다(차후 더 논의 함, 현용수, 현용수의 인성교육 노하우, 제2권, pp. 153-158).

> 한국인에게 풍부했던 수직문화의 두 가지 심리적 토양.
> 1) 뼈대와 같은 강한 의지력,
> 2) 살과 같은 측은지심의 마음(풍부한 EQ)이다.

쉬었다 갑시다

너 죽고 나 죽고

저자 주 한국 기독교인이 예수님을 믿는다고 하면서도 너무 변하지 않는 것은 자타가 공인한다. 그나마 예수님을 안 믿었을 때보다 많이 변했다는 것이 이 정도다. 100년 전에 비해 얼마나 안 변했는지 북미 캐나다의 김경진 목사 칼럼 '너 죽고 나 죽고'를 보자.

한국에서 생활한 초기 미국 선교사 허버트(Herbert)가 쓴 《대한제국 멸망사》에 한국 사람들의 유별난 생활 풍습 두 가지가 소개된다. 하나는 싸움을 많이 했다는 것이다. 백주 노상에서 죽기 살기로 싸우는 모습이었다. 또 하나는 진실성에 관한 것이었다. 허버트의 눈에는 한국 사람들이 거짓말을 대수롭잖게 생각하고 있더란 것이다. 서양에서는 거짓말을 대단한 범죄로 보고 있는데 한국에서는 "그 정도야…"식이었다.

허버트 이후 벌써 많은 세월이 지났다. 그런데 허버트가 본 그 시대상은 지금껏 그 '전통'을 간직하고 있다. 길거리에서 꼬마들이 싸운다. 집에서는 부부가, 형제가 싸운다. 정치가들도 죽어라고 싸운다. 상투가 빠지라고 쥐어 흔들고 싸운다. 참 안 변한다. 그리고 거짓말도 능수능란하다(김경진, 너 죽고 나 죽고, 크리스천 투데이, 2003년 3월 5일).

한국교회는 어떠한가? 미국에 온 미주 한인 교회는 어떠한가? 전 세계에 흩어진 한국교회는 어떠한가? 너무 안 변하는 것 아닌가?

B. 조선인의 강한 성격의 토양이 순교자를 많이 낳게 했다

한국인이 가진 성격의 옥토, 즉 특유한 강한 의지, 고집, 끈기(인내력) 및 충성심(의리) 같은 성격은 3.1 운동 이후 기독교를 핍박했던 일제와 북한 공산당에 신앙을 지키기 위해 항거했던 고난의 역사에 그대로 나타났다. 수많은 순교자들의 희생이 발생했다.

이상규 교수(고신대 역사신학)는 "한국은 짧은 기독교 역사에도 공식적으로 1만명, 비공식적으로는 3만명의 순교자를 배출했다"며 "이는 400여년간 핍박받았던 로마 제국의 순교자 수보다 훨씬 많은 수치"라고 밝혔다(한국교회 순교자 수 초대교회보다 많아, http://goodnewschurch.tistory.com/71).

초기 기독교인들은 하나님에 대한 충성심이 강하여, 즉 믿음이 강하여 목숨을 내걸고 십계명을 비롯한 하나님의 율법을 지키려 했다. 그 대표적인 예가 신사참배 반대 운동(제1-2계명)이다. 신사참배 거부로 인해 투옥된 이는 대략 2천여 명에 달했다. 순교자만도 50여 명에 달했다. 주기철 목사, 박관준 장로, 최상림 목사, 김익두 목사, 손양원 목사, 주남선 목사, 한상동 목사, 이인재 전도사 등이 순교했다. 교회당 소실도 59채였다[김재준, 장공 김재준 박사의 회고, 한국 기독교사 연구, (5) 1985, pp. 12, 16]. 그러나 당시 불교의 사찰이나 천도교의 사당의 피해는 보고되지 않았다.

요약하면, 복음의 파워는 수직문화의 강도에 비례한다. 수직문화가 강한 것만큼 더 강한 회심의 역사가 일어난다.

〈황국신민서사 암송〉　　　　　　　〈궁성요배〉

〈학생들의 신사참배 모습〉

사진 출처:

http://blog.naver.com/PostView.nhn?blogId=icaruskj&logNo=220042360098

한국 기독교와 순교자에 대한 참고자료 더 보기:

http://callingman.tistory.com/130
http://blog.naver.com/PostView.nhn?blogId=ndsan&logNo=221037569557
http://blog.naver.com/PostView.nhn?blogId=icaruskj&logNo=220042360098

그리고 믿음의 강도도 그만큼 정비례한다. 이와 함께 강한 선민의식과 결속력을 가질 수 있다. 이것은 바울이 가졌던 그의 수직문화가 강한 것만큼 회심과 믿음의 강도도 다른 기독교인들보다 더 높았던 것과 마찬가지다. 또한 이것은 인성교육이 잘 되어 한국인의 수직문화가 강할수록 제자화도 그만큼 잘 될 수 있다는 것을 말해준다.

그렇다면 독자들은 여기에서 한 가지 질문을 할 수 있다. 한국인의 수직문화는 그들의 정체성이라고 했는데, 수직문화의 두 가지 심리적 토양(성격과 마음의 토양, personality and heart soils)이 정체성이라는 뜻인가? 이 질문은 수직문화를 바르게 이해하는 데 매우 중요하다.

본서에서 수직문화를 정체성과 동일시한 것은 수직문화를 형성하는 데 필요한 콘텐츠가 정체성을 형성하는 콘텐츠와 동일하다는 말이다. 따라서 한 인간의 정체성은 그가 가지고 있는 수직문화의 콘텐트 교육에 비례한다. 이 말은 수직문화의 콘텐트 교육을 시키지 않으면 정체성도 없을 수 있다는 것을 뜻한다.

그러나 앞에서 설명한 수직문화의 두 가지 토양은 심리학적인 입장에서 강한 수직문화를 가진 한국인들을 분석한 것이다. 물론 한국인의 정체성을 말할 때 콘텐츠 교육이 주류를 이루고 있지만, 심리적인 토양도 한민족의 성격을 다른 민족과 구별하는 데 대단히 중요한 역할을 한다. 왜냐하면 후자의 성격이 형성된 배경에는 전자의 교육이 있었기 때문이다. 따라서 큰 틀에서 전자와 후자 모두 한국인의 정체성 교육에 필요하다고 할 수 있다.

C. 수직문화의 마음과 성격의 토양으로 본 4가지 신앙 타입

앞에서 수직문화의 두 가지 심리적 토양을 설명했다. 즉 1) 마음의 토양(EQ의 마음)과 2) 성격의 토양(의지력)이다. 이것을 근거로 복음을 전하기 위한 전도학적 입장과 그리스도의 형상(하나님의 형상)을 닮아가기 위한 제자학적 입장에서 인간들을 네 가지 타입으로 분류해 보자(도표 참조).

1) A타입(옥토): EQ의 마음도 풍부하고, 의지력도 강한 사람

[씨가] 더러는 좋은 땅에 떨어지매 자라 무성하여 결실하였으니 삼십 배와 육십 배와 백 배가 되었느니라 하시고... (막 4:8)

[말씀이] 옥토(좋은 땅)에 뿌리웠다는 것은 곧 말씀을 듣고 받아 삼십 배와 육십 배와 백 배의 결실을 하는 자니라. (막 4:20)

EQ의 마음도 풍부하고, 의지력도 강한 사람은 마음의 토양과 성격의 토양이 모두 옥토(좋은 땅)다. 따라서 복음을 받아들이기도 쉽고(막 4:20), 그리스도를 닮는 제자 생활도 잘 할 수 있는, 가장 이상적인 사람이다.

왜냐하면 전도학적 입장에서 EQ의 마음이 풍부한 사람은 사랑이 많고 심령이 가난하여 마음 문을 열고 예수님을 영접하기 쉽기 때문이다. 그리고 인성교육학적인 입장에서 성격이 옥토인 사람은 수직문화가 강하여 심지가 깊고 인내력과 의지력이 강하여 율법을 잘 준수하여 그리스도를 닮는 제자가 되기 쉽기 때문이다. 〈저자 주: '의지력'과 '인내력'은 성격의 토양을 더 구체적으로 설명하기 때문에 이후 두 단어를 함께 사용한다.〉

따라서 그는 마음이 착하여 불쌍한 사람을 돌보고자 하는 마음도 많지만, 신앙을 지키기 위해 순교도 할 수 있는 강한 믿음의 사람이다. A타입(옥토) 사람은 말씀을 듣고 받아 많은 결실을 맺는다(막 4:20).

예를 들면, 예수님이 가장 좋은 모델이다. 나사로의 죽음을 불쌍히 여기시어 살리내시고(요 11:11 44), 우리와 같은 죄인을 위해 십자가까지 지신 순교자이시다(롬 5:6-8). 한국인 중에는 손양원 목사 같은 사람이다. 그는 일제가 강요했던 신사참배에 항거하다가 옥살이도 했고, 일평생을 소록도에서 불쌍한 한센병자들을 돌보아 주었던 의인이었다. 예루살렘의 초대교회 유대인들이나 조선인들 중에도 A타입의 인물들이 많았다.

> 명사 특강

마음만 잘 먹으면 스트레스도 약이 된다

'스트레스는 인생의 동반자'라는 말이 있다. 인간의 삶에서 스트레스가 없을 수 없다는 뜻이다. 그런데 우리는 스트레스를 피해야 할 대상으로 여긴다. 어떤 외부 자극 때문에 기분이 안 좋아지면 "스트레스를 받았다"고 말한다. 스트레스가 건강에 안 좋다는 생각도 깊이 뿌리박혀 있다.

하지만 스트레스는 다 나쁘지도 않고, 무조건 피해야 하는 것도 아니다. 스트레스가 아예 없으면 오히려 건강한 삶을 유지하기 어렵다. 우리 몸이 스트레스 요인에 반응하는 습관이 들어 있어야 외부 환경이 변했을 때, 이를 빨리 자각하고 쉽게 적응한다.

스트레스 요인이란 정신적, 육체적으로 가해지는 외부 자극이다. 그 자극을 어떻게 받아들이느냐에 따라 좋은 스트레스(eustress)도 되고, 나쁜 스트레스(distress)도 된다. 사람마다 자신의 성격이나 처한 상황에 따라 스트레스를 받아들이는 자세가 다르다.

따라서 똑같은 자극이 어떤 사람에겐 좋은 스트레스고, 어떤 사람에겐 나쁜 스트레스로 다가온다. 똑같은 상황인데, "힘들지만 극복할 수 있다"고 생각하면 좋은 스트레스를 받은 것이고, "힘들어서 우울하고 화가 난다"고 생각하면 나쁜 스트레스를 받은 것이다. 햇볕이 뜨거울 때 "땀이 많이 나서 무기력해진다"고 생각하는 날이 있는 반면, "이런 날 수영장에 가면 더 즐겁겠다"고 생각하는 날도 있는 식이다.

한양대병원 정신건강의학과 오동훈 교수는 "좋은 스트레스를 받아서 청반(교감신경계 활동을 조절하는 뇌 부위)이 단기적으로 자극을 받으면 각성이 일어나 공부 및 업무 능률이 향상된다"고 말했다.

반면, 나쁜 스트레스를 받아 이 부위가 오랫동안 자극을 받으면 청반의 신경세포가 손상돼 기억력은 오히려 저하된다. 독성이 있는 글루탐산염이 신체 곳곳에 축적돼 고혈압·면역력 저하·암 등으로 이어질 수도 있다.

따라서 자극이 가해졌을 때 긍정적으로 반응하기 위한 노력이 필요하다. 오동훈 교수는 "성격이 예민하거나 고지식한 사람이 나쁜 스트레스를 받는 경향이 있다"며 "이런 사람도 조금만 노력하면 충분히 좋은 스트레스로 바꿀 수 있다"고 말했다.

물리학에서 쓰이던 '스트레스'라는 용어를, 캐나다의 내분비학자 셀리 박사가 처음 의학에 접목시켰다. 어떤 자극이 가해졌을 때 신체가 반응하는 것을 "스트레스를 받는다"고 표현한 것이다. 같은 자극이라도 긍정적으로 받아들이면 "좋은 스트레스(eustress)를 받았다"고 하고, 부정적으로 받아들이면 "나쁜 스트레스(distress)를 받았다"고 표현한다. 그 이후 미국 심리학자 라자러스 등에 의해 "사람마다 성격 등에 따라 똑같은 자극에 좋은 스트레스를 받을 수도, 나쁜 스트레스를 받을 수도 있다"는 주장이 자리 잡았다.

출처: 한희준, 마음만 잘 먹으면 스트레스도 약이 된다, 조선일보, 2013년 6월 19일.

2) B타입(돌밭): EQ의 마음은 풍부하지만, 의지력이 약한 사람

> 더러는 [씨가] 흙이 얕은 돌밭에 떨어지매 흙이 깊지 아니하므로 곧 싹이 나오나 해가 돋은 후에 타져서 뿌리가 없으므로 말랐고…
> (막 4:5-6)

> 또 이와 같이 [말씀이] 돌밭에 뿌리웠다는 것은 이들이니 곧 말씀을 들을 때에 즉시 기쁨으로 받으나 그 속에 뿌리가 없어 잠깐 견디다가 말씀을 인하여 환난이나 핍박이 일어나는 때에는 곧 넘어지는 자요. (막 4:14-17)

EQ의 마음은 풍부하지만, 의지력이 약한 사람은 마음의 토양이 옥토라서 복음을 받아들이기는 쉽지만(막 4:20), 성격의 토양이 안 좋아 그리스도를 닮는 제자 생활을 잘 지탱하기가 힘든 사람이다. 뿌리가 없어 신앙생활을 할 때 빨리 뜨거워지고 빨리 식는 사람이다.

왜냐하면 B타입의 사람은 전도학적 입장에서 EQ의 마음이 풍부하여 사랑이 많고 심령이 가난하여 마음 문을 열고 예수님을 영접하기 쉽기 때문이다. 그러나 인성교육학적인 입장에서 성격의 토양은 수직문화가 약하여 심지가 얕고 인내력과 의지력이 약하여 율법을 잘 지키지 못하기 때문이다. 이런 사람은 자주 실족하고(backsliding) 회개도 자주한다는 단점이 있다.

본문에서 '흙이 얕은 돌밭'(v. 16), '그 속에 뿌리가 없어'(v. 17)는 인성교육학적 입장에서 수직문화가 약하여 심지가 깊지 못하고 인내력과 의지력이 약하다는 것을 뜻한다.

이런 사람은 말씀을 들을 때에 즉시 기쁨으로 받으나, 잠깐 견디다가 말씀을 인하여 환난이나 핍박이 일어나는 때에는 곧 넘어지는 자다. 대표적인 예로 베드로를 들 수 있다. 그러나 그는 넘어질 때마다 예수님과 성령님이 붙잡아 주셔서 믿음 생활을 잘 마무리 지을 수 있었다.

B타입은 주로 마음은 착하나 논리적이고 조직적인 수직문화의 콘텐츠가 약한, 즉 전통과 역사 및 고전에 관한 학식이 짧거나 관심이 없는 이들에게 많다. 따라서 저개발국에 속하는 아프리카 흑인들이나 중남미 사람들 중에 많다. 물론 인내력과 의지력이 얼마나 강하고 약하냐는 상대석이기 때문에 그들 중에도 의지력이 강한 성격을 가진 아프리카 남아공의 만델라 같은 A타입 지도자들이 있을 수 있다.

3) C타입(길가): EQ의 마음은 적지만, 의지력이 강한 사람

[씨를] 뿌릴 새 더러는 길가에 떨어지매 새들이 와서 먹어 버렸고… (막 4:4)

말씀이 길가에 뿌리웠다는 것은 이들이니 곧 말씀을 들었을 때에 사단이 즉시 와서 저희에게 뿌리운 말씀을 빼앗는 것이요. (막 4:15)

예수님께서 말씀하신 '길가'(막 4:4, 15)라는 마음의 토양은 자아가 너무 강하여 마음 문이 돌처럼 굳게 닫힌 '묵은 땅'(호 10:12)을 말한다. 이런 사람에게는 말씀이란 씨앗을 뿌려도 땅에 박히어 싹을 틔울 수가 없다.

따라서 EQ의 마음은 적지만, 의지력이 강한 사람은 마음의 토양이 안 좋아 복음을 받아들이기가 힘들다(막 4:4, 15). 그러나 한번 받아들이면 성격의 토양이 좋아 그리스도를 닮는 제자 생활을 잘 할 수 있는 사람이다.

왜냐하면 전도학적 입장에서 EQ의 마음이 적은 사람은 사랑이 적고 심령이 메마르고 강퍅하여 마음 문을 열고 예수님을 영접하기가 쉽지 않기 때문이다.

그러나 C타입은 인성교육학적인 입장에서 수직문화가 강하여 심지가 깊고 인내력과 의지력이 강한 성격의 토양을 가졌기 때문에 한번 복음을 받아들이면 율법을 잘 준수하여 그리스도를 닮는 제자가 되기 쉽다. 신앙을 지키기 위해 순교도 할 수 있는 강한 믿음의 사람이다.

C타입은 마음의 토양은 돌처럼 굳어 있으나 논리적이고 조직적인 수직문화의 콘텐츠가 강한, 유학(儒學)을 많이 공부했던 양반 선비들에게 많다. 그들은 깊은 생각이나 바른 행동은 한다. 그러나 단점은 율법만 너무 강조하는 율법주의자가 되어 사랑이 적고 심령이 메말라 강퍅하기 쉽다. 자긍심이 너무 강하여 자신은 죄가 없는 의인이라고 칭하기 쉽고, 교만하여 남을 업신여기는 경향이 많다. 고집이 세다. 따라서 남의 말을 들으려하지 않는 경향이 많다.

그 예로는 예수님 시대에 율법주의가 강했던, 엘리트 바리세인이었던 바울이나 유학(儒學)을 많이 공부했던 엘리트 청년 이승만을 들 수 있다. 그들은 처음에 예수님을 강하게 배척했었다.

그러나 하나님의 강권으로 성령님의 은혜를 체험한 이후에는 주님을 위해 큰일을 많이 했다.

바울은 다메섹 도상에서(행 22장), 이승만 박사는 한성감옥에서 하나님의 강권적인 은혜를 체험했다. 청년 이승만이 초기 미국 선교사를 만났던 목적은 예수님에 대한 호기심이 아니고, 영어를 배우기 위함이었다. 그는 그 조건으로 영어를 배웠다고 했다 (이정식, *청년 이승만 자서전*, 신동아, 1979년 9월호).

대부분 일본인의 종교성 토양도 길가에 속한다. 일본인의 복음화율이 아직도 1% 미만인 이유도 EQ 마음이 한국인처럼 풍성하지 않기 때문이다. 그러나 복음을 받아들인 일본인 기독교인들은 평상시 윤리의식이 강했기 때문에 기독교윤리도 한국인 기독교인보다 잘 지킨다(현용수, *현용수의 인성교육 노하우*, 제2권, pp. 153-158).

4) D타입(가시덤불): EQ의 마음도 적고, 의지력도 약한 사람

더러는 [씨가] 가시떨기에 떨어지매 가시가 자라 기운을 막으므로 결실치 못하였고…. (막 4:7)

또 어떤 이는 [말씀이] 가시떨기에 뿌리우는 자니 이들은 말씀을 듣되 세상의 염려와 재리의 유혹과 기타 욕심이 들어와 말씀을 막아 결실치 못하게 되는 자요. (막 4:18-19)

'세상의 염려와 재리의 유혹과 기타 욕심'(막 4:19)은 인생의 재미를 찾는 수평문화, 즉 물질, 권력, 명예 및 유행 등 "육신의 정욕과 안목의 정욕과 이생의 자랑"(요일 2:16)을 뜻한다. 이런 이들은 하나님의 신령한 말씀과 그리스도를 닮는 제자 생활에 무관심한 사람들이다.

따라서 EQ의 마음도 적고, 의지력도 약한 사람은 마음의 토양이 안 좋아 복음을 받아들이기도 힘들지만, 설사 받아드렸다고 해도 성격의 토양이 안 좋아 그리스도를 닮는 제자 생활을 하기가 힘든 사람이다.

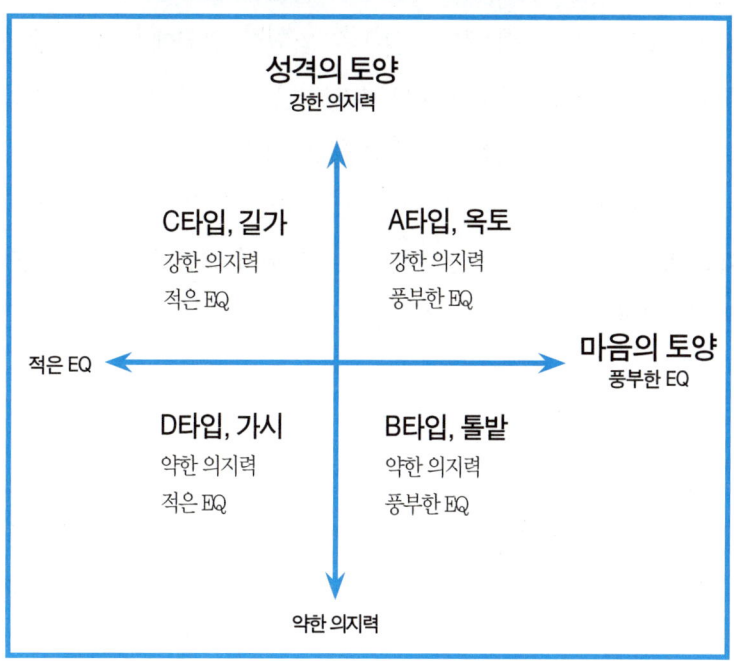

왜냐하면 전도학적 입장에서 EQ의 마음이 적은 사람은 마음이 세상적인 정욕에 취하여 사랑도 적고 영적인 하늘나라에 관한 관심이 없어 예수님을 영접하기가 쉽지 않기 때문이다. 예수님께서 가시덤불의 비유에서 "가시가 자라 기운을 막는다"(막 4:7)는 말씀은 사람이 유혹과 욕심에만 몰두하게 되면 사탄이 건전한 정신이나 영적인 일에 대한 관심을 막는다는 뜻이다.

그리고 D타입은 인성교육학적인 입장에서 성격의 토양이 수직문화가 약하여 심지가 얕고 인내력과 의지력이 약하여 하나님의 율법을 지키기도 힘든 사람이다.

이런 사람은 가장 나쁜 타입이다. 예를 들면 육신의 쾌락을 즐기기 위해 만든 수평문화에 많이 오염되어 권위에 대해 불순종하고 폭력이나 성적 문란에 빠지기 쉬운 사람들이다. 이런 이들은 인생의 의미를 찾는 수직문화를 싫어한다. 따라서 인성교육이 제대로 된 깊은 생각과 바른 행동 대신에, 얕은 생각과 제멋대로의 행동을 하기 쉬운 사람이다. 따라서 그들은 좋은 결신을 맺기 힘들다(막 4:19b).

D. 4가지 신앙 타입 비교 분석

앞에서 수직문화의 두 가지 심리 토양으로 네 가지 타입의 사람을 구분했다. 이제 그들의 공통점과 차이점을 살펴보자. 그리고 자녀교육에 대한 방향을 제공해보자.

첫째, A타입(옥토)과 C타입(길가)은 모두 성격의 토양에서 의지력이 강하다는 공통점이 있다. 그런데 마음의 토양의 차이로 하나님 앞에서 매우 다른 사람이 된다. 왜, 얼마나 다른가?

A타입(옥토)은 EQ의 마음, 즉 사랑이 풍부한 옥토의 마음 밭을 가지고 있으면서도, 성격의 토양은 의지력이 강한 옥토의 사람이다. 반면, C타입(길가)은 EQ의 마음, 즉 사랑이 메말라, 딱딱한 마음의 토양을 가지고 있으면서, 성격의 토양은 인내력과 의지력이 강한 옥토의 사람이다.

전자는 예수님을 믿은 후의 바울의 심리 토양이고, 후자는 예수님을 믿기 이전의 율법주의자였던 엘리트 바리세인 바울의 심리 토양이다. 바울은 예수님을 믿고 성령세례를 받은 후 마음의 토양이 옥토로 변했다. 이런 면에서 전자와 후자의 대표적인 모델이 사도 바울이다.

그는 예수님을 믿기 이전에는 외재적 종교성이 현저히 높았고, 영적 만족감은 현저히 낮았다. 그러나 예수님을 믿은 후에는 내재적 종교성과 영적 만족감이 현저히 높았다(현용수, *문화와 종교교육*, 1993, pp. 166-181). 따라서 A타입의 모델은 예수님이지만 C타입(옥토)도 하나님의 강권적인 역사가 있을 경우에는 예수님을 믿게 된 후 바울과 같은 큰 인물이 될 수 있다는 점에 주목해야 한다.

둘째, C타입(길가)과 D타입(가시덤불)은 둘 다 마음의 토양에서 EQ의 마음이 적다는 공통점이 있다. 그러나 EQ의 마음이 적은 원인은 각각 다르다는 점에 주목해야 한다. 그 원인의 차이점은 무엇인가?

C타입은 율법만 너무 강조하여 사랑이 메말라진 율법주의자가 되어 마음이 강퍅해진 것이 원인이지만, D타입은 육신의 욕심과 쾌락을 즐기기 위해 만든 수평문화에 많이 오염되어 영적인 하늘나라에 관한 관심이 없는 것이 원인이다. 그들은 아예 인생의 의미를 찾는 수직문화에 대한 관심도 없다.

우리는 전자와 후자의 교육 차이에 주목해야 한다. 전자는 그래도 윤리적인 면에서는 수직문화 교육을 받아 깊은 생각과 바른 행동은 하지만, 후자는 수직문화 교육을 받지 못해 얕은 생각과 제멋대로의 행동을 하기가 쉽다. 따라서 C타입보다는 D타입을 더 경계해야 한다. 자녀들을 나쁜 수평문화로부터 격리시켜야 하는 이유가 여기에 있다.

셋째, B타입(돌밭)과 D타입(가시덤불)은 둘 다 성격의 토양에서 의지력이 약하다는 공통점이 있다. 그러나 의지력이 약한 원인은 각각 다르다는 점에 주목해야 한다. 그 원인의 차이점은 무엇인가?

B타입은 주로 논리적이고 조직적인 수직문화의 콘텐츠가 약한, 즉 전통과 역사 및 고전에 관한 학식이 짧거나 관심이 없는 것이 원인이지만, D타입은 주로 육신의 욕심과 쾌락을 즐기기 위해 만든 수평문화에 많이 오염되어 깊은 생각이나 바른 행동을 하지 못하는 것이 원인이다.

따라서 전자의 마음의 토양은 착하고 순진하다고 할 수 있으나, 후자는 EQ 마음이 사라지고 수평문화의 폭력이나 성적 문란 등으로 인해 도덕과 윤리적으로 타락하기 쉽다는 점에 주목해야 한다. 물론 성격의 토양이 B타입이기 때문에 D타입의 성격의 토양으로 더 빨리 변할 수도 있을 것이다.

따라서 인성교육학적 입장에서 앞에서 설명한 4가지 타입을 가장 좋은 것부터 가장 나쁜 것까지 순서를 정한다면 다음과 같을 것이다.

① A타입(옥토) ▶ ② C타입(길가) ▶ ③ B타입(돌밭) ▶ ④ D타입(가시덤불)

그러나 복음 전도학적인 입장에서는 이렇게 정할 수 있을 것이다.

① A타입(옥토) ▶ ② B타입(돌밭) ▶ ③ C타입(길가) ▶ ④ D타입(가시덤불)

왜냐하면 인성교육학적 입장에서 C타입은 B타입보다는 도덕과 윤리적 측면에서 건전한 사람들이 많을 것이지만, 복음 전도학적인 입장에서 B타입은 C타입보다는 복음을 받아들이기가 용이하기 때문이다.

마지막으로 전체 내용을 몇 가지로 요약해보자. 성경에는 '옥토'(좋은 땅)라는 단어 하나만 있는데 왜 저자는 '옥토'를 두 가지, 1) 마음의 토양적 입장에서 옥토(풍부한 EQ)와 2) 성격의 토양적 입장에서 옥토(강한 의지력)로 구분을 하는가? 그래야 하나님의 뜻을 더 명확하게 설명할 수 있기 때문이다.

이것을 에스겔서 말씀을 근거로 답변해보자.

> 그 포도나무를 큰 물가 옥토에 심은 것은 가지를 내고 열매를 맺어서 아름다운 포도나무를 이루게 하려 하였음이니라. (겔 17:8)

여기에 나타난 '옥토'의 종교적 토양은 두 가지 토양, 즉 1) 마음의 토양, 즉 EQ의 마음도 풍부하고, 2) 성격의 토양, 즉 심지가 깊고 의지력도 강한 사람을 말한다. 왜냐하면 그 포도나무가 싹만 난 것이 아니고, 계속 자라 가지를 내고 열매를 맺기까지 했기 때문이다.

이것은 포도나무가 자라는 동안 외풍의 시련에 끝까지 견디는 강한 의지력이 있었기 때문이라고 생각할 수 있다. 저자가 큰 틀에서 수직문화는 복음을 받아들이고 그리스도를 닮는 제자 생활을 잘 하게 하는 종교성 토양이라고 말하는 이유가 여기에 있다.

어떤 이는 인성교육학적인 입장에서 수직문화의 중요성을 강조하는 저자에게 이렇게 묻는다. "'복음'과 '수직문화' 중에 어느 것이 더 중요합니까?" 이 질문은 잘못되었다. '복음'과 '수직문화'는 비교의 대상이 아니다.

왜냐하면 각각 그 목적이 다르기 때문에 용도도 다르다. '복음'의 용도는 영혼 구원이 목적이고, '수직문화'의 용도는 복음을 잘 받아들이게 하고 믿음을 자라게 하는 마음과 성격의 토양을 옥토로 만드는 것이 목적이다.

따라서 천국을 가기 위해서는 복음이 최고이고, 마음 밭을 옥토로 만들기 위해서는 수직문화가 최고다. 따라서 복음을 열심히 전하는 전도도 중요하지만, 전도가 효율적으로 잘 되게 하기 위해 마음의 토양을 옥토로 만드는 것도 중요하다. 현대 선진국

수직문화의 마음과 성격 토양으로 본 기독교인 비교

구분	성격의 토양 (의지력) 그리스도를 닮는 제자 생활(성화)에 유익	마음의 토양 (EQ의 마음) 복음전파에 유익	설 명
조선인 〈옥토〉	강한 의지력	풍부	– 하나님이 쓰시기에 좋은 수직문화를 소유함. – 복음을 잘 받았고 주님을 믿은 후 그리스도를 닮는 제자 생활을 잘 했다. – 윤리의식은 일본인 기독교인보다 낮다.
회심이전 바울1 〈길가〉	강한 의지력	적음	마음의 토양이 굳어서 예수님을 믿기 힘들었다.
회심이후 바울2 〈옥토〉	강한 의지력	풍부	– 예수님을 강하게 배척했지만, 예수님을 만난 후 그리스도를 닮는 제자 생활을 잘 했다. – 순교까지 했다.
일본인 〈길가〉	강한 의지력 〈평상시 윤리의식이 강함〉	적음	– 예수님을 믿기 힘들다. – 그러나 한번 믿으면 한국인보다 그리스도를 닮는 제자 생활을 잘 한다.
베드로 〈돌밭〉	약한 의지력	풍부	예수님을 믿기 쉽지만, 그리스도를 닮는 제자 생활(성화)에서 자주 넘어지고 자주 회개함
수평문화 사람들 〈가시덤불〉	약한 의지력	적음	복음을 받기도 힘들고, 받았다 해도 그리스도를 닮는 제자 생활(성화)이 쉽지 않다.
참고	베드로는 마음의 토양은이 옥토였으나 성격의 토양은 옥토가 아니고 돌밭이었다.		

에서 전도가 잘 되지 않는 것은 부모들이 자녀들의 마음 밭을 옥토로 만드는 데 실패했기 때문이다.

〈저자 주: 그러면 자녀들의 마음을 어떻게 해야 옥토로 만들 수 있느냐에 대한 답은 저자의 저서 *현용수의 인성교육 노하우*(전4권), 참조 바람〉

2. 수직문화에 대한 이론을 증명했던 저자의 연구 논문

수직문화에 대한 이론은 저자의 박사학위 연구 논문에서도 그 정당성이 입증되었다. 저자는 미주 한인 대학생들이 한국의 전통적인 수직문화(Vertical Culture)를 가지고 있을 경우와 미국 문화(수평문화, Horizontal Culture)에 동화되었을 경우, 종교성(Religiosity)과 영적만족감(Spiritual Well-Being)에 어떤 상관관계가 있는지를 실험적으로 연구(empirical research)한 바 있다. 간단하게 말하면, 이 논문은 한국인의 '수직문화와 종교성 및 영적만족감과의 상관관계'를 연구한 것이다.

〈출처: Hyun, Yong Soo. (1990). The Relationship between Cultural Assimilation Models, Religiosity, and Spiritual Well-Being Among Korean-American College Students and Young Adults in Korean Churches in Southern California. Doctoral dissertation, Biola University, Talbot School of Theology, La Mirada CA. Ann Arbor: University Microfilms International.; 한국어 번역판; 현용수, *문화와 종교교육*, 1993(초판); 2007년(수정증보판)〉

통계 자료에 의한 결과는 이렇게 나왔다.

한국의 수직문화를 더 많이 가지고 있으면 가지고 있을수록 바울과 같은 내면적인 종교성(Intrinsic Religiosity)이 현저히 높았고,

영적 만족감도 현저히 높았다. 반면 미국 문화에 동화되면 될수록 바리새인과 같은 외재적 종교성(Extrinsic Religiosity)이 현저히 높았고, 영적만족감은 현저히 낮았다(Hyun, 1990, Biola, pp. 211-215).

이 결과를 쉽게 설명하면 한국의 대학생들이 한국의 전통적인 수직문화(정체성)를 많이 가지고 있으면 있을수록 바울과 같은 내재적 종교성이 현저히 높고, 영적만족감도 현저히 높다는 것이다. 즉 정체성의 본질인 수직문화가 개인의 신앙생활에 그만큼 긍정적인 영향을 현저히 끼친다는 것이다.

이것이 바로 한국인 기독교인은 자신들의 수직문화를 더 많이 갖도록 노력해야 한다는 저자의 주장을 뒷받침해주는 근거가 되었다. 이것이 인성교육의 원리에 기초하여 논리적으로 정리된 생활이 습관화되었으면 한국인 기독교인의 새로운 수직문화가 탄생될 수 있었다.

그러나 불행하게도 한국인 기독교인은 그 이후 미국의 신학문이 밀물처럼 들어오면서 한국인의 수직문화는 모두 잘못된 구시대의 낡은 문화, 혹은 기독교에서는 사탄 문화로 치부하여 버리고 서구 문화에 동화됨으로 수직문화의 저력을 잃어가고 있다. 저자가 이점을 인성교육학적인 입장에서 왜 이것이 잘못되었는지 그 이유를 밝히고 대안을 제시한 책이 '현용수의 인성교육 노하우'(전4권)이다.

이 저서의 이론을 근거로 우리가 잃어버렸던 한국인의 수직문화를 되찾아 더 강한 신본주의 사상을 가진 한국인 기독교인이 되기를 소원한다.

〈저자 주: '수직문화와 기독교', 혹은 '기독교와 민족주의'를 더 이해하려면 저자의 저서 현용수의 인성교육 노하우 제1-2권의 제2부 '인성교육의 본질과 원리: 수직문화와 수평문화'를 참조하기 바란다. 특히 제2권의 제2부 제4장 III. 인성교육 원리 적용 I - 현실 적용, '왜 수직문화가 개인과 민족에게 그리고 기독교인에게 필요한가'에 질문 7 참조 바람. pp. 196-199〉

IV. 소수 개신교가 3.1 운동의 리더가 되었던 교육신학적 이유: 선교사들의 바른 신학교육 때문이었다

앞에서 당시 1.4%(이만열 통계)의 기독교가 한민족의 리더 역할을 하게 된 세 가지 이유를 설명했다.

1) 개신교인들이 복음을 받은 후 민족주의자들로 바뀌었기 때문이다.
2) 한국의 초대교회 지도자들이 '자기 개조 운동'을 했기 때문이다.
3) 조선인에게 강한 수직문화가 있었기 때문이다.

저자는 이 세 가지가 가능하게 했던 뒤에는 북미주 선교사들의 피눈물 나는 헌신과 공헌이 있었다는 사실을 잊어서는 안 된다고 생각한다. 1885년 4월 5일 미국의 두 젊은 선교사들, 호레이스 언더우드(Horace Underwood, 장로교)와 헨리 아펜젤러(Henry Appenzeller, 감리교)가 한국에 들어왔다(Grayton, 1985; Hunt, 1980). 연이어 각 교단별로 해외 선교사들이 들어왔다.

아무리 당시 조선인들이 하나님이 기뻐하시는 종교적 토양인 옥토를 준비했다고 해도 당시 하나님의 말씀의 씨앗을 뿌렸던 농부들의 자질이 좋지 않았다면, 그리고 뿌려진 씨앗, 하나님의 말씀이 좋지 못했다면 좋은 열매를 기대하기 힘들었을 것이다. 당시 하나님의 말씀의 씨를 뿌렸던 선교사들은 대부분 인성교육 학적인 입장에서 최고의 인품과 신학적인 입장에서 최고의 신앙과 보수신학을 가지고 있었다.

그들은 수평문화에 물들지 않았다. 자신들이 거주하고 있었던 나라의 강한 수직문화를 가지고 있었다. 그리고 하나님과 조선인을 사랑했던 젊은 경건한 신앙인들이었다. 이것은 그들이 그만큼 인성교육이 잘 되어 있었다는 것을 증명한다. 그리고 가장 중요한 것은 그들이 구 프린스턴 학파에 속하는 보수 신학을 가졌던 바른 구원론(바른 조직신학)과 성경을 바르게 해석할 수 있었던 바른 주경신학을 가졌던 이들이었다.

당시 동일한 성경을 믿었던 천주교도 있었는데, 유독 개신교에서 일제로부터 독립을 강하게 주장했던 민족주의자들이 많이 나왔던 것과 순교자들이 많이 나왔던 것은 선교사들의 바른 가르침이 있었기 때문이라고 생각된다.

당시 많은 조선인 기독교인들이 하나님이 주신 십계명이란 율법을 지키기 위해 정통파 유대인처럼 순교는 할망정 신사참배는 거부했고, 안식일을 철저하게 지켰던 것은 선교사들의 바른 보수신학이 없었다면 불가능한 일이었다.

또한 선교사들은 조선인들에게 바른 복음과 신학만 전했던 것이 아니라, 기독교인들과 생사를 같이하며 조선 독립을 도왔다. 자신들이 전도하여 얻은 하나님의 백성, 양무리를 지키기 위해 최선을 다했던, 바른 목자들이 많았다.

특히 캐나다 장로교 선교사 스코필드 박사(Frank W. Scofield, 한국 이름은 석호필, 1889-1970), 미국 감리교 선교사 헐버트(Homer B. Hulbert, 1863-1949) 그리고 감리교 선교사 노블(William Arthur Noble, 1866-1945) 등은 3.1 운동의 실체를 사진에 담고 제암리의 만행을 세계에 알려 그 여론을 환기시키는 데 공헌했다(김문기, 스코필드 박사에 대한 교회사적 평가). 실로 이들은 하나님께서 조선을 위해 준비하신 천사들이었다.

그리고 미개했던 조선인들에게 그들이 가르쳐준 서구의 발전된 학문과 성경에 기초한 기독교 윤리는 조선을 개화할 수 있는 놀라운 도구가 되었다. 따라서 그들의 교육을 받은 많은 이들이 반만년 역사에 길이 남을 조선의 민족주의자들이 되었다.

그 대표로 이승만(초대 건국 대통령), 김구(독립운동가), 안창호(독립운동가), 조만식(독립운동가), 윤치호(애국가 작사자) 등을 들 수 있다.

V. 요약 및 결론

1. 요약

1920년대 개신교인은 1.4%였는데(서문의 이만열 통계), 어떻게 그들이 3.1 독립만세운동에서 지도적 역할을 감당했는가? 즉 왜 한민족의 민족주의자들 중에 유독 기독교인들, 특히 개신교인들이 다수를 차지했는가? 앞에서 그 이유를 몇 가지로 설명했다.

1) 개신교인들이 복음을 받은 후 민족주의자들로 바뀌었기 때문이다. 저자는 특히 왜 개신교인들이 민족주의자들로 많이 바뀌었는지, 그 이유를 신학적인 입장에서 설명했다.

성경의 중요 신앙의 인물들이 이스라엘과 유대인을 사랑했던 민족주의자들이었기 때문이다. 구약시대의 모세, 다윗, 다니엘, 예레미야, 에스라 등이 그 예다. 신약시대의 예수님 및 바울 등도 하나님과 이스라엘 및 동족을 매우 사랑하셨던 민족주의자들이었다(마 23:37; 롬 9:1-4). 따라서 개신교인들은 유대인처럼 하나님과 조국 조선 그리고 한국인을 사랑했던 민족주의자들로 변했다.

더구나 당시 조선시대에는 국가의 왕에게 충성하고 부모에게 효도하는 충효를 매우 강조했던 시기였기 때문에 한국인 기독교인들이 더 애국 애족을 강조했었을 것이다. 그리고 유대인처럼 하나님의 백성이라는 강한 선민의식을 가지게 되었을 것이다.

2) 한국의 초대교회 지도자들이 '자기 개조 운동'을 했기 때문

이다. 저자는 당시 조선인들이 왜 기독교인이 된 이후 이전의 잘못된 생활 습관을 성경적인 윤리의 삶으로 바꾸었는지를 성화 및 제자학의 입장에서 설명했다.

개신교식 민족주의가 나오게 된 배경은 안창호, 윤치호, 조만식 선생 등이 '자기 개조 운동'을 했기 때문이라고 했다. '자기 개조 운동'은 "자신의 기존의 잘못된 생각과 생활 방식을 개조하자는, 즉 바꾸자"는 운동이었다. 따라서 케네스 웰즈는 한민족 기독교인의 민족주의를 '자기 개조 민족주의'라고 이름을 붙였다(크리스천투데이, 2017년 9월 25일).

3) 조선인에게 강한 수직문화가 있었기 때문이다. 저자는 왜 개신교가 다른 종교에 비해 극소수인데도 불구하고 3.1 운동을 이끈 지도자 역할을 할 수 있었는지에 대한 답을 인성교육학적 및 종교심리학적 입장에서 설명했다.

저자는 한국인의 수직문화에 존재하는 두 가지 특별한 심리적 토양, 즉 '성격의 토양'(personality soil)과 2) '마음의 토양'(heart soil)을 소개했다. 따라서 본서에서 말하는 '옥토'에는 '성격의 토양이 옥토'라는 뜻과 '마음의 토양이 옥토'라는 두 가지 옥토가 모두 포함한다. 그래서 한 개인이 두 가지 옥토를 모두 갖추어야 인성교육학적인 입장에서 완전한 옥토를 가졌다고 할 수 있다. 한국인에게는 두 가지 토양이 모두 매우 좋은 옥토(좋은 땅)(막 4:20)였다.

마음의 옥토, 즉 풍성한 EQ의 마음은 전도학적인 입장에서 예수님을 믿는 복음전파(evangelism)에 유익했고, 성격의 옥토, 즉 강한 의지는 제자학적 입장에서 그리스도의 형상(하나님의 형상)을 닮는 거룩한 제자 생활(discipleship)에 유익했다. 즉 의지력이 강한 것만큼 복음을 믿었을 때에 그만큼 강한 회심의 파워(역사)가 일어났었다. 믿음의 강도도 그만큼 높았다. 그리고 성화(sanctification)에 대한 의지도 강했다.

그리고 그 파워는 한국인의 정신세계를 깨우는 데 큰 기여를 했다. 그리스도를 닮는 제자 생활을 하는 동안에 유대인처럼 하나님의 백성이라는 강한 선민의식을 가지게 했다. 주님을 위해 순교도 불사하겠다는 믿음의 결단력을 보인 것이다. 즉 강한 수직문화를 가진 조선인들에게 복음이 결합된 결과 폭발적인 파워가 나타나게 된 것이다.

그리고 저자는 인성교육학적 입장에서 성격의 토양과 마음의 토양을 근거로 4가지 신앙의 타입을 설명했다. 그리고 가장 좋은 것부터 가장 나쁜 것까지를 다음과 같은 순서로 정했다. (단 ②번과 ③번은 시각에 따라 순서가 바뀔 수 있다.)

① A타입(옥토) ❯ ② C타입(길가) ❯ ③ B타입(돌밭) ❯ ④ D타입(가시덤불)

4) 북미주 선교사들이 바른 신학교육을 시켰기 때문이었다. 저자는 앞의 세 가지를 가능하게 했던 것은 북미주 선교사들의 헌신과 바른 보수신학교육이 있었기 때문이라는 것을 교육신학적 입장에서 설명했다.

한 마디로 당시 한국인은 일제의 핍박에 시달려 대부분 경제적 및 심령적으로 가난한 자들이었다. 의지할 때 없는 버려진 고아 같은 민족이었다. 그래서 그들은 수직문화가 강한 것만큼 삶에 대한 의지력도 강했고 애통하는 눈물도 많았다.

이런 환경은 로마의 압제에 시달렸던 예루살렘의 초대교회 유대인 교인들과 비슷했다. 이것은 하나님께서 사용하시기에 가장 좋은 종교성 토양이었다(마 5:3-4). 그래서 나머지 3가지 이유가 가능했던 것이다.

따라서 저자는 하나님께서 수많은 큰 민족, 큰 나라들 중에서 하필 가장 수효가 적은 노예민족, 유대인을 택하셨던 것처럼(신 7:6-7), 당시 비슷한 처지에 있었던 한국인을 택하셨다고 생각한다. 하나님께 더욱 감사해야 할 이유가 여기에 있다.

2. 결론

저자는 서론에서 연구를 위한 몇 가지 보조 질문을 했다.

1) 왜 현재는 전도가 잘 되지 않는가? 왜 1920년대처럼 복음의 파워가 나타나지 않는가? 그리고 왜 기독교인이 된 이후 그리스도를 닮아가는 제자화가 쉽지 않는가? (한국기독공보, 2017년 10월 9일)

2) 왜 현재 개신교인은 19.7%(2015년 통계청 종교인구 현황)인데도 불구하고 나라와 민족을 위하여 큰 리더십을 발휘하지 못하고 오히려 사회로부터 비난을 받고 있는가?

3) 그리고 한국교회의 미래를 걱정하는 많은 교계 지도자들이 1920년대 한국의 초대교회를 본받자고 한다. 그런데도 왜 그것이 실현될 수 없는가? 현재는 1920년대와 어떤 면에서 다르기 때문인가?

그 답은 본 논문에서 논했던 3.1 운동의 리더 역할을 하게 되었던 한국인의 네 가지 장점들이 기독교역사 100여년을 지나는 동안 점점 사라지고 없어지고 있기 때문이다.

왜 없어지는가? 그 이유는 큰 틀에서 인성교육학적 및 종교심리학적인 입장에서 한국인의 수직문화가 많이 없어졌기 때문이다. 따라서 현대인의 성격의 토양과 마음의 토양이 옥토에서 가시덤불로 많이 변했다. 그 결과 이에 비례하여 다음 세 가지 현상이 나타났다. 왜냐하면 아래 세 가지도 수직문화의 속성에 포함되기 때문이다.

1) 충효사상이 많이 없어졌다. 따라서 기독교인들 중에 나라와 민족을 사랑하는 민족주의자들이 적어졌다.
2) 율법을 지키려는 성경적 윤리의식이 많이 약화되었다.
3) 보수신학이 자유주의 신학으로 많이 바뀌었다.

그렇다면 왜 수직문화가 없어지면서 이 3가지 현상이 나타났는가? 가장 큰 원인은 한국교회가 풍요해지면서 고난의 눈물이 없어졌기 때문이다. 그렇다고 유대인처럼 자녀들에게 고난의 역사를 기억하는 교육도 시키지 않았기 때문이다. 이것이 바로 풍요의 저주다.

설상가상으로 인간의 본능, 즉 "육신의 정욕과 안목의 정욕과 이생의 자랑"(요일 2:16)을 자극하는 인생의 재미를 찾는 수평문화가 대한민국을 도도하게 휩쓸게 되었다. 개인이나 교회는 변변한 논리적 방어가 없는 틈을 타서 점점 육을 자극하는 수평문화에 빠져들고 있다.

그러면서 개인이나 교회가 강한 신본주의 삶에서 세속의 인본주의의 삶으로 변하기 시작했다. 말씀 중심의 깊이 있는 수직문화적 예배보다는 가벼운 경배와 찬양 위주의 얕은 수평문화적 예배로 변했다. 엄격했던 도덕적 및 윤리적 기준도 느슨해지고 있다.

결론적으로 현재 교회에서 1920년대처럼 복음의 파워가 나타나고 제자화가 잘 되기 위해서는 어떤 종교성 토양을 갖추어야 하는가? 즉 어떻게 옥토를 만들 수 있는가? 이제부터라도 자녀들에게 고난의 역사를 기억시키는 교육을 시켜야 한다. 보수 말씀 중심의 예배와 기도 생활을 회복해야 한다. 그리고 자녀들에게 수평문화를 차단하고 한국인 인성교육의 본질인 고유의 수직문화를 가르쳐 당시의 정신세계를 회복해야 한다. 그래야 주님 다시 오실 때까지 계속 쓰임 받는 한국교회가 될 수 있을 것이다.

참고 자료

기독신보, 조선기독교회통계, 1922년 2월 15일

김재준, 장공 김재준 박사의 회고, 한국 기독교사 연구, (5) 1985, pp. 12, 16.

김문기, 스코필드 박사에 대한 교회사적 평가, http://cafe.daum.net/jangdalsoo/hjOx/293?q=%B5%B6%B8%B3%C0%BB%2%B5%B5%BF%D4%B4%F8%20%BD%BA%C4%DA%C7%CA%B5%E5.

성경(개역개정), (2015). 서울: 대한성서공회.

오승훈, 3.1 만세운동과 기독교의 역할, http://cafe.daum.net/hanachurch1/ptC5/139?q=3.1%B5%B6%B8%B3%B8%B8%BC%BC%BF%EE%B5%BF%B0%FA%20%B1%E2%B5%B6%B1%B3.

웰즈, 새 하나님, 새 민족: 1896~1937년 한국 개신교와 자기 개조 민족주의에 대한 고찰, 순교자의 소리, 2017 개역증보판.

이만열, 3·1운동은 기독교의 정의·사랑·평화에 기초, http://cafe.daum.net/InHissteps/ZTAz/2385.

이상규, 한국교회 순교자 수 초대교회보다 많아, http://goodnewschurch.tistory.com/71.

인요한, CBS, 인요한 박사가 본 한국교회, 한국 사회, 2018년 3월 22일.

종교학 벌레, 2%의 기독교와 26%의 기독교, http://bhang813.egloos.com/1876602.

최찬영. *이민 목회와 21세기 기독교 선교의 방향*. 크리스천 헤럴드 USA,
　　1995년 9월 29일, pp. 10-11.

통계청 종교인구 현황; 2015년, http://cafe.daum.net/mahanaim3927/Vj8B/846?q=
　　한국%20기독교%20인구.

크리스천투데이, 남한 기독교의 힘 연구하다 일제시대 기독교 민족주의 재발견,
　　2017년 9월 25일.

한국기독공보, 한국교회 주요교단 교세 현황, 다음세대 큰 폭 감소, 2017년 10월 9일.

현용수, (1993). *문화와 종교교육*, 서울: 쿰란 출판사.

_____, (2006). *잃어버린 구약의 지상명령 쉐마, 제1권*. 서울: 쉐마.

_____, (2006). *잃어버린 구약의 지상명령 쉐마, 제2권*. 서울: 쉐마.

_____, (2006). *잃어버린 구약의 지상명령 쉐마, 제3권*. 서울: 쉐마.

_____, (2015). *현용수의 인성교육 노하우, 제1권*. 서울: 쉐마.

_____, (2015). *현용수의 인성교육 노하우, 제2권*. 서울: 쉐마.

_____, (2015). *현용수의 인성교육 노하우, 제3권*. 서울: 쉐마.

_____, (2015). *현용수의 인성교육 노하우, 제4권*. 서울: 쉐마.

영문 자료

Grayton, J. (1985). *Early Buddhism and Christianity in Korea*. Leiden: E. J. Brill.

Hunt, E. (1980). *Protestant Pioneers in Korea*. Maryknoll: Orbis Books.

Hyun, Yong Soo. (1990). The Relationship between Cultural Assimilation Models, Religiosity, and Spiritual Well-Being Among Korean-American College Students and Young Adults in Korean Churches in Southern California. Doctoral dissertation, Biola University, Talbot School of Theology, La Mirada CA. Ann Arbor: University Microfilms International.

인터넷 자료

http://creamchoco.tistory.com/35.

http://cafe.daum.net/InHisstepsZTAz/2385?q=%C0%CC%B8%B8%BF%AD%20%B1%B3%BC%F6%BF%CD%203%2C1%BF%EE%B5%BF.

http://www.sion.or.kr., 2003년, 9월 2일.
http://blog.naver.com/PostView.nhn?blogId=icaruskj&logNo=220042360098

http://callingman.tistory.com/130

http://blog.naver.com/PostView.nhn?blogId=ndsan&logNo=221037569557

http://blog.naver.com/PostView.nhn?blogId=icaruskj&logNo=220042360098

민족대표 33인: http://creamchoco.tistory.com/35, https://ko.wikipedia.org/wiki/민족대표_33인다.

부록

〈저자 주: 저자와 김진섭 박사는 쉐마사역의 귀한 동역자다. 그 분도 이스라엘 학회 사역을 하면서 한국인을 제2의 이스라엘 민족으로 많이 언급했다. 따라서 그 분이 그렇게 주장 할 수 있는 논문을 부록으로 첨가한다. 독자들에게 유익한 정보가 될 것이다.〉

김진섭 박사 특별 논문 기고

한국인을 제2의 유대인으로 부를 수 있는 성경신학적 고찰

김진섭 박사 (Ph.D., 구약학)

- 백석대학교 평생교육신학원 학장
- 쉐마교육학회 회장
- (사단법인) 이스라엘포럼 회장
- 쉐마교사대학 9회 졸업
- 아시아신학연맹-한국(ATA-K) 회장
- 미국 Dropsie 대학교 고대근동학(M.A.,Ph.D.)
- 미국 Covenant 신학대학원 구약학(Th.M.)
- 고려신학대학원 목회학(M.Div.)
- 서울대학교 농화학과(BA)

필자가 현용수 박사님을 만난 지 벌써 30년을 향하고 있다(현용수, '쉐마교육 개척기', 2012, 419, 423-24 참조). 나는 그 당시 로스앤젤레스 남부에서 세 번째로 교포교회를 개척하여 섬기면서 동시에 서부 웨스트민스터신학대학원 구약학 객원교수를 하고 있었다. 미주총신에서도 가르치게 되면서 박사학위 취득 후 이미 몇 년 지난 그를 신학생으로 만난 것이다. 이것이 우리를 향하신 "두 사람이 한 사람보다 낫다"(전 4:9-12)는 지금까지 동역의 출발점이다.

현 박사님은 지금까지 인성교육과 쉐마교육의 개론(전3권), 인성교육론 시리즈(전7권), 쉐마교육론 시리즈는 27권, 도합 37권의 책을 집필하셨다. 이번에 출간하는 '제2의 이스라엘 민족 한국인'은 그가 다루는 거의 마지막 주제임을 밝혔다. 이스라엘과 유대인의 107개 유사점들을 5가지 영역, 즉 (1) 지리와 역사적 측면(17개), (2) 가족의 가치와 제도 측면(35개), (3) 교육과 문화의 측면(16개), (4) 종교적 측면(16개), (5) 경제발전 측면(23가지)에서 소개한다.

특별히 지난 5월4일 이메일을 통하여 그 당시까지 연구한 60개 유사점의 항목과 함께 다음과 같은 영예로운 초청을 해 주셨다(그때부터 불과 50일도 못되어 107개로 확장 심화함은 노익장의 놀라운 학구열과 하나님의 특별하신 은총을 드러낸다).

"지난 1년 동안 신간을 준비하면서 김진섭 박사님의 말씀이 많이 생각났습니다. 쉐마와 이스라엘 연구와 함께 가야한다는 말씀입니다. 연구를 해보니까 주님의 재림을 준비하기 위해 한국 민족과 이스라엘 민족이 함께 힘을 합쳐야 한다는 결론을 얻게 되었습니다. 아래에 이어지는 저자 서문을 읽어보시고 서평을 써 주실 수 있는지요? 또한 읽으신 후 이와 유사한 김 박사님의 견해가 있으면 김 박사님의 존함으로 첨가해도 좋습니다. … 늘 부족한 종의 쉐마사역에 동역해 주셔서 감사합니다."

회고해 보면, 2009년 6월 쉐마교육학회 창립을 필자가 제언하여 1대 회장으로 현 박사님이 잠시 수고하시고, 줄곧 지금까지 부족한 필자가 회장을 맡아오는 동안, 본인은 "이스라엘신학포럼(현 사단법인 이스라엘포럼의 전신)"을 2013년에 설립하여 유대인의 복음화를 향한 한국인의 비전과 사명을 일깨우고 실천하는 일에 진력해 오고 있다.

"깊도다, 하나님의 지혜와 지식의 풍성함이여, 그의 판단은 헤아리지 못할 것이며 그의 길은 찾지 못할 것이로다."(롬 11:33) 라는 신앙고백으로 오늘 여기까지 인도해 오신 성삼위 하나님께 감사와 찬양을 올릴 수밖에 없다.

필자는 미국 세인트루이스에 소재한 카버난트(Covenant)신학대학원에서 신학석사(Th.M. 구약학) 과정(1977.9~1978.12)을 마친 후, 필라델피아에 소재한 유대인이 설립한 드랍시(Dropsie) 대학교에서 고대근동학(수메르어 전공) 박사과정을 만 12년 이상 (1979.1~1991.5) 지나는 동안, 문선명의 통일교 집단에 의해 유대인 중산층의 젊은이들이 포섭되는 심각한 문제의 대책을 세우는 가운데, 이사장, 총장, 지도교수를 비롯한 지역사회의 유대인 지도자들과 개인적 친분이 형성되면서, "한국인은 제2의 유대인이다"라는 다소 의외의 말을 종종 듣게 되었다.

이들이 이렇게 말하는 배경에는 주로 뉴욕의 한인 상공인들을 자주 접하면서 그들이 (1) 한국 어린이가 '아빠'(압바, אבא), '엄마'(엠, אם 임마, אמה)를 유사하게 부르는 것을 들으며, (2) 부지런

한 한국인이 감히 유대인 업체를 그것도 현금 거래로 인수하며 (심지어 미국 로스앤젤레스, 시카고, 뉴저지, 뉴욕 등에서 유대인 회당을 한 인교회당으로 바꾼 현장에서 부흥사경회 인도를 하면서 직접 목격했다). (3) 자녀의 생업을 도와 2층에서 러닝셔츠와 반바지 차림으로 물통을 들고 가게를 오르락내리락하는 유대인 부모 같은 모습에 익숙했기 때문이었다.

만 20년의 미국 목회와 교수 생활을 끝내고 1997년 8월 귀국하여 백석대학교에서 봉직하는 동안 한국인이 왜 "제2의 유대인"이라 불러질 수 있는가에 대한 보다 성경적, 신학적, 역사적 이유를 깊이 생각하게 되었다. 그러는 가운데 기회가 왔다. 한국과 이스라엘의 수교 50주년을 기념하여 이스라엘문화원과 International Fellowship of Christians and Jews(IFCJ)가 건국대 새천년기념관에서 공동주최한 제7회 국제심포지엄(2012.9.13)에 "한국-이스라엘 수교 희년을 맞으며 한국인이 '제2의 유대인'이라는 의미와 역할"이라는 제목으로 주제 강연을 하게 되었다.[1]

최근 "사단법인 이스라엘포럼"(NPO Israel Forum)이란 새로운 이름으로 출범하고 그 대표가 됨을 축하하는 창립 감사예배와 제6회 이스라엘신학포럼을 함께 갖게 되는 역사적인 자리를 기

---

1   김진섭, 『대한민국 이스라엘 수교 50주년 기념 제7회 국제 심포지엄 및 이스라엘 문화 공연: 크리스천과 유대인, 그 관계의 새로운 조명』 (서울: 이스라엘문화원, 2012), 16-53(한글), 54-65(영문 요약).그 강연을 수정 보완하여 "유대인과 무슬림 선교의 비전과 사명 (2): 한국-이스라엘 수교 희년을 맞으며 한국인이 '제2의 유대인'이라는 의미와 역할을 중심으로"(『백석신학저널』 23 [2012가을], 85-136)와 "한국과 이스라엘의 우호관계: 과거, 현재, 미래-'원뉴맨' 운동을 중심으로"(『한국교회 이스라엘 사역의 비전과 사명: 제2회 이스라엘신학포럼(2015.10.12) 자료집』, 11-71)로 발전되었다.

념하여, "하나님의 섭리역사와 이스라엘과 한국의 역할"이라는 주제에 부응하여, "'온 이스라엘의 구원'(롬 11:26a)을 향한 한국 그리스도인의 역할"을 특별히 태고역사(창 1-11장)의 맥락에서 살펴보았다.[2]

필자는 위의 질문들에 관해 이미 여러 경로로 자신의 이해를 피력하였고,[3] 6회에 이르는 이스라엘신학포럼과 5회에 이르는

---

[2] 김진섭, "'온 이스라엘의 구원'을 향한 한국 그리스도인의 역할—태고역사(창 1-11장)의 맥락에서 읽기", 『하나님의 섭리역사와 이스라엘과 한국의 역할』, 〈제6회 이스라엘신학포럼 자료집; 서울: 사단법인 이스라엘포럼, 2019〉, 107-158. 본 논고가 함유하고 있는 주제는 "하나님의 전체 경륜"(The Whole Counsel of God, 행 20:27)에서 보는 "온 이스라엘의 구원"(롬 11:26a)의 통시적 의미와, 그 성취를 향한 "한국 그리스도인의 역할"이라는 두 가지 구성요소를 지닌다.

[3] "이스라엘 회복과 성령 충만, 사 44:1-5", 『백석신학저널』 21 (2011가을): 153-174; "유대인과 무슬림 선교의 비전과 사명 (1): '첫째는 유대인에게요, 그리고 헬라인에게로다'", 『백석신학저널』 22 (2012봄): 111-172; "이스라엘 신앙공동체 회복과 성령님의 사역: 이사야 44:1-5를 중심으로", 한국동남성경연구원 편, 『황창기 교수 고희 기념 논문집: 성경의 구원, 어떻게 설교할 것인가?』 (서울: 그리심, 2012), 143-172; "한국 그리스도인의 유대인·무슬림 선교의 비전과 사명: '아브라함 언약'(창세기 12:1-3)을 중심으로", 『2012 아시아 TJCII 성회(2012.8.13-15) 자료집』 (서울: 2012 아시아 TJCII 성회 준비위 원회, 2012), 31-55; "유대인과 무슬림 선교의 비전과 사명 (3): 토라 '613계명'(타르야그 미쯔보트)의 현대적 의미", 『백석신학저널』 24 (2013봄): 69-127; "'여호와의 전쟁신학'이란 안경으로 읽는 성웅 이순신(1545-98)", 『군선교신학』 11 (2013가을), 290-332; "구약성경으로 읽는 남북통일 운동", 『통일시대, 교회는 무엇을 준비해야 하나?』 (백석남북통일위원회 창립포럼 발제집 [2014.5.29.]), 24-56; "유대인과 무슬림 선교의 비전과 사명(4): '원뉴맨'(One New Man, 한 새사람) 개관", 『백석신학저널』 27 (2014가을): 97-131; "구약 절기와 신약 교회력의 만남: 오순절 성령강림주일을 중심으로", 『군선교신학』 12 (2014가을), 126-191; "한국과 이스라엘의 우호관계: 과거, 현재, 미래—'원뉴맨' 운동을 중심으로", 『한국교회 이스라엘 사역의 비전과 사명』. 제2회 이스라엘신학포럼(2015.10.12) 자료집, 11-71; "유대인과 이방인의 '원뉴맨'", 「2017 이스라엘목회자 세

이스라엘신학 콜로키움을 통해 다루어 왔다.[4]

필자는 제한된 지면으로 인해 현용수 박사님이 본서에서 다

미나(2017.9.11) 강의안」 (서울: 교회성장연구소, 2017), 106-149; "마르틴 루터의 '솔라 스크립투라' 반유대인주의와 이스라엘신학포럼의 비전과 사명", 「제4회 이스라엘신학포럼(2017.10.26) 자료집」 (서울: 이스라엘신학포럼, 2017), 7-68; "이스라엘 회복의 예언과 성취: 현대사에 나타난 이스라엘-교회의 7대 신비", 「제5회 이스라엘신학포럼(2018.1.31) 자료집」 (서울: 이스라엘신학포럼, 2018), 8-43; "이스라엘 건국 70주년과 구약의 알리야 예언과 성취", 「백석신학저널」 35 (2018가을): 59-87.

4 '이스라엘포럼'에 관하여는 제1회 국제학술대회(2014.9.16-21), "성경이 말하는 이스라엘과 한국교회의 과제"라는 주제로 발표(Mitch Glaser, Raymond Gannon, Barry Horner, Joel Rosenberg, Rich Freeman, 김진섭, 권혁승); 제2회(2015.10.12일), "한국교회와 이스라엘 사역의 비전과 사명"이란 주제로 발표(김진섭, 권혁승, 정연호); 제3회(2016.10.6), "이스라엘의 독립과 메시아닉 교회의 성장과 비전"이란 주제로 발표(Erez Soref, 김진섭, 권혁승, 정연호); 제4회(2017.10.26), "제2종교개혁을 향한 이스라엘신학의 비전과 사명"이란 주제로 발표(Erez Soref, 김진섭, 권혁승, 정연호); 이스라엘 독립 70 주년을 맞아 이스라엘 히브리대학교에서 제5회(2018.1.31), "이스라엘 회복의 예언과 성취"라는 주제로 발표(Erez Soref, Stephen Pfann, Eitan Bar, Johanan Seiden, 김진섭, 권혁승, 정연호), 제6회(2019.9.5), "하나님의 섭리역사와 이스라엘과 한국의 역할"이라는 주제로 발표(Mitch Glaser, Erez Soref, 김진섭, 권혁승)로 진행되었다.

성경이 말하는 이스라엘에 대한 통전적 바른 이해를 돕기 위해 보다 심도 있는 전문성과 논리적 연속성을 지닌 주제를 가지고 한국의 신학자들의 적극적 동참을 위해 4분기별 정기적으로 기획된 '이스라엘신학콜로키움'에 관하여는, 제1회(2018.5.7), "이스라엘 나라의 회복(행 1:6): 예루살렘의 회복을 바라보며"라는 주제로 발표(발제: 신성윤, 논찬: 곽철호, 김신애); 제2회(2018.7.16), "로마서가 말하는 유대인과 이스라엘의 개념 연구"라는 주제로 발표(발제: 심상길, 논찬: 소기천, 배재욱); 제3회(2018.10.8), "교회 공의회는 역사적으로 유대인 주제를 어떻게 다루었는가?"라는 주제로 발표(발제: 최정기, 논찬: 남성현, 임원택); 제4회(2019.1.21), "언약신학과 세대주의신학은 이스라엘 이해에 관하여 어떻게 변화하고 있는가?"라는 주제로 발표(발제: 곽철호, 논찬: 김윤태, 최인식), 제5회(2019.5.7), "로마서 9-11장, 어떻게 이해할 것인가?"라는 주제(발제: 소기천, 논찬: 조갑진, 김추성)로 진행되었다.

루지 아니한 성경신학적 고찰만을 요약적으로 살피고자 한다. 자세한 논의는 각주의 참고문헌들을 보시기 바란다.

1. 한국인의 성경신학적 기원, 그 비전과 사명(창 10:30; 12:3; 사 55:5)[5]

(1) 노아의 예언적 찬송에 나타난 셈의 '이중적인 복'(창 9:26-27), 즉 "셈의 하나님 여호와"와 "하나님이 셈의 장막에 거하심"이 구체적으로 어떻게 선택–집중하여 성취되었는가에 대하여, 에베르(עֵבֶר, '건너감, 강 저편'[티그리스, 유프라테스, 홍해, 요단강]; 여기서 '히브리'[이브리, עברי]란 명칭이 유래했다)의 두 아들 중에 장남 펠레그(פֶּלֶג) 계보(창 11:10-26; 대상 1:17-19, 24-27)에서 이스라엘의 조상인 아브라함이 나왔고, 차남/막내인 욕탄(יָקְטָן) 계보(창 10:26-30; 대상 1:20-23)에서 한민족이 나왔다.

(2) 특별히 창세기 10:30, "그리고 그들의 거주지는 [출발지] 메샤(מֵשָׁא)에서부터 [종착지] '세파르를 향하여'(סְפָרָה) '가는 방향으로'(보아카, בֹּאֲכָה)[6] [이동 경로] '그 동쪽의 산[맥]'(하르 하케뎀, הַר הַקֶּדֶם)'이었다"(창 10:30, 원문사역)는 명시된 장소들의 원문주

---

5 김진섭, "'온 이스라엘의 구원'을 향한 한국 그리스도인의 역할—태고역사(창 1-11장)의 맥락에서 읽기", 『하나님의 섭리역사와 이스라엘과 한국의 역할』, (제6회 이스라엘신학포럼 자료집; 서울: 사단법인 이스라엘포럼, 2019), 107-158; "나의 비전과 사명: 창세기 10:30; 12:3; 이사야 55:5를 중심으로", 『백석대학교기독교전문대학원 2019년 구약학 추계학술대회 자료집』 (2019.11.18.), 1-40.

6 문법적으로 "~로 네가 오는"(Qal 부정사 연계형 + 2인칭 남성단수 소유격 + 방향 h)이란 의미로, 창 10:19(2x), 30; 13:10(h 없이); 25:18; 삼상 15:7; 27:8에 사용되며, "~에 이르는, ~의 방향으로"라는 지정학적 방향을 가리킨다.

석, 유적 및 역사적 자료를 연계하여,[7] 한민족은 하나님의 신비한 경륜의 "이방인의 충만한 수가 들어오기까지"(롬 11:25; 참조. 눅 21:24) 숨겨두신 종말론적 세계선교 주자이다.

(3) "이방 민족"(신 32:21[로-암 고이 나발, לֹא־עָם גּוֹי נָבָל, "백성 아닌 자, 어리석은 민족"]과 사 65:1-2[로-샤알루 로 비크슈니 고이 로 카라 비셔미 암 소레르, לֹא־שָׁאֲלוּ גּוֹי בִקְשֻׁנִי לֹא קֹרָא בִשְׁמִי עַם סוֹרֵר "나를 구하지 아니하던 자, 나를 찾지 아니하던 자, 내 이름을 부르지 않던 민족, 완고한 백

---

7 보다 포괄적인 이해를 위하여, 참조. Olufolahan Akintola, Nations of the World...How They Evolved는 3부작으로 "함의 네 아들"(Part 1, Families and Nations that Came Out of Ham [Hilldew View International, 20134]), "셈의 다섯 아들"(Part 2, Nations that Evolved from the Five Sons of Shem Ham [Hilldew View International, 2011]), "야벳의 일곱 아들"(Part 3, Great Prophecies Concerning Europe: Nations Established by Japheth's Descendants [Hilldew View International, 2013])에서 유래한 국가들에 대하여 상론하고 있다; 유석근, 『또하나의 선민 알이랑 민족』 (고양: 도서출판 예루살렘, 2005); 『알이랑 고개를 넘어 예루살렘으로』 (고양: 도서출판 예루살렘, 2009); 『밝혀진 적그리스도의 정체』 (고양: 도서출판 예루살렘, 2005). cafe.daum.net/alilang에 최근의 논의들에 대한 그의 자료들을 얻을 수 있다.

(1) 메샤: 동양의 산악지대들의 길목에 위치한 곳으로 지도상에서 아라랏산 동편의 카스피해 남동쪽, 이란 북동부에 있는 현 이란의 제2 도시로서 이슬람 성지인 Meshed/Meshhad로 추정한다.

(2) 세파르: 시베리아의 최초 지명인 '세베르/시비리' 및 '새벌'의 고어와 연계하여 '새 벌판'이라는 뜻이다. 동방의 산악지대 즉 파미르고원→천산산맥→알타이산맥을 넘어 동쪽으로 좀 더 이동하면 마침내 광활한 '새벌'인 시베리아 벌판을 만난다. 시베리아는 고조선의 창건 무대인 만주 대륙이 연장된 땅으로 우리 한민족의 역사의 고향이다.

(3) 동쪽 산맥: 태평양과 맞닿는 아시아 극동 가장자리에는 백두산과 국토 70%가 산지인 한반도가 있다. 욕단의 아들 중에 빛이 시작되는 땅인 유라시아 대륙의 동쪽 땅 끝까지 이동하여 우리 배달민족의 조상이 되었다. 하나님께서 말일에 쓰시려고 동방의 땅 끝에 숨겨두신 욕단 계열의 후손이 한민족이다.

성"의 인용인 롬 10:19-20])으로서 유대인을 도울 자는 누구인가?

사 55:5(고이 로-테다 베고이 로-예다우카, וְגוֹי לֹא־יְדָעוּךָ אֵלֶיךָ יָרוּצוּ, "네가 알지 못하는 이방 민족, 그들이 너를 알지 못하는 이방 민족"[한국은 중국과 일본과는 달리 역사적으로 유대인과는 '알지 못하는' 관계였다]); "해 돋는 곳에서 '급히 흐르는 계절천(wadi)'[영적 쓰나미] 같이 몰려올"(사 41:25; 59:19), "여호와께서 부르신/여호와를 부르는(Hy' areqo, 코레 야; Corea[일본제국이 Korea로 개명한 것 유의]; 유대인 kipa/yarmulke와 비교할 수 없는 한국인이 상투와 갓[God])" '선택된' (Chosen[이씨 조선]) 민족으로 최상의 후보는 유대인과 혈통적 사촌관계인 한국이 아니겠는가?

2. 성경으로 읽는 이스라엘-한국 역사

기독교대한감리회 윤호환 감독은 신사참배 80년 우상숭배 역사를 이스라엘의 장구한 우상숭배 역사와 대조하여 다음과 같은 4기로 나누어 우리시대를 향하여 회개와 순종의 결단을 촉구한다는 점에서 시사하는 바가 크다.[8]

제1기: 신사참배(1938.9.10)의 징계로서 당대 고통
제2기: 625 동란(1950-53)의 징계로서 1968년까지 육신의 고난
제3기: IMF(1997)의 징계로서 1998년까지 정신적인 고난

---

8   삼일절 기념 신사참배 회개 구국기도회(2018.2.25)를 위해 8쪽의 소책자로 배포한 윤보환, 『신사참배 80년(1938.9.10-2018.2) 우상숭배의 죄를 용서하여 주옵소서』.

제4기: 2028년까지 영적 고난(대형교회, 목사 리더십, 강력한 우상인 이단 등)

(1) 에스겔 8:16-18의 맥락에서 일제강점기 '태양여신'(天照大神, 天祖大神, 아마테라수 오미카미)과 싸운 애국 그리스도인들

예루살렘을 일차적으로 정복한 바빌론 느부갓네살 왕이 여호야김의 아들 여호야긴과 에스겔을 포함한 약 만 명의 유대인들을 포로로 바빌론에 끌고 간(주전 597년; 왕하 24:14) 후 6년째 해 (주전 592년 9월 17일)에 에스겔 선지자는 자기 집에서 유다의 장로들과 함께 앉아 있는 동안 하나님의 영에 이끌려 환상 중에 예루살렘 성전에서 행해지고 있는 4가지 종류의 우상숭배를 목격하게 된 것을 에스겔 8장에서 알려준다.

즉, '질투의 우상'(아마도 여호와 하나님의 아내 격으로 세운 아세라 상; 5절), 곤충과 가증한 짐승(애굽 신들; 10절; 참조. 왕하 23:31-35), 탐무즈(14절)를 위한 여인들의 애곡, 그리고 종교적 '가증'(토에바, hb'[eAT)의 극치로서 25명(16절; 11:1)의 지도자들이 성전 문, 곧 현관과 제단 사이에서 지성소의 하나님을 등지고 심지어 나뭇가지를 자신들의 코에 두는 이방종교 행위와 함께 '동방요배'를 하여 하나님을 격노케 함이 그것이다.

이스라엘 백성의 신앙은 그 기초가 "유일하신 하나님 여호와를 사랑하고, 그의 모든 계명을 기쁨으로 준수하여 하나님과 같이 거룩 하라!"는 '쉐마'(신 6:4-9; 11:13-21; 민 15:37-41) 정신에 놓여있다면, 레위기 26장과 신명기 28장이 대표적으로 확증하는 것처럼 창세기 12장에서 말라기 4장(히브리성경의 순서로는 역대하 36장)에 이르는 이스라엘의 전 역사는 이 쉐마 정신을 따라 "하나님 사랑과 그 계명의 순종"에 따른 하나님의 언약적 복(레 26:3-13; 신 28:1-19)과 "우상숭배와 하나님 계명의 불순종"에 따른 징계(레 26:14-39; 신 28:20-68)와 "조상들과의 언약을 기억하시는 하나님의 주권적 긍휼과 이스라엘의 회개와 순종"에 따른 회복과 갱신(레 26:40-45)이 교차된 역사로 요약될 수 있을 것이다.

이런 맥락에서 이미 앗수르에 의해 망해버린(주전 722년) 북 이스라엘과 함께 남 유다 왕국이 완진히 멸망하기끼지, 다니엘(주전 620?-530?) 및 귀족들이 주전 605년 1차 포로로 바빌론에 끌려오고(단 1:1-4), 에스겔(주전 623?-570)및 만 명 이상이 주전 597년 6월에 2차 포로로 끌려오고(겔 1:1; 왕하 24:14-16; 렘 52:28), 마침내 주전 586년 9월에 예루살렘의 멸망과 3차포로가 끌려오고(왕하 25:8; 렘 52:29), 주전 592년 그달리야 총독을 살해하고 애굽으로 도망가는 자들이 예레미야 끌고 간 후 4차포로(렘 52:30)에 의해 완전 황폐화 되어버리는 배후에는 에스겔이 보았던 지속적인 온갖 형태의 만연한 우상숭배와 종교혼합주의가 그 중심 요인임을 확인할 수 있다.

특별히 우리가 집중적으로 관심을 갖고 살피고자 하는 태양신 우상숭배는 유일하신 하나님 여호와를 믿는 유대인들에게 절대 엄금된 것이었다면(신 4:9; 17:3; 왕하 23:5, 11), 일제 강점기 36년 동안 일본제국이 한국인의 정체성을 말살하려는 다양한 문화 종교 침략과 '내선일체'(內鮮一體) 황민화라는 동화 정책의 일환으로서, 일본 국가종교인 신토(神道)의 태양여신 아마테라수의 아들로서 일본 왕을 천황(天皇)이라 부르는 신격화(顯現神, 現人神, 生神)와 숭배를 위해 한국 곳곳(사적지, 학교, 가정)에 신사를 세운 뒤 종교의식인 신사참배(神社參拜), 동방요배, 죄를 씻는 미소기하라이(身禊祓) 침례, 일본(황)군의 백귀난행(百鬼亂行), 기미가요(君が代) 제창, 일장기(日章旗, 히노마루) 게양, 어진영(御影, 고신에이)에 대한 경례를 강요했을 때, 우상 숭배를 명시적으로 엄금하는 기독교 교리를 따르는 기독교 사립학교들과 그리스도인들이 '제2의 유대인' 같은 신앙자세로 결연히 맞서며 순교의 길을 따랐다.

일본 헌법은 형식적으로 양심과 신앙의 자유를 보장하지만, 오늘에도 일부 우익 인사들과 군국주의자들에 의해 자행되고 있는 태평양 전쟁 전범이 안치된 야스쿠니 신사에 일본 정치인의 신사참배, 동방요배, 독도 영토 분쟁, 종군 한국여성 위안부 사실성 부인, 일본과 한국간의 과거사 청산을 저해하는 황국사관(皇國史觀)에 기초한 일본역사 왜곡교과서, 런던 올림픽에서도 나타난 욱일승천기(旭日昇天旗) 등, 일본정부 자신들의 역사 왜곡에 대한 냉담하고 뻔뻔한 야누스적 이율배반은 이미 일제 36년 한국 강점기를 전후한 '대일본제국' '신국일본'의 발단, 전개, 결말에서 드러난 간교한 만행의 치밀성과 악착성이 역사의 '유추적 해석'(interpretation by analogy) 원리를 따라 오늘 여기 정확하게 반복되고 있는 위험에 우리는 경종을 울리지 않을 수 없다.

게다가 그들이 지향하는 신제국주의 천황숭배는 살아 계신 하나님 앞에서 한국교회가 명백하게 청산했어야 할 소위 '친일파 전통'의 과거사와 함께 한국 그리스도인의 신앙고백적 태도 표명을 새롭게 요청하는 것이며, 동시에 하나님이 일본제국주의와 친일파 전통을 따른 한국교회에 내리신 경고와 징계의 역사적 교훈 역시 기억해야 할 것이다.

(2) 하나님의 주권적 은혜인 1945년 8월 15일 광복절

한국현대사에 가장 소중한 날은 일제의 36년 만행에서 하나님이 한국을 극적으로 독립시긴 광복절이다. 하나님의 '특별한 은혜'(하무도트, חֲמָדוֹת 단 9:23; 10:11, 19)로 조선총독부 보호 관찰령 제3호에 의해 종교인과 사상범 약 3만 명을 무성무기로 살육하기 이틀 전에 한국은 해방을 맞아 남북한이 꼭 같이 복된 출발을 가졌다.

1945년 아베 노부유끼(阿部信行) 총독이 총독부 경무관 세이데(星出遠雄)와 단독 비밀 회담에서 성사된 이 계획이 시행되기 이틀 전에 해방을 맞고, 맥아더 장군의 강요로 일왕 히로히도(裕仁)가 항복 선언문에 "나는 신이 아니요 사람이라" 고백하게 한 것은 일본 고대 800만신들의 주신인 태양여신 아마테라수 오미카미 (天照大御神)의 아들이라는 신화의 가면을 일본 역사상 처음으로 벗기므로 한국판 엘리야인 박관준 장로가 일본 중의원에서 예언적인 폭탄선언에서 일본의 우상숭배로 인한 멸망을 주장한 대로(1939년 3월24일), 일제 '천황신앙'에 대한 '하나님신앙'의 승리의 선포이다.

유대인이 유월절 절기를 통하여 유대인 민족의 신앙적 정체성을 보존해 오고 있다면, 한국인, 특별히 그리스도인들은 순교자들의 피로 허락하신 한국의 유월절인 광복절을 통하여 한민족의 신앙적 정체성을 전수해야 할 것이다.

(3) 대한민국 건국과 '언약 국가'의 이해

개혁주의신학 전통 속에서 발전해 온 교회를 중심 한 국가가 주 예수님의 복음에 동의하고 서명하는 '국가적 언약'(National Covenant) 개념은 후론 할 레위기 26장의 북한 정황적 적용의 타당성과 관련하여 성경신학적이고 교회사적인 연구가 필요하다. 여호수아 24:25와 열왕기하 11:17 및 이사야 44:5에 근거하여 스코틀랜드 교회(1639년 8월30일)와 의회가(1940년 6월11일) 인준하고, 그 왕인 Charles 2세가 서명한(1656년 6월23일) 국가적 언약인 "스코틀랜드 교회의 신앙고백"(The Confession of Faith of the Kirk of Scotland)은 그 논의의 출발점이 될 수 있을 것이다.

언약국가로서의 구약 이스라엘과 그 유사성을 비교하여, 교회가 구심점 역할을 감당한 한국 근세사를 언약국가 개념으로 접근할 수 있으며, 현금 과반세기의 극명한 대조를 이루어 온 남한의 복과 북한의 저주의 실상에 대한 인과적 해석의 준거로서 후론 할 레위기 26장을 북한 의 김일성·김정일·김정은의 3대(代)로 세습되고 있는 우상종교와 남한의 복음적 교회라는 언약국가의 관점에서 살필 수 있다고 본다.

제 27회 조선예수교장로회 총회(1938년 9월9일)가 평양 '서문밖

교회'에서 "신사참배가 우상숭배가 아니며, 국가 예식이라"고 결정한지 정확히 만 10년 만에(1948년 9월9일), 동일한 장소인 평양에서 38도 이북에는 초대 수상 김일성에 의해 '조선민주주의 인민공화국'이라는 정부수립을 선포함으로 분단국가의 역사가 시작된 것은, 일제 강점기에 신사참배의 우상숭배 죄를 회개 청산하기는커녕 한국교회의 극심한 분열과 교권다툼에 대한 하나님의 국가적 언약의 징계로 보인다.

남한의 대한민국은 감리교 장로인 이승만 박사를 임시의장으로 한 제헌국회 첫 회의(1948년 5월31일; 같은 이스라엘 건국의 5월14일과의 근섭성은 우연의 일치가 아니라 하나님의 오묘하신 경륜의 확증이다)에 의장의 제언으로 감리교 목사 이윤영 국회의원이의 기도로 시작되었다는 역사적 사실은 기독교 국가가 아니면서도 구약의 이스라엘 국가처럼 '언약국가'의 모습을 보여준다. 기도로 시작된 한국에 대한 하나님의 뜻을 기억하고, 모든 그리스도인들이 긍지를 가지고 삶의 모든 영역에서 애국애족 해야 할 엄중한 역사적 사명을 일깨운다.

임시의장으로 선출된 이승만 박사는 "동지여러분, 이 나라 신생 독립국가인 대한민국을 이루게 하신 여호와 하나님께 감사기도를 먼저 드리겠습니다. 의원 중에 목사님이신 이윤영 동지께서 여호와 아버지께 감사기도를 해 주시겠습니다."라고 즉석에서 부탁하였다. 이에 이윤영 의원은 다음과 같이 기도하였다.

"우주와 만물을 창조하시고 인간의 역사를 섭리하시는 하나님, 이 민족을 돌아보시고 이 땅에 복을 내리셔서 감사가 넘치는 오늘이 있게 하심을 진심으로 감사합니다.
하나님께서 오랜 세월 동안 이 민족의 고통과 호소를 들으시고 정의의 칼을 빼셔서 일제 폭력을 굽히셨으며, 세계인의 양심을 움직이시고 우리 민족의 염원을 들으심으로써 역사적인 환희의 날이 우리에게 오게 하시고, 하나님의 섭리가 세계만방에 드러나게 하셨음을 믿습니다.
하나님, 아직까지 남북이 둘로 갈린 이 민족의 고통과 수치를 씻어 주시고 우리 민족 우리 동포가 손을 같이 잡고 웃으며 노래 부르는 날이 우리 앞에 속히 오게 해 주시기를 기도합니다.
하나님, 민생의 도탄이 오래 갈수록 이 땅에 악마의 권세만 확대될 것이오니, 거룩하신 하나님의 영광이 속히 이 땅에 임하게 하시기를 원합니다.
우리에게 독립을 주신 하나님, 이제는 남북의 통일을 주시고 또한 민생의 복락과 아울러 세계평화를 허락하여 주시기를 원합니다.
우리 주 예수 그리스도의 이름으로 기도합니다. 아멘!"

앞서 살핀 목사인 이윤영 국회의원의 기도는 이미 존재하고 있는 남북의 갈등과 대립의 상황 속에서 간절한 통일에의 기도로 끝맺고 있음을 이 세대를 사는 모든 그리스도인들은 재 환기해야 할 것이다.

(4) 기독교 정신에 기초한 국립서울대학교 설립

서울대학교의 초대총장 해리 안스테드(Harry Bidwell Ansted, 1893-1955)는 독일계 경건파에 속한 미국 이민자의 6남 1녀 중 막내로 태어나, 1891년 성경을 중시하는 보수적 성향의 자유감리교회(Free Methodist Church) 교단에 의해 세워진 Seattle Pacific University(SPU)의 상과대학 교수 겸 학장으로 재직하던 마지막 해(1944년, 51세)에 Washington Springs University(College)에서 법학박사 학위를 취득하고 그 해 미 군종목사로 지원하여 한국에 왔다.

미군정청의 추천으로 1945년 10월 7일부터 서울대학교 전신인 경성대학(京城大學)의 총장으로 임명되었으며, 국립서울대학교가 설립된 1946년 8월 22일부터 1947년 10월 22일까지 초대총장이었기에 만 2년 15일간 서울대학교를 운영했다. '한국의 하버드'라는 영예를 서울대가 갖게 됨에는 엄청난 소용돌이에 굴복하지 않고 미국식 교육모형을 도입하여 법문학부와 의학부만 있던 경성대학을 국립 종합대학교로 승격시킨 공로가 크다.

또한 언더우드 선교사가 교무처장을 맡고, 이춘호, 장리욱, 백낙준 등 독실한 그리스도인 서구 유학파들로 그 시작부터 학교를 이끌고 가는 지도적 그룹을 삼아, 결국 제2대 총장 이춘호 박사(7개월 재임), 제3대 장리욱 총장(8개월 재임)이 임명되었고, 그 이후 서울대학교가 서구 특히 미국에서 많은 교수요원을 육성할 수 있었음은 글로벌화에 기초 작업이 되었다.

서울대학교의 교훈으로 확정된 Veritas Lux Mea('진리는 나의 빛')는 유대인 공동체에 대단히 익숙한 것으로서, 전 세계 일류대학교들의 교훈과 기본적인 사상을 공유하면서도, 어떤 것과 비교하여도 조금도 손색이 없는 독립적인 것이므로(참조. Harvard 대학 ["Veritas"]; Yale 대학 ["우림 툼밈; אורים תמים, "빛들, 완전함"]이 교훈을 정할 때 목사 총장으로서 매우 많은 연구와 고심 그리고 합의과정이 있었으리라 짐작된다. 이 교훈은 진리 탐구라는 대학 본연의 사명과 탐구된 진리로 세상을 비추는 빛이 되어야 한다는 사회적 기여라는 두 바퀴를 잘 갖춘 교훈으로 평가된다.

(5) 6.25 동란: "잊혀진 전쟁"(The Forgotten War), "잊혀지는 전쟁"(The Being Forgotten War)

남한교회가 일제 신사참배의 범죄를 공적으로 인정하기는커녕 교회 분열의 극치 속에서 마침내 1950년 6월25일 '주일 아침'(레위기 26:1-2 참조) 새벽 4시에 유성철(총참모장 겸 작전국장)이 공격개시를 위한 신호탄을 쏘라고 직접 지시함으로 북한의 침략으로 3일 만에 평양 50km 남쪽인 서울이 함락되는 하나님의 징계를 맛보게 되었다.

왜 하필이면 6월 25일인가? 김일성은 해방 5주년 기념 및 적화통일 전승 축하를 서울에서 갖기 위해 매일 10km 남하하면 정확히 부산을 8월 15일까지 점령할 수 있어야하며, 따라서 1950년 7월 20일 경 북한 전선사령부가 위치한 수안보(水安堡)에 내려와 불같이 독촉했다.

1950년 4월21일 대구 제일교회에서 모인 36회 총회가 두 개의 경남노회 총대문제와 고려신학교 문제로 "싸움판이 되어...

결국 경찰이 동원되어 총을 겨누어 싸움을 중지시키지 않으면 안 되는 지경까지 이르렀다... 당시 총회에 참석했던 독고 삼 목사의 증언에 의하면 경찰들이 군화발로 예배당에 진입하여 목사, 장로들의 싸움을 말렸고, 경찰 인솔대장은 강대에 올라가 입에 담지 못할 욕설을 총대들에게 퍼부었다고 하였다... 총회는 같은 해 9월 청주에서 속회로 모이기로 결의하고 해산하였으나, 그런 일이 있은 지 불과 두 달 만에 6.25가 터졌으니, 이는 교회가 싸우고 난장판을 만든 죄악에 대한 하나님의 마지막 보존 수단으로서의 심판으로 보여진다."

3일째 날에 서울을 점령한 북한군이 서울에 3일 지체한 것은 오늘 여기의 한국이 이렇게 존재할 수 있게 하신 하나님의 오묘하신 섭리 중의 하나이다. 인간적으로는 두 가지 요인을 생각할 수 있으니,

첫째, 북한의 제2인자요 남로당 당수인 박헌영이 "정규군으로 서울만 점령하면 남한 지역은 그동안 남로당에 의해 은밀히 공작된 약 20만 명의 인민들이 남한 전역에서 일제히 봉기하여 남한 전체를 순식간에 공산화 시킬 수 있다"고 자주 큰 소리를 친 것에 대한 김일성의 낙관적 기대 때문이었다.

실제로 이런 일은 일어나지 않았으며 (이것은 지난 10년 간 김대중-노무현 대통령으로 이어지는 좌파 성향의 친북반미 정책에 대하여, 그리고 김일성-김정일과 친분을 가진 자들의 불행한 최후와 관련하여 역사적 교훈을 남긴다), 박헌영은 10월 8일과 11월 7일에 김일성과 격렬한 논쟁을

벌인 후 2년의 몰락기를 거쳐 간첩죄로 조작되어 처형되었다.

둘째, 소위 '춘천대첩'(6월 25-28일)이라 부르는 국군 제 6사단 (9300명)을 중심으로 민·관·경의 일심동체가 6·25 당일에 춘천을 점령하여 이천-수원의 서진 공격과 포위망으로 서부 지역의 주 공격부대인 제1군단을 지원하게 되어 있는 조력 공격부대인 제 2군단(38,000명)을 저지하는 최초의 승리를 가져왔기 때문이다.

6·25 동란은 '한반도'의 좁은 무대에서 벌어진 수수께끼 같은 '세계대전'이요, 판문점에서 휴전협정을 맺기까지(1953년 7월 27일 오전 10시) 만 3년 1개월 2일에 걸친 명분 없는 '동족상잔'의 비극이다. 1945년 유엔 창설 당시 유엔헌장에 서명국가가 모두 50개국이라면, 유엔 파병 16개국, 의료와 시설 지원 5개국, 물자 지원 20개국 등 도합 41개국이 남한을 도왔고, 공산측은 소련, 중국이 북한을 도왔으며, 패전국 일본도 비밀리에 미국의 지령으로 원산 앞바다의 소련제 기뢰 제거작업에 가담하여 무려 45개국이 6·25 동란에 관여 하였기에 실제로 '세계대전'이었다.

동시에 호전적 악마인 김일성 한 개인이 소련의 스탈린과 중공의 모택동을 집요하게 설득하여 전쟁에 끌어들여 다음과 같은 약 500만 명의 인명손실을 가져온 '동족상잔'의 참상이었다. 지금의 한반도 정세 역시 같은 맥락이다. 김정일 한 사람의 생존을 위해 지난 97년 '고난의 행군' 이래 300만 이상이 굶어 죽었고, 금년에도 부족한 식량이 100톤에 육박하여 2,600만 명의 북한주민의 생존에 큰 위협이 되고 있다.

(6) 코리안 디아스포라

1970년대에 한국의 이민자들이 중남미, 북미, 유럽으로 흩어져 살게 되면서 '코리안 디아스포라'라는 신조어가 생겨났다. 본래 '디아스포라'(diaspora,, '흩어진' [나그네])는 주전 722년 북이스라엘이, 586년 남유다가 각각 망하면서 열국으로 흩어진 '유대인'을 가리키는 전용어였지만(요 7:35), 초대교회의 '흩어진' 그리스도인들에게도 확대 사용되었다(약 1:1; 벧전 1:1).

하나님께서 180개국에 750만 명이란 코리안 디아스포라(세계 최대)를 심으시고, "낫다 하면 불이요, 섰다 하면 교회라"는 1960년대 구호처럼, 힌인공동체가 교회를 중신하며, 168개국에 2만 8천명의 그리스도인 사역자(세계 제2위)를 파송 하신 하나님의 경륜 속에는 바로 108개 국가에 약 1,350만 유대인 인구와 약 170만의 '정통파 유대인'(Orthodox Jew)으로 구성된 유대인을 사랑하고 돕는 일을 어느 민족보다 앞장 서야 할 책임을 갖게 한다.

(7) 3대(代)를 잇는 성경한국과 기도 한국

1907년 1월15일 북한 땅 평양 장대현교회에서 일어난 회개부흥운동은 "한국교회는 성경기독교, 기도기독교"라는 세계교회의 공인을 다음과 같은 이유로 받아왔다.

(a) 성경 기독교:

첫 선교사 언더우드와 아펜젤러가 한국 땅을 밟기도(1885. 4.5) 전에 이미 중국(1882년, 누가복음)과 일본(1885 초, 마가복음)에서 한글 성경이 번역되고, 권서(勸書, colporteur)의 성경 판매와 보급은 이미 1883년에 부산, 원산, 압록강 북쪽의 만주 지역, 의주, 서울로 번졌으며, 그 결과 1884년 경 만주 지역에 한 번에 각각 75명, 25명의 수세자(受洗者)와 1885년 초까지 서울에 70여명의 수세 희망자가 생겼고, '국문공부'를 통한 성경읽기 운동과, 뒤이어 '사경회'(査經會)라 이름 하는 성경공부운동으로 인하여 과연 선교사들이 "한국기독교는 성경기독교"라 칭찬할 만 했다.

(b) 기도 기독교:

평양 장대현 교회 사경회 도중에 일어난 공개적 죄자복의 회개운동(1907, 1.14-15)은 "기도합주회"(concerts of prayer)라 부르는 통성기도와 중보기도 는 그 교회 담임목사인 길선주와 박치록 장로가 선도한 매일새벽기도로 이어졌고, 다양한 기도운동(수요 저녁기도, 금요 철야/심야기도, 산상기도, 합심 금식기도, 24시간 연속기도, 골방기도 등)으로 확산되어 세계교회로 전수되고 있다.

신명기 4장 5-9절이 명시하는 대로, 세계 9개 대륙의 260여개 국가, 24,000종족, 78억 인구, 6,909 언어 가운데 "말씀과 기도의 '대국'(고이 가돌, גּוֹי גָּדוֹל)"은 본래 하나님에 의해 "선택, 구속, 언약"의 선민 이스라엘뿐이었고, 궁극적인 목적은 "말씀과 기도를 통하여 '대국'이 되고", 열방 가운데서 여호와 하나님을 반영해 보임으로써 열방에 그분을 '증거하는 열방의 빛'이 되기 위함이었다(신 10:12-19; 28:9-10; 29:24-28).

이스라엘의 족장 이야기는 아브라함-이삭-야곱-요셉의 4대를 걸친 이야기이며, 3대를 직계가족으로 보아, "아브라함의 하나님, 이삭의 하나님, 야곱의 하나님", "아브라함과 이삭과 야곱의 하나님", "아브라함과 이삭과 야곱"이라 부르며, 이리하여 '대대로' 영속하게 되는 것이다.

이것은 유대인 가정이란 "지파(쉐베트, שֵׁבֶט)-종족(미셔파하, מִשְׁפָּחָה)-집(베트, בֵּת)"의 3층 구조이며(참조. 수 7:1, "유다 지파 세라의 증손 삽디의 손자 갈미의 아들 아간"), 한국 역시 "성(김씨)-파(김해)-집(4대 8촌)"의 직계로 보아 근친결혼을 금하는 대가족제도의 풍습과도 비교된다.

아브라함(주전 2166-1991), 이삭(주전 2066-1886), 야곱(주전 2006-1859), 요셉(주전 1916-1806)의 삶을 통해 야곱은 15세가 될 때까지, 요셉은 30세가 될 때까지, 각각 조부 아브라함과 이삭의 신앙과 인격의 감화를 받은 셈이다. 유대인 남자의 '성년'(바르 미쯔바, '계명의 아들')이 만 13세임을 감안하면, 야곱과 요셉은 성년이 지나도록 최상의 교육환경을 제공받은 것이다.

복 중의 복은 3대가 함께 신앙생활 하는 것이다(욥 42:16; 시 128:6; 잠 17:6). 예레미야 35:18-19가 밝히는 레갑 족속은 선조 요나답(왕하 10:15-23)의 유언을 250년 동안 순종하고 지키고 있어 바로 3대가 함께 세대차가 없는 성결한 삶을 살아내는 최상의 본보기가 된다.

하나님의 언약 백성인 이스라엘이 하나님의 계명을 익히고 순종하며 기도하는 삶은 반드시 "너와 네 아들과 네 손자들"(신

4:5-9; 6:2; 사 44:3; 59:21; 욜 1:3) 3대가 함께 하는 것이요, 따라서 대대로 세대 차가 없는 문화와 신앙을 가진 "땅의 모든 민족위에 너를 지존[(엘론, עליון으로 세울 것이다"(신 28:1-14)라는 약속을 받게 되었다.

이 전통은 놀랍게도 신약의 초대교회(딤후 1:5; 2:2)와 오늘날 정통파 유대인들에게 그대로 전수되고 있는 것이다. 에스겔은 바벨론 포로의 제3세대가 자신들의 비참의 원인이 조상 탓으로 돌리고 있을 때, 하나님께서는 어떤 사람도 멸망당하기를 원치 않으시며, 다 구원받기를 원하심을 천명하는 가운데(겔 16:6; 18:23, 32; 참조. 딤전 2:4; 벧후 3:9), 모세의 율법을 순종한 경건한 삶을 산 아버지(겔 18:3-9), 모든 율법을 조직적으로 불순종한 아들(10-13절), 아버지가 행한 모든 죄를 보고 두려워하며 동시에 조부의 신앙을 본받은 손자(14-18) 각각이 자신의 행위에 따라 심판 받게 됨을 강조하면서, 여전히 3대의 신앙 전수의 중요성을 부각시킨다.

자녀교육열에 있어 세계 최고를 자부하는 한국인 공동체의 중심체인 한국교회에 최근 가족 3대가 함께 하는 말씀과 기도와 신앙인격에 관련된 쉐마운동이 현용수 박사님을 필두로 확산되고 있음은 고무적인 것이다.

(8) 북한 김일성(참조. 독실한 그리스도인 부모 김형직 + 강신희[반석]; "생명의 은인"인 손정도 목사) - 김정일 - 김정은 3대 세습과 레위기 26장의 언약국가적 '복과 저주'의 적용[9]

새천년에 들어서면서 우간다(Uganda), 피지(Fiji), 바누아투(Vanuatu) 등의 국가 수상이나 대통령이 공개적으로 "우리 국가의 주님은 예수님입니다"라는 국가적 언약을 표방한 이래 그 국가들에 나타나고 있는 자연 생태계의 기적적인 소생, 윤리적이고 영석인 내각성의 복에 대한 현실적인 간증들은 "레위기 26장에 나타난 '언약의 복과 저주'의 정황적 적용"에 대한 흥미로운 관심을 불러일으킨다.

8.15 해방을 맞아 남북한이 꼭 같이 복된 출발을 가졌지만, 불행하게도 한국교회는 일제시대 하나님 앞에 범한 신사참배와 동방요배의 가공할만한 '우상숭배 죄'(레 26:1 참조)를 공개적으로 회개하는 일에 실패했다. 제 27회 조선예수교장로회 총회(1938년 9월9일)가 평양 '서문밖교회'에서 신사참배가 우상숭배가 아니며 국가 예식이라고 결정한지 정확히 만 10년 만에(1948년 9월 9일), 동일한 장소인 평양에서 38도 이북에는 초대 수상 김일성에 의해 조선민주주의인민공화국이라는 정부수립을 선포함으로 분단국가의 역사가 시작된 것은 언약파괴자에 대한 하나님의 국가적 징계로 보인다. 더욱이 남한교회는 일제 신사참배의

---

[9] 자세한 논의를 위해 참조. 김진섭, "레위기 26장에 나타난 '언약의 복과 저주'의 북한 정황적 적용", 『성경과 신학』 40 (한국복음주의신학회, 2006): 308-368.

범죄를 공적으로 인정하기는커녕 교회분열의 극치 속에서 마침내 1950년 6월25일 '주일 아침'(레 26:2 참조) 북한의 침략으로 3일 만에 서울이 함락되는 하나님의 징계를 맛보게 되었다.

북한과 남한이 오늘날 맞대고 있는 극단적 소용돌이는 세계를 당혹하게 한다. 예수 그리스도의 복음이 약 120년 전 평양에 복음의 씨를 뿌림으로 한반도에 생명의 빛이 비쳐지고 복음이 불길같이 번지게 되었는데, 여전히 '지구의 야경'이란 위성사진이 보여주는 남한의 빛과 북한의 어둠처럼 극명하게 공존하고 있다. 중국의 불야성 단동에서 압록강 너머 바라보는 북한 땅 신의주의 칠흑 같은 밤은 북한에 임한 저주의 상징인가?

'어찌하여' '동양의 예루살렘'이라 불리던 평양에서 일어났던 '한국 오순절'의 진원지인 장대현교회당이 서 있던 '만수대 언덕'(= 장대재)은 김일성 우상숭배의 학습장인 '평양학생소년궁'으로 둔갑되었고, 그 북쪽 600m에는 김일성의 60회 생일을 기념하여 23m 높이의 그의 우상이 세워져 있게 되었는가?

북한은 정치-경제-사회-문화의 파탄은 물론, 영적파산과 함께 김일성(1912-1994)-김정일(1942-2011)-김정은(1984-) 3대를 잇는 개인우상화와 기상천외의 인권유린, 체제유지를 위하여 핵무기 10대를 보유하고 위협하는 세계 최악의 불량국가가 되었다.

대조적으로 남한은 하나님이 주신 "성경기독교, 기도기독교, 선교기독교"의 복을 여전히 누리면서도, 남방 3각 동맹(한-미-일)이냐 북방 3각 동맹(중-러-북)이냐, 한미일공조냐 남북민족공조냐 등의 양자택일적 이념 갈등과 혼란을 거듭하고 있다.

이러한 극단적인 대조의 남북한 정황(context)을 성경적으로 어떻게 진단하고 처방해야 하는가? 한국이 안고 있는 불안한 장래에 대해 성경은 무엇을 제시하는가? 하나님은 북한선교와 통일한국, 더 나아가 열방선교를 향해 한국교회에 무엇을 기대하시는가?

우리는 이러한 정황적 질문에 대하여 레위기 26장에 나타난 모세언약의 '복과 저주'에서 그 해답의 실마리를 찾을 수 있다. 레위기 26장의 '복과 저주'가 남북한 정황에 어떻게 적용되고 있는가를 살펴봄으로써, 한국교회가 국가적 언약이란 책임의 관점에서 통일한국과 선교한국의 비전과 사명을 향해 무엇을 어떻게 해야 할 것인가에 대한 해답을 모색할 수 있을 것이다. 이 해답은 이미 존재하지도 않는 북쪽 이스라엘과 남쪽 유다를 향하여 성령님을 부어주심으로 그리스도 예수님 안에서 "하나가 되게 하리라"는 놀라운 약속에 기초한다. 또한 성경에서 하나님이 명시 하시는 "복과 저주, 선과 악, 생명과 사망"(신 30:15, 19-20)의 양자택일의 기로에서 한국교회가 회개와 순종을 통하여 선교한국의 사명을 구현할 수 있다는 새로운 확신으로 인도한다.

결론: 유대인/이스라엘 선교의 선두 주자로서의 한국 그리스도인의 비전과 사명

모든 한국 그리스도인들은 하나님의 선민으로서의 유대인의 특권과 지위는 여전히 그 중요성을 마땅히 인정해야 하며 (롬 3:1-2; 9:4-5; 참조. 엡 2:11-12), 비록 이방인의 사도로 부름 받

은 사도 바울이었지만(행 9:15), 그의 선교여정은 언제나 "첫째는 유대인에게요, 그리고 헬라인에게로다"(롬 1:16)는 순서를 존중하여 제일 먼저 회당을 찾았던 모범에서, 모든 그리스도인들이 유대인을 우선적으로 예수 그리스도에게 돌아오도록 하는 모든 선교적 역량에 집중해야 할 것이다.

21세기를 살아가는 우리 한국 그리스도인들은 누구이며 무엇인가? 1970년대에 한국의 이민자들이 중남미, 북미, 유럽으로 흩어져 살게 되면서 '코리안 디아스포라'라는 신조어가 생겨났다. 현재 180개국에 750만 명이란 세계 최대의 코리안 디아스포라가 있다.

유대인들과 우리 한국인들은 에벨의 두 아들, 즉 벨렉과 욕단의 후손이란 관점에서 한 형제이다. 불행하게도, 우리는 그 사실을 오래 동안 잊어 왔다. 이제라도 되돌리고, 이제라도 되찾아야 한다. 우리 주변에는 비즈니스 성격으로 일시 방한하는 이들을 빼고는 유대인들을 찾아보는 것은 쉽지 않다.

반면, 몇 만의 한국인들은 이스라엘을, 주로 성지 순례 차 줄기차게 방문하고 있다. 현재 한국은 세계에서 선교가 가장 활발한 곳으로 유명하다. 그 중에 이스라엘도 예외가 아니어서 헌신된 다수가 그곳에서 사역 중이다. 세계에 유래가 없는 한 실례를 든다면, 2016년 10월부터 이스라엘 77개 도시를 대상으로 메시아닉 유대인 교회 개척을 시작하여 현재 45개 교회를 개척하고, 전체 출석자 1,500명에 이르며, 매월 수천만 원을 재정 지원하는 임도현 목사(이스라엘포럼 메시아닉 유대인 사역 책임 디렉터, 175년 된 영국의 Christian Witness to Israel 한국 지부장)가 있다.

그렇다면, 이제 우리 한국의 활력 넘치는 교회들 가운데 먼저 중심축이 되고 있는 교회들의 담임목사가 성공적으로 세대 교체 되는 은혜와 복을 주시는 하나님의 뜻을 헤아려 이스라엘을 가장 시급하고 가장 중대한 전략적 선교지로 재설정하고, 모든 선교 재정의 첫 지원을 유대인 선교에 투입하는 변화가 요청되지 않는가?

그렇게 한다면, 유대인 선교 사역은 아마 모든 선교 사역들 중에서 가장 마지막 사역이 될 것 같다. 정말, 주 예수님의 성육신 이후 2천년쯤이나 되어서 복음을 뒤늦게 받은 동방 끝자락의 먼 나라 사람들이 복음의 빚을 갚겠다고 수천 킬로를 기슬러 와서 주 예수님이 태어나신 곳, 그러나 아직도 그분을 모르는 그분의 백성이 있는 곳에 와서 주님의 바로 "그 복음"을 전한다는 것은 얼마나 흥미진진한 일일까? 그리고 얼마나 주 예수님께서 기뻐하실까? 그것이야말로 우리 한국인들이 주님의 재림을 재촉하는(마 24:14; 벧후 3:12의 '간절히 사모하라'의 원어 스퓨도[speu,dw]; 참조. 영어의 speed) 일이 아닐까?

다행한 것은 유대인들이 서양 기독교에 역사적으로 가지고 있는 잠재된 피해 의식 내지 증오감은 우리 한국인들에게는 해당이 되지 않는다는 점이다. 오히려 메시아닉 유대인들은 한국인을 '제2의 유대인'으로 보며, 유대인을 구원할 "이방 민족"(신 32:21과 사 65:1-2의 인용인 롬 10:19-20; 사 55:5)으로서 "해 돋는 곳에서 성령님이 운행하시는 '급히 흐르는 하수'[영적 쓰나미] 같이 몰려올"(사 41:25; 59:19) 자는 한국 그리스도인으로 믿고 있다. 그 점에서 우리 한국 그리스도인들은 선교신학적으로 유리하다.

뿐만 아니라 구약성경이 보여준 대로 유대인과 한국인은 아브라함-다윗-예수 그리스도 안에서 반드시 한 형제이기에, 주 예수님의 복음이 약속하는 구원은 "첫째는 유대인에게요, 그리고 헬라인에게로다"(롬 1:16)의 원리를 따라, 우리 한국 그리스도인들이 구약의 이스라엘과 함께 누리는 복과 특권들(갈 3:9; 벧전 2:9; 고후 6:16; 계 20:6; 21:3)은 어디까지나 "이방인의 충만한 수가 들어오기까지 이스라엘의 더러는 우둔하게 된" 것과 "온 이스라엘이 구원을 받으리라"(롬 11:25-26)는 종말론적 약속의 성취인 "한 새사람"(One New Man, 엡 2:15; 갈 3:28)을 완성하는 통로임을 확신하자. 열방 중에 유대인의 자존심을 건드리고, 이스라엘의 시기심을 자극할 수 있는(롬 11:14) 특이한 민족은 한국이다.

구신약 성경이 확인하는 '열방의 빛'(사 42:6; 49:6; 60:3; 벧전 2:9b)이란 첫째는 구약의 이스라엘이며, 그리고 종말론적으로 신약 교회의 중심 주자로서 한국 교회와 그리스도인들이 이제는 먼저 "이스라엘 집의 잃어버린 양"(마 10:6)에게 전도하며, 그리고 모든 "나라와 족속과 백성과 방언"(계 7:9)이 우리 주 예수 그리스도 안에서 성령님의 충만함으로 '한 새사람'을 이루는 복을 누리도록 세계 선교에 더욱 매진하는데 이 논고가 조금이라도 기여하였으면 한다.

쉐마지도자클리닉 체험의 증언

편집자 주_ 쉐마클리닉을 수료하신 분들의 간증문들이 대부분 탁월하나, 부득이 몇 분만을 고르게 되어 나머지 분들께 죄송한 마음을 전합니다. 쉐마교육연구원 홈페이지(www.shemaiqeq.org)에 더 많은 간증문이 실려 있으니 참고하시기 바랍니다.

정필도 목사님의 충격 발언, "교회가 앞장서서 가정을
파괴했다는 것을 알게 되니 가슴이 아픕니다"
- **조우영 목사** (부산 남부주영교회)

청년의 때에 이런 귀한 말씀을 들을 수 있다는 사실이 기적이다
- **주봉규 대학생** (전남대학교 영어영문과, 늘푸른교회 청년부)

충격, 보수의 뿌리인 교회가 오히려 진보 아이들을
키워내는 역기능 역할을 했다
- **김성목 팀장** (부산 수영로교회, 정필도 원로목사님의 비서)

신앙생활의 궤도 수정을 가져 오게 한 쉐마전문직클리닉
- **황홍섭 교수** (부산교육대학교)

참석자들의 증언

정필도 목사님의 충격 발언

"교회가 앞장서서 가정을 파괴했다는 것을 알게 되니 너무 가슴이 아픕니다"

조우영 목사
(부산 남부주영교회)

- 합동 남부산동노회장
- 총신대 신대원 졸
- 부산대학교 상대 경영학과 졸
- 경남고 졸

"내가 현용수 박사님을 40년 전에 알았으면 내 목회가 달라졌을 텐데…"

"교회가 앞장서서 가정을 파괴했다는 것을 알게 되니 너무 가슴이 아픕니다."

수영로교회 정필도 원로목사님이 지난 주(2020년 2월 3-6일) 4일 동안 부산 수영로교회 엘레브에서 쉐마지도자클리닉에 참석하신 후 하신 말씀입니다.

그 분은 셋째와 넷째 날은 온종일 강의를 듣느라 그리고 전주에 외국에서 계속 강의를 하신 관계로, 누적된 피곤으로 인하여 오전에 코피를 쏟게 되었습니다. 그러면 솜으로 코를 막고 계시다가 점심시간에 병원에 들러 치료를 받으시고 오후 강의 시간에는 정확하게 참석하시어 사모님과 함께 두 분이 온종일 강의를 빠지지 않고 들으셨습니다.

저는 현 교수님의 동일한 강의를 4번째 반복하여 들었습니다. 친구 목사인 이현국 목사(부산 운화교회)는 7번째 들었습니다. 들을 적마다 매번 새롭게 들리기 때문입니다. 이번에는 정필도 목사님과 함께 들으며 많이 놀라고 배웠습니다.

첫째는 정필도 목사님의 경건성입니다. 연세가 80이신데도 요즘도 새벽 2시 반에 일어나셔서 밤새도록 기도하시고 금식도 자주 하신답니다.

둘째는 나라를 진정으로 사랑하는 애국자이십니다.

셋째는 그분의 겸손하심과 솔직함이었습니다. 그렇게 큰 목회자가 그렇게 솔직하기가 힘드실 텐데도, 부모가 자녀를 제자화시켜야 한다는 구약의 지상명령을 몰랐기 때문에 신약의 지상명령, 즉 교회 성장과 세계선교 사역에만 올인하셨다는 겁니다.

그 결과 교회성장과 세계선교는 성공했지만 성도들의 가정이 파괴되는 줄은 몰랐다는 겁니다. 때문에 다음세대에 희망이

그룹 토의 시간, 우측 하단부터 시계반대방향으로 정도량 목사 정필도 목사 황홍섭 교수 현용수 교수 이현국 목사 조우영 목사

강의 소감을 말씀하시는 정필도 목사님

없다는 겁니다. 대형교회 목사님으로서 이것을 솔직히 시인하셨다는 것은 보통 겸손하지 않으면 할 수 없는 것일 겁니다. 정녕 그분은 이 시대의 신앙의 본이 되시는 영웅이십니다.

그분은 이번 클리닉에서 한국교회가 쇠락하는 이유와 다음 세대의 대안을 발견하시고 매우 심각하게 고민하시었습니다. 그 분의 제안으로 금년 7월 6일부터 4일 동안 엘레브에서 쉐마지도자클리닉 2차 학기(쉐마편)를 개최하기로 했습니다. 이 글을 보시는 많은 분들도 함께 참석하여 들어보실 것을 권합니다.

(쉐마교육연구원 홈피 참조 www.shemaIQEQ.org)

참석자들의 증언

청년의 때에 이런 귀한 말씀을 들을 수 있다는 사실이 기적이다

<나는 전라도 학생이지만 이승만, 박정희 전 대통령을 존경한다>

주봉규 (대학생)
(전남대학교 영어영문과 재학, 늘푸른교회 청년부)

- 전남대학교 영어영문과 재학
- 늘푸른교회 청년부

"쉐마교육을 받아야 결혼할 자격이 있다"는 말을 듣고 왔다.

"결혼은 인생에 있어서 가장 중요하다."

교회에서 목사님을 통해 가장 많이 들었던 말씀 중 하나다. 그리고 쉐마교육에 다녀오신 여러 집사님들과 사모님께서 최근 청년들에게 하셨던 말씀은 "쉐마교육을 받아야 결혼할 자격이 있다"였다. 누구나 결혼을 하고 싶기에, 우리 청년들은 교회에서 함께 이 쉐마교육을 3박 4일 동안 들으러 오게 되었다.

첫 시간부터 내 가슴을 찢기 시작했다. 나의 의식들이 깨지는 소리가 들렸다. 눈물의 샘이 터지고 깊은 회개가 올라왔다.

2019년 1월 21일 시작된 첫 시간부터 현용수 박사님의 한 말씀 한 말씀이 내 가슴을 찢기 시작했다. 내가 가지고 있던, 나의 이성 속에 자리 잡았던 의식과 인식들이 깨지는 소리가 들렸다.

아, 내가 얼마나 불효자였던가, 얼마나 가정의 중요성과 부모의 권위와 역할을 모르고 있었던가, 얼마나 내 삶속에 놓치고 있던 부분들이 많았던가, 얼마나 나의 부모님을 공경하지 못했는가. 셀 수가 없었다.

눈물의 샘이 터졌다. 머리가 아닌 가슴으로부터 깊은 회개가 올라왔다. 그와 동시에 또한 감사가 솟구쳐 올랐다. 청년의 때에 이런 귀한 말씀을 들을 수 있다는 사실이 기적 같았다. 아니 기적이었다.

이곳을 추천해 주신 담임 목사님께 감사한다.

하나님이 직접 디자인하신 가정이라는 아름다운 모델을 꾸리고 세우기 전에, 주님의 인도하심 가운데 이곳에 오게 되었음을 믿어 의심치 않는다.
현용수 박사님과의 이 만남은 내 삶속에 가장 중요한 만남들 중 하나다. 무엇보다 이러한 가르침을 받을 수 있도록 늘 지도

해주시고 이끌어 주신 담임 목사님 사모님께 감사드리고, 이 귀한 목자와 교회를 만나게 하신 하나님께 진정으로 감사드린다.

쉐마교육을 남에게 뭐라고 설명하겠느냐고 물어본다면…

쉐마교육을 남에게 뭐라고 설명하겠느냐고 물어본다면 나는 이렇게 답할 것이다.

"쉐마교육은 마지막 시대의 생존의 비결이다."

이 땅에 가정이 무너지자 수많은 아이들이 타락하고 죄악의 길로 들어섰다. 교육이 무너졌고 대한민국의 현재와 미래의 희망들도 침몰해 가고 있다.

대환란 때, 교회 예배가 사라지는 그 때를 준비하기 위해 쉐마가 필요하다.

교회는 "마라나타 주 예수여 오시옵소서!"라고 외치며 주님의 재림을 준비하라고 하지만, 정작 교회 안에 있는 가정들은 깨지고 부서지고 천국이 아닌 지옥으로 변했다.

마음에 강한 다짐을 하게 된다. 이제 우리는 이 쉐마교육을 통해 무너진 가정을 회복시켜야 한다. 구약의 지상명령을 실천하기 위해 가정식탁예배로 말씀을 전수하며 예수님의 초림을 예비했던 유대인들처럼, 이제 이 대한민국 교회들은 구약의 지상명령을 실천하여 가정을 거룩하게 세워야 한다.

그리고 대환란 때, 교회에서 예배가 사라지는 그 때에, 가정 식탁예배로 살아남아 끝까지 구원을 잃지 말아야 할 것이다. 따라서 신약시대의 구약의 지상명령은 주님의 재림을 준비하기 위한 명령이다.

나는 오늘 이 땅을 비출 빛을 발견했다.

언더우드 선교사님이 조선 땅에 도착하여 이렇게 기도했다.

"주여, 지금은 아무것도 보이지 않습니다. 보이는 것은 고집스럽게 얼룩진 어둠뿐입니다."

현재 대한민국을 볼 때 나의 심정도 이와 같다. 어둠만이 가득한 이 땅, 그러나 나는 오늘 이 땅을 비출 빛을 발견했다. 쉐마교육을 통해 하나님 나라의 가정이 세워지고 권위의 회복과 말씀전수, 부모의 역할이 진리 안에서 올바로 확립될 때, 대한민국을 세운 이승만 대통령의 건국이념인 기독교 입국론이 회복될 것이다. 그리고 이 땅에서 우리는 주님의 재림을 맞이하게 될 줄로 믿는다.

나는 전라도 학생이지만 이승만, 박정희 전 대통령들을 존경한다.

나는 전라도 학생이지만 대한민국을 건국하신 이승만 박사님과 경제 대국을 이룬 박정희 전 대통령을 존경한다. 그분들의 피와 땀과 눈물과 헌신과 희생이 아니었다면 우리는 북한의 김일성, 김정일, 김정은의 억압 속에서 얼마나 많은 인권이 유린되었겠는가! 어떻게 하나님의 교회가 살아남을 수 있겠는가! 고로 나는 두 분 대통령을 존경하고 사랑한다.

종북좌파 세력들이 나라를 파괴하는데, 왜 교회 성년 보수들은 잠잠한가?

현용수 박사님의 강의를 들으며 안타까운 생각이 들었다. 저 종북좌파 세력들은 어떻게든 이 대한민국의 헌법과 질서를 파괴하기 위해 끊임없이 칼을 갈며 우는 사자와 같이 달려드는데, 왜 우리 청년 보수들은 이리도 순한 양처럼 관망만 하는가!

그 동안 받아왔던 교회교육이 잘못되었음을 깨달았다. 기독교인은 무조건 착하기만 하면 안 된다. 예수님처럼 비둘기처럼 순결해야 하지만 진리를 지키기 위해서는 뱀처럼 지혜(슈르드)로워야 한다. 즉 유대인처럼 진리와 나라를 사수하기 위해서는 뱀처럼 슈르드하고 독수리 같은 그리스도의 좋은 군사가 되어야 한다.

더 이상 물러설 곳이 없다. 현용수 박사님의 유대인의 4차원 영재교육과 고난의 역사교육 강의는 내 안에 숨어 있었던, 주님의 형상인 독수리 용사의 기질을 깨워주셨다. 박사님의 말씀처럼 청년인 우리부터 이제 자랑스런 대한민국을 지키기 위해 싸움닭이 돼야 한다. 거룩한 분노로 일어서야 한다.

하나님 나라의 거룩한 쉐마교육의 가치들을 이 땅에 온전히 풀어놓기 위하여 우리는 그 누구보다 열심히 달려가야 하리라. 세상을 향해 포효하시는 유다의 사자 예수 그리스도, 그분의 용맹함과 용기가 이 땅이 회복되길 원하는 주의 자녀들에게 쏟아지고 부어지기를 소망한다. 두려워하지 말아야 한다.

나는 결단한다. 이 청년의 때에 진리 안에서 올바른 자녀의 모습으로 살아가리라. 그리하여 훗날 가정 안에서 자녀를 교육할 때 올바른 자녀의 모습이 어떠한 것인지 나의 삶으로 보여주리라.

참석자들의 증언

충격, 보수의 뿌리인 교회가 오히려 진보 아이들을 키워내는 역기능 역할을 했다

김성목 팀장
(정필도 원로목사 비서, 부산 수영로교회)

- 인제대 경제학과 졸업
- ㈜태국 PMK 재무팀장
- 수영로교회 해외집회부 팀장
  (정필도 원로목사 비서)

현존하는 세계 최고의 기독교 인성교육이다

제가 현용수 교수님의 쉐마교육 강의를 듣게 된 것은 수영로교회 권명옥 전도사님과 문은숙 선교사님의 권면이 있었기 때문입니다. 그리고 두 가지 동기가 있었습니다.

첫째는 성경에서 "네 입을 넓게 열라"고 했듯이, "우리 아이를 어떻게 복음 안에서 하나님의 사람으로 키워 나라와 민족과 세계를 살리는 인물로 키울 수 있을까?"라는 비전을 품었기 때문입니다.

두 번째는 "우리나라 청소년들이 기성세대와는 너무나도 다른 가치관을 가진 것을 목도하며 마치 기성세대와는 세대차이를 넘어 타 국가 사람들로까지 느껴지는 작금의 시대에 우리 자녀를 지금 세대와 같은 아이로 키우고 싶지 않아서'라는 고민을 했기 때문입니다.

강의를 들으면서 "만감이 교차한다"라는 표현 외에는 달리 표현 할 말이 없었습니다. 깊은 깨달음, 안타까움, 부끄러움, 충격 등의 감정을 복합적으로 느끼며 강의에 빠져 들었습니다. 모든 답을 찾았습니다.

특별히 이 강의를 가장 먼저 들어야 할 사람이 저라는 사실을 깨달았습니다. 왜냐하면 저는 늘 수영로교회 정필도 원로 목사님을 모시고 해외 출장이 너무 잦아 아내와 아들을 보살필 시간이 없었기 때문입니다. 저는 신약의 지상명령인 복음전파에만 충실했지, 구약의 지상명령인 가정 사역(쉐마)에는 무지했기 때문입니다. 이번 기도회 때에 저의 잘못을 철저하게 회개했습니다.

가장 충격을 받은 부분은 하나님의 말씀을 지키고 보수를 지향하는 뿌리의 근본인 교회가 오히려 진보성향의 아이들을 키워내는 역기능적인 역할들을 수행했다는 점입니다.

강의를 들으면서 '이러저러한 요소들로 인해 비롯된 잘못'들을 더욱 명확히 알 수 있었고 수직문화를 지향하는 교육만이 이

시대의 대안이라는 사실을 깊이 깨달았습니다. 옛 어르신들이 "교회 다니는 녀석들은 애비, 애미도 없더냐?"라는 말이 강의를 통해 깊이 이해가 되었습니다.

저는 오늘부터 성경의 진리를 똑바로 배우고 알아서 '하나님 사랑, 나라 사랑, 이웃 사랑'을 나부터, 우리 가정부터, 작은 것에서부터 지켜나가는 참 그리스도인으로 살아가겠습니다.

참석자들의 증언

신앙생활의 궤도 수정을 가져 오게 한 쉐마전문직클리닉

황홍섭 교수
(부산교육대학교)

- 부산울산경남기독교수연합회 회장
- 전 부산교육대학교 교육대학원장
- 한국사회과교육연구학회 회장
- 부산 수영로교회 집사

기독교 세계관과 정반대로 가는 포스트모더니즘의 가치관 혼돈으로 아사 직전에…

포스트모더니즘으로 전환은 기존 모더니즘의 세계관과 전혀 다른 관점과 그에 따른 가치관을 요구하고 있다. 특히 포스트모더니즘은 일면 장점이 있음에도 불구하고 기독교 세계관과 정반대로 가는 관점과 가치관을 요구하고 있다.

평생 교육에 고민하던 차에 현 박사님에게서 답을 찾았다

세상 풍조에 밀려 제대로 된 크리스천 학생들을 양성해야겠다는 목소리가 더 세다. 더 이상 제도권의 붕괴된 학교교육, 태풍가운데 휩싸인 교실에 맡길 수 없다는 생각을 오래 전부터 해왔다.

평생 교육관련 일과 글들을 쓰면서 기독대안학교도 컨설팅하고 교육과정도 만들어 보았지만, 마음 한 구석에 늘 아쉬움이 상존하고 있었다. 그러면서도 세상은 싫어할지라도 하나님이 기뻐하는 학교, 하나님이 찾는 학교를 꿈꾸면서 기독교적 세계관과 가치관에 철저한 대안학교를 계획하는 일에 참여하면서 현용수 박사님을 만나게 되었다.

현 박사님의 쉐마전문직클리닉에 참여하면서 클리닉을 받는 첫 번째는 현 박사님 강의를 통해 그가 정립한 '수직문화와 수평문화'라는 개념은 나의 신앙생활에 궤도 수정을 해야 하기에 충분했다.

교회가 내게 잘못된 개념을 형성하게 했다는 것을 깨달았다

특히 이번 클리닉을 통해 내가 지금까지 갖고 있던 관점, 특히 신앙생활을 하면서 교회가 내게 가르쳐 준 설교를 비롯한 신앙 내지 교회 교육이 나로 하여금 잘못된 개념을 형성하게 되었다는 것을 강의를 통해 점검하며 깨닫게 되었다. 그 중 몇 가지만 적어 보겠다.

첫 번째, 율법의 가치를 저하시키는 복음의 지나친 강조는

많은 선동적 표어를 만들어 냈다는 것이다. "복음에 미쳐라." "복음에 목숨을 걸어라" 등등.

그러다 보니 신앙생활에서 복음에 대한 나의 이해는 서로 사랑하라. 용서하라. 이해하라. 덮어라. 덮고 용서해라. 사실을 보지 말고 사실 넘어 믿음의 관점을 가져라 등이다.

틀린 말이 아니다. 그렇다고 모두 맞는 말도 아니다. 신앙생활의 한 면만을 강조하다 보면 다른 면은 보이지 못한다. 사랑과 용서와 이해가 있는 믿음을 강조하였다.

그러나 사랑은 때로 공의로 작동한다. 공의가 작동되지 않은 사랑은 신앙생활의 무기력증, 무절제, 개독교인들을 양산하지 않았나 되돌아본다. 공의가 있는 사랑, 공의가 있는 믿음 생활이 필요함을 다시금 깨닫게 되었다.

예수님은 율법을 무시한 것이 아니라 완성하러 오셨다. 우리는 신약의 복음에만 너무 열광하였는지 모르겠다. 공의(율법)도 있는 복음이 우리 사회에 절실히 필요하다.

두 번째, 교회는 나의 어릴 적 몸에 베인 좋은 습관을 쫓아내는 선봉장이었다.

보편적 가치가 있는 우리 문화의 뿌리까지 쫓아 내는 것이 복음인 줄 착각했다. 나의 경우 믿음 생활은 학자로서 우리의 수직문화, 즉 전통, 고전, 사상, 철학에 대해 경시하도록 믿음의 경계 밖으로 밀어냈다.

하나의 예를 들어 보자면 기독교적 관점에서 나는 한복에 대해서도 그렇게 좋게 생각하지 않았다. 그것이 기독교적 관점인 줄 착각했다. 그래서 한복은 평생 딱 한번 입어 본적이 있다. 결혼 식 후 폐백이라는 것을 할 때 입은 적이 있었다.

그때 나의 소감은 크리스천인 내가 왜 거추장스럽고 불편한 옷을 입어야지 하는 부끄러운 생각이 들었다. 전 지금 그 부끄러움에 부끄러움을 느낀다.

다문화 사회나 국가에서 살아가는 한국인들은 그 정체성의 뿌리가 의식주에서 나온다. 지구촌 사회, 한복입기를 부끄러워한 모습에서 한복입기를 즐겨하는 한국적 정체성을 가진 크리스천이 되어야겠다는 다짐을 해본다.

세 번째, 나는 평생 교육자로서 교육에 관련된 일을 하면서 지금까지 살아왔다. 누구보다 교육현장에 대해서 나름대로 잘 알고 있다고 생각하면서 살았다. 그런데 그것은 착각이었다.

나의 경우 어릴 적 문경에서 유교적 습관이 강한, 즉 수직문화가 강조되는 분위기에서 자랐다. 그러나 크리스천이 된 이후 우리의 전통가치가 훼손된다고 해도 별로 관심이 없었다. 기독적인 크리스천 문화를 만들어 가야 한다고 생각했기 때문이다.

그래서 절기에 대해서도 그렇게 중요하게 생각하지 않았다. 성탄절, 부활절 등은 중요하게 생각해도 삼일절, 6.25 전쟁기념일, 광복절 등은 그렇게 중요하지 않게 생각하였다.

그런데 이번에 한국인으로서 한국 땅에서 살면서 우리 문화에 대한 이해, 존중을 다시금 생각하게 되었다. 특히 클리닉을 받는 기간이 광복절을 포함하고 있어서 광복절 노래를 모두가 현 박사님과 함께 태극기를 흔들며 불렀다.

곧이어 현 박사님은 클리닉에 참가한 초중고 학생들을 불러세워 광복절 노래를 아느냐고 물었다. 모른다고 했다. 교과서에도 없다고 그들의 입을 통해 확인하면서 한국의 애국심을 갖게 하는 절기 노래가 음악교과서에 빠져 있다는데 나는 새삼 놀랐다.

현 박사님은 이러한 한국의 국경일 절기 노래가 빠진 이유에 대해 설명했다. DJ 정권으로부터 시작된 진보 정권은 대한민국의 정체성을 말살시키기 위해 대한민국의 정체성을 키워주는 내용들을 국사교과서를 비롯한 모든 교과 영역에서 뺐다는 것이다. 너무나 안타까운 일이다.

마지막으로 현 박사님의 쉐마클리닉에 참여하여 현 박사님의 교육 이론이 적용된 한국인의 쉐마 기독정신을 잘 담아낸 부산 동상제일침례교회의 대안학교 학생들을 만난 것이 큰 소득이었다. 그들이 받았던 쉐마교육의 열매들을 발표회를 통해 보게 되었다. 참으로 미래의 세계적인 한국인 크리스천 지도자들 만나는 기분이었다.

세상 사람들이 보기엔 세상과는 거꾸로 가는 학교로 무식하고 미련해 보이는 방식의 학교처럼 보일지라도, 하나님이 보시기엔 매우 기뻐하시고 지혜로운 학교라는 생각이 들었다. 저런 크리스천 학교가 현 박사님을 통해 많이 세워지고 있다니 너무나 감사한 일이다. 앞으로 저런 크리스천 학교가 많이 세워지길 바라는 마음 간절하다.

부 록

쉐마교육 실천사례 모음

편집자 주_ 쉐마클리닉을 수료하신 분들의 간증문들이 대부분 탁월하나, 부득이 몇 분만을 고르게 되어 나머지 분들께 죄송한 마음을 전합니다. 쉐마교육연구원 홈페이지(www.shemaiqeq.org)에 더 많은 간증문이 실려 있으니 참고하시기 바랍니다.

쉐마를 실천했더니 가정과 교회에서
허리세대가 살아났습니다
- **안병만 목사** (용인수지열방교회 담임, 쉐마초등학교 이사장)

현 박사님의 쉐마클리닉 강의를 7번을 들었는데,
들을수록 새로웠습니다
- **이현국 목사** (해운대운화교회 담임)

코로나 사태에 더욱 빛을 발한 우리교회 쉐마교육 실천기
- **조수동 목사** (동상제일교회 담임, 모닝스타사관학교 이사장)

쉐마교육 실천 사례

쉐마를 실천했더니 가정과 교회에서 허리세대가 살아났습니다

안병만 목사
(열방교회 담임)

- 열방교회 담임
- 쉐마교육연구원 본부장
- 킹스키즈 쉐마초등학교 이사장
- 고려신학 대학원 초빙교수역임
- 치앙마이신학대학원 초빙교수 역임

지금 세계와 조국 교회는 다음 세대의 단절 앞에서 한숨만 쉬고 있습니다. 대안도 찾지 못하고 현실 앞에 주저앉아 한탄만하고 있는 시점에 본인은 13년 전에 쉐마교육을 접하고, 얼마나 기뻐했는지 모릅니다.

그 이유는 유학을 마치고 귀국했을 때, 이미 한국교회는 정체기에 들어서면서 다음 세대가 점점 시들해지는 기운을 느꼈기 때문입니다. 대안도 찾지 못하던 차에 쉐마지도자클리닉에 참석하여 현용수 교수님을 만나면서 그 해법을 얻게 되었습니다.

그리고 그것을 교회에 접목하기 시작했고, 교회에서 3대가 함께 하는 '삼대 통합 예배'를 드리면서 기존의 패러다임의 구태의연한 늪에서 벗어났습니다. 삼대가 행복한 교회, 즉 할아버지의 신앙이 아버지에게로, 자녀 손에게 이어지게 하는 조그마한 몸부림이 나비효과를 가져오면서 가정과 학교로 번져가게 되었습니다. 그 이후 교인 숫자에 얽매이지 않는 자유로움도 누리게 되었습니다.

주일이 시작되는 토요일 해지는 시간에 가정에서 드리는 '주일가정식탁예배'가 정착되었습니다. '안식일을 기억하여 거룩하게 지키라'라는 4계명의 엄숙한 명령에 순종함으로 더 가깝세 다가가게 되있고, 온 가족이 힘께 드리는 예배가 가정 성전으로 거듭나게 되었습니다.

그곳에서 시간의 거룩과 함께 가정의 거룩(장소의 거룩) 그리고 이 자녀 손에게 하나님 경외하는 사상과 인성의 토양을 이루는 기회(사람의 거룩)가 되었고, 가족 간의 소통을 통해서 문화와 신앙의 세대차이 없는 간격이 좁혀지게 되었습니다.

10여 년 전에 LA의 유대인의 한 가정의 안식일 가정 식탁 예배에 참석하면서 받은 충격은 지금까지 그 여운이 남아 있고 저희 가정에서 주일가정식탁예배를 드리면서 그들이 그토록 생명처럼 여기면서 지켜오는 이유와 목적을 조금씩 알아가고 있습니다.

온 가족이 한 주간을 정리하면서 살아계신 하나님의 임재 앞에 모여서 함께 하는 가정 식탁 예배는 가족의 하나 됨과 소통 그리고 신앙 전수를 위한 꼭 필요한 시간이 되었습니다. 부모가 모범을 보임으로 인하여 자녀들에게 자연스럽게 교육이 되고 자녀들은 그대로 따라 하게 되는 것을 경험합니다.

강압적, 주입식 교육이 아니라 몸소 실천하여 보여주는 교육이 더 힘이 있고 지탱하는 능력이 있습니다. 탈무드에 나오는 한 일화입니다.

"보석보다 값진 교육"

어떤 사람이 어느 날 상점에서 외투 한 벌을 샀습니다. 집에 돌아와서 다시 한 번 입어보며 주머니에 손을 넣었는데, 놀랍게도 거기에 보석이 들어있었습니다. 순간 그 사람의 마음속에 두 가지의 생각이 싸우기 시작했습니다.

"보석이 누구의 것인지는 몰라도 내가 산 옷 주머니에 들어 있었잖아. 그러니 내가 가져도 될 거야." "그래도 이건 내 것이 아닌데… 빨리 돌려주는 게 맞겠지." 양면의 생각으로 괴로워하던 그 사람은 지혜로운 현자를 찾아가서 사실 이야기를 하자 랍비가 말했습니다.

> "당신이 산 것은 외투이지 보석이 아니지 않습니까? 그러니 당연히 돌려주는 게 맞습니다. 다만 상점에 가서 보석을 돌려줄 때는 꼭 자녀를 데리고 가십시오. 그리하면 어떤 보석보다 몇 배 귀중한 것을 당신의 자녀에게 주게 될 것입니다."

삼대의 통합예배나 가정식탁예배는 이러한 것을 실천하는 좋은 최적 공간입니다. 자녀가 정직한 사람으로 살아가길 바란다면, 자녀가 예의 바른 사람으로 살아가길 바란다면, 세대차이 없는 건강한 신앙인으로 자라기를 바란다면 먼저 부모가 신앙과 삶에 본을 보여주어야 합니다.

코람데오 정신으로 매사에 정직하고 예의 있게 행동하면 자녀들은 자연스럽게 부모를 따라 행합니다. 어떻게 하라는 말보다 어떻게 하는지 직접 보여주는 것만큼 좋은 교육은 없습니다.

이것이 쉐마교육의 진면모입니다. 존 러스킨은 "자녀를 정직하게 기르는 것이 교육의 시작이다"라고 했습니다. 삶이 뒷받침되지 않는 교육은 죽은 것이고 아무런 열매를 얻을 수 없습니다. 유대인들의 교육 힘은 바로 부모가 교사가 되어서 자녀들에게 본을 보여 주는 데 있습니다.

모든 그리스도인 가정이 한 거룩한 부담으로 쉐마교육을 실천하면 구원받은 하나님의 백성으로 깨끗하고 거룩함으로 확실하게 살아갈 수 있고, 먼저 가정이 건강함으로 교회가 살아나는 것을 생생하게 체험하게 됩니다.

몇 년 전 통계에 의하면 한국교회의 70%가 주일학교가 없다는 안타까운 소식을 접한 적이 있습니다. 중대형교회 대부분이 주일학교를 연명하고 있으니 그 이유가 어디에 있는가를 고민하지 않을 수 없습니다. 이단들도 기성세대만 많이 모이고, 꿈나무들이라고 할 수 있는 어린이 세대와 청소년 세대는 거의 찾아볼 수 없는 지경이 되었습니다.

쉐마를 실천하면 이 문제가 자연스럽게 해결되는 것을 경험하게 됩니다. 가정에서 부모님들이 제사장이 되어 자녀들과 함께 가정을 성전 삼고, 하나님의 말씀에 대해 질문하고 토론하고 소통하는 가운데 조금도 세대차이 없는 건강한 가정공동체를 이루어가게 됩니다. 이들이 모인 교회도 삼대가 함께 예배에 참석하고 같이 성경공부하고 기도함으로써 세대차이 없는 교회의 분위기가 자연스럽게 형성이 됩니다.

가정이 건강하게 됨으로써 자녀들이 말씀에 충실하고 그들이 모여서 학교를 이루면, 가정과 교회 그리고 학교가 삽 겹줄(Triplet)이 되어 세속의 거친 파도에도 조금도 흔들리지 않고 신앙을 지켜가면서 창의성을 가진 인재들이 됩니다.

지난 50년의 반세기 동안에 그리스도인들조차 세상의 공부에 자녀들을 내몰아 그들이 성장하고 난 후에는 교회를 대부분 떠나게 되었습니다. 한 조사에 의하면 교회 청소년들이 일단 대학에 들어가면 90%가 교회를 떠나게 되고 약 10% 정도만 남아 맥을 이어간다는 것입니다.

그중에서도 여학생들이 80%가 되고 남학생들은 20% 밖에 되지 않으니 결혼하는 일에도 여성과 남성의 비율에 불균형을 가져와 믿음의 가정을 이루는 일에 큰 어려움을 겪고 있습니다. 남자나 여자나 결혼 적령기를 넘기고 비혼족, 혼족들로 남아 있는 분들이 부지기수입니다. 이것은 자연스럽게 다음 세대인 자녀들 출산이 줄어들어 초저출산 시대가 되었습니다.

쉐마교육을 실천하는 가정은 자녀들을 많이 생산하게 되고 자녀들이 어느 정도 성장하면 빨리 서둘러 결혼을 시키므로 인하여 대를 이어 신앙의 전수와 더불어 명문 가문을 이루어 가는 것입니다.

당대만 아니라 우리의 신앙이 대를 이어 조금도 세대차이 없는 다음 세대가 되기를 바라는 것이 삼위 하나님의 간절한 소망입니다. 유대인들은 산아제한도 안할 뿐 아니라 만 18세가 지나면 독립적으로 상대방을 선택하여 결혼할 수 있으므로 다자녀들을 가진 가정들이 참 많습니다.

여성들은 자기의 존재 정체성이 바로 자녀들을 많이 낳아 바르게 양육하여 '하나님의 말씀'을 맡은 자로 세우는 것입니다. 시편 기자는 이렇게 노래하고 있습니다.

"보라 자녀들은 여호와의 주신 기업이요, 태의 열매는 그의 상급이로다. 젊은 자의 자녀는 용사의 수중에 있는 화살 같으니 이것이 그 화살통에 가득한 자는 실로 복되도다." (시 127:3-5)

화살은 바로 자녀를 가리키고 그 화살통은 가정입니다. 그 통에 화살촉이 가득한 가정이 복되다는 의미입니다. 자녀를 많이 낳아 생육하고 번성하는 것이 하나님께서 인류(가정)에게 주신 첫 번째 계명이며 명령입니다.

쉐마교육이 추구하는 여러 주제가 함께 통합되어 실천될 때 우리는 제2의 이스라엘 민족이 될 수 있습니다. 한두 가지만 가지고는 불가능합니다. 하브루타나 가정식탁예배, 쉐마 성경공부, 효신학, 고난 교육 등 한두 가지만으로는 전인적이고 통합적인 양육이 어렵습니다.

교회에서 삼대가 함께 하는 통합예배와 가정에서의 매일의 예배와 주일가정식탁예배 그리고 교회학교에서의 쉐마교육을 통한 교과과정, 그리고 고난 교육과 효 교육, 더 나아가 부모님들의 분명한 자녀 양육에 대한 통합적인 쉐마교육 철학과 실천이 수반되어야 합니다. 그럴 때 우리의 다음 세대는 유대인들을 능가하는 훌륭한 신앙인이 되고 뿐만 아니라 고상한 인품을 가진 그리스도인으로 세계에서 쓰임 받는 인재들이 될 것입니다. 더 나아가 예수 그리스도의 신실한 제자로 세상을 변화시키고 하나님의 나라를 확장하는 일에 좋은 재목들이 될 수 있을 것입니다.

이런 모든 일을 가능하도록 좋은 저술을 통해서 끊임없이 도전하고 자극하는 현 교수님의 헌신에 깊이 감사드리고, 쉐마가족들이 쉐마철학에 충실하여 좌우로 치우치지 않고 앞만 보고 달려간다면 조금도 유대인들과 차이 없는, 아니 능가하는 민족으로 거듭나게 되리라 확신합니다.

아직도 쉐마교육을 접하지 못하여 우왕좌왕하는 사역자들과 평신도들이 쉐마교육의 본질을 이해하고 차근차근 실천해 나간다면, 한국교회와 대한민국 그리고 전 세계의 미래가 활짝 열릴 겁니다. 그리고 하나님의 왕국이 온 지구촌에 물이 바다를 덮은 같이 충만하고 견실하게 서게 될 것입니다. 감사합니다.

쉐마교육 실천 사례

현 박사님의 쉐마클리닉 강의를 7번을 들었는데, 들을수록 새로웠습니다

이현국 목사
(부산 해운대 운화교회 담임목사)

- 백석대학교 대학원 철학박사 과정
- 리젠트대학교 대학원 목회학박사
- 총신대학교 신학대학원
- 충남대학교 법학석사
- 단국대학교 법학학사
- 대전고등학교 졸

신구약 계시 발전과정에 구약은 뿌리요, 신약은 꽃입니다
〈현 박사님께서 발견하신 구약의 지상명령은 신약의 지상명령과 연결되는 금맥이다〉

저는 현용수 박사님의 쉐마클리닉 강의를 7번을 들었습니다. 들을수록 새로웠고 매번 더 깊은 통찰을 얻을 수 있었습니다. 같은 내용을 반복해서 들었던 것은 '쉐마의 사명'을 머리로 아는 것을 넘어 가슴으로 품고 삶과 행동으로 실천할 때까지 배우는 것이 학문의 완성이라 생각했기 때문입니다.

어떤 목사님들은 쉐마교육을 유대인 교육이라며 거절하기도 합니다. 유대인들은 예수님을 죽인 자들인데 그들의 것을 알 필요가 있느냐며 마음을 닫기도 합니다. 또 지금은 구약 율법의 시대가 아니라 신약 은혜의 복음의 시대라는 말도 합니다. 이는 하나도 모르고 둘도 모르는 말씀입니다. 배움의 길에서는 자세히 살펴보아야 하고, 특히 성경 말씀은 자세히 살펴볼 때 그 안에 감춰져 있는 보화를 발견합니다.

구약과 신약은 하나로 연결되어 있으며 예수님은 율법을 폐지하러 오신 게 아니라 율법을 완성하러 오셨습니다. 율법을 완성하러 오신 예수님의 관점에서 구약을 재해석하여 우리의 삶에 적용하는 것이 신구약 하나의 관점에서 완성되는 복음입니다.

신구약 계시 발전과정에서도 구약은 뿌리요, 신약은 꽃입니다. 구약의 결론은 메시아이신 예수님께서 이 땅에 오시는 것입니다. 사마리아인들은 모세오경만 인정하였기에 모세 같은 그 선지자를 기다렸고, 유대인들은 구약만 인정하고 신약을 인정하지 않기에 온 세상 가득 피어나신 샤론의 꽃 예수님을 알지 못하는 것입니다.

신구약의 균형을 이루지 못한 것입니다. 구약에서 말씀하신 진정한 메시아는 고난의 종으로 십자가에서 죽으시고 부활하셔서 인류의 죄 문제를 해결하신 예수님이십니다. 신구약을 함께 자세히 살펴보면 구약의 지상명령과 신약의 지상명령이 함께 보입니다. 이런 관점에서 볼 때 현 박사님께서 구약의 지상명령을 발견하신 것은 신약의 지상명령과 연결되는 금맥을 발견하신 것과 같습니다. 세계교회와 다음세대를 살릴 보화 중의 보화입니다.

신구약의 지상명령적 측면에서 성경을 보아야 의문이 풀립니다

부활하신 예수님께서 마태복음 28장 18-20절의 "가서 모든 민족을 제자로 삼으라"는 지상 대명령을 말씀하신 것은 자녀와 다음세대를 수직적으로 제자 삼는 구약의 뿌리 위에 모든 열방과 땅끝까지 이르러 수평적으로 복음의 꽃을 피우라는 명령입니다. 예수님 역시 유대인으로 이 땅에 오셔서 가정 안에서 구약의 절기와 말씀에 순종하는 삶을 사셨습니다. 뿌리가 없이는 꽃이 필 수가 없고 구약 없이는 신약도 있을 수 없는 것입니다.

구약의 뿌리를 더 단단히 해야 하는 이유는 신약의 꽃을 더 아름답게 피우고 더 많은 열매를 맺기 위해서입니다. 십자가에서 죽으시고 부활하신 예수님을 믿음으로 구원 받은 우리들이 이웃과 민족과 열방에 복음을 전하는 것이 너무나 중요한 일이기 때문입니다.

서구 교회는 뿌리가 약했기에 복음이라는 꽃이 지었습니다
그래서 한국교회는 유대인의 쉐마교육과 인성교육이 필요합니다

역사적으로 볼 때 예루살렘에서 시작된 복음은 사도들을 통해 터키와 유럽에 복음의 꽃을 피웠고, 미국으로 넘어가 청교

도 신앙의 꽃을 피웠습니다. 그 후 한국으로 전해진 복음은 이제 중국, 인도를 지나 다시 복음의 출발지로 서진하고 있습니다. 그런데 이 복음이 뿌리가 든든하지 못했던 관계로 금세 꽃을 피웠던 교회들마다 다음세대로 계속 연결되지 못하고 결국 시들고 말았습니다.

대한민국에도 복음이 들어와 한참 꽃을 피우더니 지금은 시들해지기 시작했고, 어떻게 다음세대를 살릴 것인가 하는 주제로 애를 많이 태우고 있습니다. 우리도 이미 무너진 서구유럽과 미국교회의 전철을 밟을 것인지, 아니면 계속해서 꽃을 피우고 열매 맺는 길을 갈 것인지 갈림길에 서 있습니다. 우리는 당연히 후자의 길을 선택할 것인데 제2 이스라엘 민족인 우리 한국민족이 이스라엘의 쉐마교육을 배우고 실천하는 것이 그 해답이 될 것입니다.

그리고 우리민족 고유의 충효 사상에 기반한 인성교육 역시 뿌리를 든든히 하는 일입니다. 특히 오늘날 한국의 학교교육은 존 듀이의 학습자 중심의 교육철학에 뿌리를 두고 있기에 인본주의적 요소가 매우 강합니다. 거기에 좌파교육이 가세하여 미션스쿨에서조차 성경적인 인성교육을 하기가 매우 어려운 실정입니다. 이 중요한 시기에 우리나라 고유의 선비교육으로 인성을 회복하는 것이 중요합니다. 뿌리가 중요하다는 말입니다.

<실천 사례>

쉐마클리닉을 '인성교육'과 '쉐마교육', 두 트랙으로 나눈 것은 놀라운 혜안이다

지난 36년간 목회 현장에서 많은 성도들을 양육하며 교육에 있어서 가장 중요한 것은 성품, 곧 인성교육임을 수없이 느꼈습니다. 교회 내에서 일꾼을 세워도 인성이 바탕이 되어야 끝까지 충성하고 선한 영향력을 끼치는데, 이 인성은 가정 안에서 부모님의 자녀교육을 통해 형성되는 것이 절대적이었습니다.

이런 측면에서 현 박사님께서 쉐마클리닉을 '인성교육'과 '쉐마교육'의 두 트랙으로 나누신 것은 놀라운 혜안이 아닐 수 없습니다. 우리 그리스도인들이 인성교육과 쉐마교육을 가정 안에서 자녀와 다음세대가 어릴 때부터 전수한다면 유대인들보다 더 탁월한 세대들을 키울 수 있습니다. 유대인들은 구약성경만 가지고 있지만 우리 그리스도인들은 신구약성경을 다 가지고 있지 않습니까?

한국교회 내에서 가정이 깨어지니깐 한 때 가정사역세미나가 붐을 일으켰습니다. 그러나 배울 때는 좋았지만 지속 가능한 형식이 없어서 계속 실천하기가 어렵습니다. 그런데 구약의 형식과 복음의 내용으로 균형을 이룬 가정식탁예배는 가정을 지속적으로 살릴 수 있습니다. 저희 교회는 쉐마교육의 가장 중요한 핵심으로 가정식탁예배에 중점에 두고 저희 가정부

터 실천하니 자녀와 가정이 천국으로 변했습니다. 자녀들이 세상의 가치관에 물들지 않고 하나님의 가치관을 따라 잘 자라고 있습니다.

최근 코로나 바이러스로 인해 교회성전에서 예배드릴 수 없어서 가정에서 온라인 예배를 드렸는데 이전부터 가정에서의 예배를 강조하여 가르친 덕에 성도들이 가정에서도 성실하게 예배를 잘 드렸습니다. 반면에 성전은 교회라고만 가르쳤던 교회들은 코로나 기간 동안 많이 힘들어하는 것을 보았습니다. 본래 성전은 교회보다는 가정이 먼저입니다. 아담과 하와가 가정 성전에서 예배드렸고 아브라함과 사라, 이삭과 리브가, 야곱과 레아-라헬 가정의 3대가 함께 가정 성전에서 예배드렸습니다.

우리교회는 코로나 바이러스 기간에 유대인의 가정식탁예배 덕을 톡톡히 보았습니다

또한 우리 민족은 유대인과 함께 세계에서 교육열이 높기로 유명합니다. 지금 한국에서도 유대인 교육의 핵심인 하브루타를 많이 배우려 하는데 하브루타는 학습 형식이고, 본질을 배우는 것이 중요합니다.

2017년에 3개월간 예루살렘에 머물면서 이스라엘을 돌아보며 배울 기회가 있었습니다. 히브리대학 도서관에 갔더니 많은 장서들을 읽으며 연구하는 도서관이 있고, 한 층 내려가니 학생들이 둘씩 셋씩 짝을 지어 자유롭게 하브루타를 하는 도서관이 있었습니다.

이삭이라는 랍비가 운영하는 랍비신학교에서도 학생들이 둘씩 셋씩 짝지어 하브루타를 하며 랍비훈련을 하고 있었습니다. 토라, 미쉬나, 탈무드 등으로 서로 하브르타를 하면서 반복적으로 교육을 했습니다.

그리고 안식일 금요일 저녁에 한 랍비 집을 방문했는데 랍비 가정이 먼저 가정식탁예배 드리고 자녀들과 함께 하브루타를 하였습니다. 그 후 가난한 유대인과 이방인들까지 초청하여 가정식탁예배를 드렸습니다. 유대인들은 가정에서 가정식탁예배를 통해 모든 것을 배우고 가르칩니다. 가정식탁예배는 본질적으로 우리 자녀들과 다음세대들을 살릴 수 있는 좋은 성경적 방안입니다.

쉐마교육 실천 사례

코로나 사태에 더욱 빛을 발한 우리교회 쉐마교육 실천기

조수동 목사
(부산 동상제일교회 담임)

- Southwestern baptist theological seminary D.Min
- 침례신학대학교 목회대학원
- 경성대학교 신학과
- 모닝스타리더쉽아카데미 이사장

많은 사람들이 현용수 박사님의 강의 쉐마지도자클리닉을 듣고 새로운 깨달음과 감동을 가지고 교회와 가정으로 힘찬 발걸음을 내딛는다. 다음 세대를 향한 걱정과 염려가 새로운 소망과 확신으로 바뀌어서 돌아가기 때문일 것이다.

성도들에게 삶과 신앙이 분리되어서는 안 되며 그리스도인으로서 말씀대로 살아가는 것이 마땅함을 강조해왔던 우리 교회는 현박사님을 만나기 전부터 쉐마교육의 방향성과 많은 부분이 닮아 있었다. 하지만 구약성경 역시 하나님의 말씀이며 하나님의 명령이기 때문에 지켜야 한다고 자녀와 성도들에게 강하게 외쳐왔을 뿐 이를 뒷받침할 구체적인 논리는 부족했던 것이 사실이었다.

현용수 박사님의 쉐마교육은 구약성경과 하나님의 선민 유대인을 교육학적인 관점에서 연구되었기 때문에 구약성경의 현실적인 적용측면에서 '왜?'라는 거의 모든 질문에 대한 명확하고 논리적인 해답을 제시했다.

현 박사님을 만나고 나의 목회는 날개를 달개 되었고 자녀들과 성도들에게 말씀대로 사는 것을 강조하는 나의 목회관은 더욱 더 힘을 얻게 되었다.

쉐마를 구체적으로 적용하면서 전교인이 거실에 놓여있는 TV를 없애고 책과 말씀을 가까이 하게 되었고 대부분의 가정들이 토요일마다 가정에서 떡을 떼며 가정식탁예배를 드리고 있다. 또한 청년들과 젊은 부부들이 자녀들에 대한 성경적 가치관(자녀는 하나님께서 주신 기업)을 가지게 되면서 출산과 교육에 대한 열의가 유대인들을 무색하게 만들 정도가 되었고 대부분의 젊은 부부들이 3~4명, 많게는 6명의 자녀들을 낳고 교회 공동체가 다 함께 다음 세대 교육에 힘을 쓰니 교회에서 아이들이 뛰노는 웃음소리가 떠날 날이 없게 되었다.

가장 괄목할 만한 변화로는 올해로 4년차를 맞게 되는 교회 부설의 대안학교 '모닝스타사관학교'이다. 오전에는 하나님의 말씀을 읽고 듣고 외우고 토론하며, 오후 시간에는 세상 어느 학교에 뒤지지 않을 만큼 열심히 공부하고 올바른 역사교육을 비롯한 제도권 교육에서 할 수 없는 다양한 경험과 활동으로 하루의 시간표와 1년의 스케줄이 빈틈없이 빼곡하다.

이 땅의 많은 교회들이 다음 세대를 염려하지만 확신을 가질 만한 대안을 가진 교회는 거의 없어 보인다. 엎친 데 덮친 격으로 최근 코로나 사태로 많은 교회들이 힘을 잃어버리는 것이 현실이다.

하지만 쉐마를 적용하면서 가정과 교회와 학교가 하나님의 말씀이라는 하나의 관점으로 단단해진 우리 '동상제일교회'는 오히려 코로나 사태에 들어서서 예배를 드리고 학생들이 공부하는 일상의 모든 영역을 보다 충실히 할 수 있는 기회를 가지게 되었다.

보물처럼 숨겨져 있는 이 쉐마교육이 대한민국 기독교 공동체뿐만 아니라 전 세계 기독교 공동체에 널리 퍼져서 다음 세대가 하나님 말씀 안에서 든든히 세워져가는 미래를 만들어 가길 소망한다. 이것이 주님의 재림을 준비하는 것이라고 확신한다.

부록 4

쉐마 국악 찬양

왜 국악 찬양이 필요한가!

유대인의 성공은 어디에서 오는가? 그들은 어떻게 자손대대로 하나님의 말씀을 전수하는 데 성공하였는가? 그들은 자녀를 깊이 생각하는 뿌리 깊은 인간으로 양육하기 때문이다. 그들은 어떻게 자녀를 깊이 생각하는 뿌리 깊은 인간으로 양육할 수 있는가?

저자는 유대인 자녀교육 『IQ는 아버지 EQ는 어머니 몫이다』 제1권 제2부에 수직문화와 수평문화에 대한 이론을 개발하였다. 그들은 표면적인 수평문화보다는 깊이 있는 수직문화를 가르치기 때문이다. 수직문화 중 하나가 자기 민족의 역사의식과 전통을 귀하게 여기고 가르치는 것이다. 그런데 한국인 기독교인은 우리의 전통을 무시하고 서양 것에만 너무 익숙해져 있다. 분명 잘못된 것이다.

물론 그만한 이유도 있다. 한국인 기독교인이 한국 민족의 전통을 그대로 이어갈 수 없는 이유는 대부분 한국의 전통들이 그 내용이나 형식을 보면 우상을 섬기는 데서 나왔기 때문이다. 그렇다면, 한국인 기독교가 한국의 전통을 어떻게 사용할 수 있는가? 두 가지로 생각할 수 있다.

첫째, 기독교에서 한국의 전통을 잇기 위해서는 그 전통의 내용을 신본주의 사상으로 바꾸어 일부 형식만 사용하는 방법이다. 예를 들면 조상들에게 추수에 대한 감사를 표시하는 한국의 추석을 하나님에게 추수에 대한 감사를 표시하는 추수 감사절로 바꾸어 사용하는 방법이다.

기도도 마찬가지다. 서양 사람들은 의자에 앉아서 혹은 서서 기도한다. 그러나 한국인은 옛날부터 무릎을 꿇고 조상신들에게 빌었다. 이런 기도하는 방법, 즉 무릎을 꿇고 하나님에게 기도하면 얼마나 하나님에게 정성스런 기도가 될 것인가? 뿐만아니라 찬양도 국악의 형식을 빌어 하나님을 찬양할 수 있다. 우리 민족의 고유 가락을 하나님 섬기는 도구로 사용하는 것이다.

둘째, 보편적 윤리나 도덕적 예의나 지혜는 그대로 사용할 수 있다. 예를 들면, 서양 사람들이 인사할 때는 고개를 그대로 들고 "하이(Hi!)"한다. 그러나 한국인 기독교인은 고개를 많이 숙이면서 "안녕하세요"라고 말한다. 뿐만 아니라 한국의 고사 성어에는 동양의 지혜가 많이 배어 있다.

예를 들면, 토사구팽(兎死狗烹), 새옹지마(塞翁之馬), 결자해지(結者解之) 등이다. 식자우환(識字憂患)이란 고사 성어는 전도서에 나오는 말씀이다(전 1:18). 이런 것들은 종교를 떠나 한국인 지식인이라면 마땅히 알고 평상시에 사용하여야 한다.

특히 성경의 잠언이나 전도서 같은 지혜서에 나오는 말씀들도 동양에 얼마든지 있다. 왜냐하면, 하나님께서 이방인에게도 성경이라는 특수계시를 주시기 전 하나님을 알만한 보편적 진리(롬 1:19~20)를 주셨기 때문이다.

'부록 III'에는 부족한 종이 쉐마사역을 위하여 작사한 '쉐마3대찬양', '쉐마효도찬양', '쉐마어머니 노래' 및 '쉐마아버지 노래'를 싣는다. 곡은 모두 국악이다.

곡을 만드신 작곡가 류형선, 정세현 두 선생님에게도 감사를 드린다. 차제에 국악찬양이 많이 보급되어 전 세계에 흩어진 한국인 기독교인들이 우리의 것으로 하나님을 찬양하는 날이 속히 오기를 소원한다.

저자 현용수

쉐마 효도 찬양

작사: 현용수
작곡: 정세현

흥겹게

하 나님아버지는 예수님아 버지시며 우리의창조주아 버지시 네
우 리의부모님은 날낳아길 러주시며 말씀을가르친어 버이시 네

나 의주예수님은 고난의십자가지시고 하나님그분께효자되—셨 네
나 의주예수님은 고난의십자가에서도 어머님노후를책 임지—셨 네

나도예 수님 처럼 하나님말씀에순 종해 주님께효 자되 게하 소 서
나도예 수님 처럼 부모님말씀에순 종해 부모께효 자되 게하 소 서

효자이 신예 수님 만왕의왕되신것 처럼 내게도천국상받 게하—소 서
효를행 한성 도들 하나님약속하신 대로 이땅의큰축복받 게하—소 서

어 허 야어 야디 야 어 허 야어 야디 야 할 렐루 야할 렐루 — 야

할 렐루할렐루야 하나님아버지공경하여 하나님나 라확장하 — —세
할 렐루할렐루야 우리의부모님공경하여 하나님말 씀전수하 — —세

참고자료(References)

⟨저자 주: 본 참고자료는 제1부 '제2의 이스라엘 민족 한국인'에만 적용된다. 제1부 참고자료는 논문 후미에 있음⟩

외국 자료

Breen, Michael. (2017). 영국 기자 마이클 브린이 본 대한민국의 우수성, 오피니언 뉴스, 3월 13일.

Breen, Michael. (1999). 한국인을 말한다(영문 제목: The Koreans). 서울: 홍익출판사.

Brown, Driver & Briggs. (1979). *The New Brown – Driver – Briggs – Genesis Hebrew and English Lexicon*. Peabody, Ma: Hendrickson Publishers.

Grayton, J. (1985). *Early Buddhism and Christianity in Korea*. Leiden: E. J. Brill.

Holy Bible. (NIV, KJV). (1985).

Hulbert, Homer(호머 헐버트). *Going to Korea to be Honored*, Springfield Union, July 2, 1949.

Hunt, E. (1980). *Protestant Pioneers in Korea*. Maryknoll: Orbis Books.

Hyun, Yong Soo. (1990). *The Relationship between Cultural Assimilation Models, Religiosity, and Spiritual Well-Being Among Korean-American College Students and Young Adults in Korean Churches in Southern California*. Doctoral dissertation(Ph.D.), Biola University, Talbot School of Theology, La Mirada CA. Ann Arbor: University Microfilms International.

Kim Kwang Chung, Warner and Kwon Ho Young. (2001). *Korean American Religion in International Perspective*. In Korean Americans and Their Religions: Pilgrims and Missionaries from a Different Shore, 3-24, University Park, Pa: Pennsylvania State University Press.

Lamm, Maurice. (1969). *The Jewish Way in Death and Mourning*. New York: Jonathan David Publishers.

_____. (1980). *The Jewish Way in Love and Marriage*. Middle Village, NY: Jonathan David Publishers, Inc.

_____. (1991). *Becoming a Jew*. Middle Village, NY: Jonathan David Publishers, Inc.

_____. (1993). *Living Torah in America*. West Orange, NJ: Behrman House, Inc.

Merrill, Eugene. (2008). 한국 학생의 모본적인 예절. (4월 20일 달라스신학교에서 저자에게 한 말).

Pervin and John. ed. (1999). *Handbook of Personality*. New York, NY: The Guilford Press.

Rashi. (1996). *The Metsudah Chumash*. vol. V. Hoboken, NJ: KTAV Publishing House.

Reuben, (1992). *Raising Jewish Children in a Contemporary World*. Rocklin, CA: Prima Publishing.

Scherman & Zlotowitz(Editors). (1994). *The Chumash*. Brooklyn, NY: Mesorah Publication, Ltd.

Tokayer, (2016). 탈무드 5: 탈무드의 잠언집. 서울: 쉐마.

_____. (2016). 탈무드 2: 탈무드와 모세오경. 서울: 쉐마.

_____. (2017). 탈무드 1: 탈무드의 지혜. 서울: 쉐마.

_____. (2017). 탈무드 3: 탈무드의 처세술. 서울: 쉐마.

_____. (2017). 탈무드 4: 탈무드의 생명력. 서울: 쉐마.

_____. (2017). 탈무드 6: 탈무드의 웃음. 서울: 쉐마.

Weber, Louis. (2000). *(The) Holocaust chronicle*, Lincolnwood, Ill: Publications International, Ltd.

Winter, Ralph. (1988). 한국인의 가족 사랑과 예를 존중. (William Carey International University에서 퍼스펙티브스 훈련과정 강의 중에 한 말).

Zuck, *Hebrew Words for "Teach"*, Bibliotheca Sacra 121 (1964): 228-235.

한국 자료

기독교연합신문, 한국-이스라엘 수교 50주년 기념 국제 심포지엄, 2012년 9월 14일.

기독교입국론; 이승만, 풀어쓴 독립정신, 김효선 편집, 청미디어.

김대기, 수난의 민족사 알고도 사드 배치 반대하는가, 조선일보, 2017년 8월 14일.

김동석. (2005). 유대인 정치단체의 교훈, 중앙일보(미국), 2005년 1월 28일.

김무현 교수의 한자 강의에서 발췌, 2000년 7월 5일 쉐마목회자클리닉.

김종권. (1986). 한국인의 내훈. 서울: 명문당.

김종욱. (1998). 민족 번영을 위한 준비. 공군 정신교육원 햇불지 23호.

김종환, 재미있는 한자이야기, 소년문학, 2020년 3월호.

김진섭, 한국-이스라엘 수교 50주년 기념 국제 심포지엄, 기독교연합신문, 2012년 9월 14일.

네이버 지식백과, 한민족문화대백과, 한국학중앙연구원.

뉴시스(NEWSIS), 광복 70년, 수출규모 세계 6위… 무역의존도는 99.5%, 2016년 12월 28일.

대천덕, 종교다원주의, 1999년, 신앙계, 9월호, p. 115.

대한민국, (2016). 대한민국 헌법, 서울: 더휴먼.

동아일보, 미국인 독립운동가 헐버트 "한국인은 세계에서 가장 빼어난 민족, 2019년 10월 29일.

문화일보, 갓을 쓰고 다니는 조선인, (인터넷 유머), 2019년 3월 21일.

박윤선. (1990). 욥기, 전도서, 아가서 주석. 서울: 영음사.

박용규, (2007). 알렉산더 피터스; 성경번역자, 찬송가작사자, 복음전도자, pp. 24~27.

복음신문, 성경과 현실, http://cafe.daum.net/AmenComeJesus/2DDc/138?q=동방

참고 문헌 413

의%20한나라. 새로 개정하려는 중학생 교과서의 내용. SNS. 2019년 3월 23일.

현대인의 성경. (1984). 생명의 말씀사.

성경. (1956). 한글판 개혁. 대한성경공회.

세계은행, *2018년 1인당 소득 명목 GNI(gross national income, 국민 총소득*, 2019년 7월 발표한 경제통계.

승리신문. 한민족의 조상은 고대 이스라엘 민족, victor.or.kr/kor/sn_news/2005/09/050915_sub1.htm

시사저널, *개신교는 왜 홀로 쇠퇴하는가*, 2006년 10월 19일.

아펜젤러의 전기 '아펜젤러와 한국: The Appenzellers: Who They Preached', 조선일보, 2015년 9월 15일.

안희수. (2007). *100년 전 8월 1일의 치욕을 잊었는가*. 국방일보, 2007년 8월 1일.

양상훈, 박·정·이 동시 탄생, 민족 행운의 7년, 조선일보, 2009년 11월 10일.

연합뉴스, '조선, 동방의 해가 뜨는 나라', 2016년 12월 16일.

오화평, 유대인에게 빚진 한국교회, http://www.newswinkorea.com/news/article.html?no=1410

우옥영 외, (2009). *천재교육 보건교과서(중, 고등학교 용)*, p. 91. 서울: 천재교육 출판사.

월간조선, *기독교 선교사 2만명 파송시대의 明暗*, 2010년 1월호.

유석근, *알이랑 민족*, 2015, 서울: 예루살렘.

유영익, *이승만의 삶과 꿈*, 중앙M&B, 1996년 12월 28일. '유학' 참조. 이나무, 팝뉴스, 2007년 1월 22일.

이보용, *이병철 회장의 미꾸라지 양식법*, 포천신문사, 2013년 8월 22일.

이종철, *미래의 조국 대한민국을 위하여*, chosun.com 토론마당, 2012년 7월 18일.

이승만, (2015). *일본의 침략 근성(Japan Inside out*, 번역 김창주). 서울: 행복우물.

이영훈. '한국 1곳에 아프리카 대륙보다 더 많이 원조' 美, 31억 달러 쏟아부어, 조선일보, 2015년 5월 22일.

인요한, (2014). 인요한의 '북한 방문기', 통일부 통일교육자료센터 소장 자료, 한반도의 큰 비전 통일 대박!, 희망의 메시지, 권호명 1, 제3편 제7장. 서울: 한국신문기자클럽.

중앙일보, 1948년… 해방 후 5년의 선택이 대한민국 운명 갈랐다, 2008년 7월 19일.

중앙일보, 5%의 오류와 95%의 공헌(현용수 시론), 2005년 12월 20일.

_____, 박정희 군사혁명 당시 한국의 국민 소득, 2008, 7월 19일.

NK조선, 해방 전 '제2의 예루살렘' 北기독교 신자들, 2010년 1월 16일.

천지일보, '신사참배'라는 우상숭배가 남북분단 초래했다, 2015년 1월 23일.

최복규, 재세이화(在世理化), 2019년 11월 7일 청와대교회 설교에서.

최찬영, 한국 선교, 특별한 하나님의 뜻, 크리스천 헤럴드, 1995, 3월 3일.

_____, 이민 목회와 21세기 기독교 선교의 방향, 크리스챤 헤럴드 USA, 1995년 9월 29일, pp. 10-11.

조선일보, 아펜젤러 문헌 통해 '애국가 1897년 윤치호 작사' 최초로 규명, 2015년 9월 15일.

조갑제, (2015). 2015년 대한민국의 세계적 位相, 월간조선, 2015년 1월 9일. http://blog.naver.com/ysk0519/220234601576.

크리스천투데이, 교회부흥이 선교부흥 일으킨다, 2005년 6월 30일.

크리스천투데이, 그림으로 '콘돔 사용법'을 가르치는 중학교 교과서, 2018년 12월 21일.

펜앤마이크, 교과서가 미쳤다. 중학생에게 10가지 피임법 알려주며 "콘돔 찢어지지 않게 조심하라", 2019, 1월 2일.

한국 외교통상부 재외동포 현황 발표, 2005년 9월 5일.

현용수. (2005). 부모여 자녀를 제자 삼아라. 제1권. 서울: 쉐마.

_____. (2005). *부모여 자녀를 제자 삼아라*. 제2권. 서울: 쉐마.

_____. (2005). *5%의 오류와 95%의 공헌*, 중앙일보, 12월 20일.

_____. (2007). *문화와 종교교육*. 서울: 쿰란출판사.

_____. (1996). *IQ는 아버지 EQ는 어머니 몫이다*. 제1권. 서울: 국민일보.

_____. (1996). *IQ는 아버지 EQ는 어머니 몫이다*. 제2권. 서울: 국민일보.

_____. (2009). *IQ는 아버지 EQ는 어머니 몫이다*. 제1권. 서울: 쉐마.

_____. (2009). *IQ는 아버지 EQ는 어머니 몫이다*. 제2권. 서울: 쉐마.

_____. (2009). *IQ는 아버지 EQ는 어머니 몫이다*. 제3권. 서울: 쉐마.

_____. (2015). *유대인 아버지의 4차원 영재교육*. 서울: 쉐마

_____. (2015). *자녀들아 돈은 이렇게 벌고 이렇게 써라*. 서울: 쉐마

_____. (2015). *현용수의 인성교육 노하우*. 제1권. 서울: 쉐마

_____. (2015). *현용수의 인성교육 노하우*. 제2권. 서울: 쉐마

_____. (2015). *현용수의 인성교육 노하우*. 제3권. 서울: 쉐마

_____. (2015). *현용수의 인성교육 노하우*. 제4권. 서울: 쉐마

_____. (2009). *잃어버린 구약의 지상명령 쉐마*. 제1권. 서울: 쉐마.

_____. (2009). *잃어버린 구약의 지상명령 쉐마*. 제2권. 서울: 쉐마.

_____. (2009). *잃어버린 구약의 지상명령 쉐마*. 제3권. 서울: 쉐마.

_____. (2010). *자녀들의 효도교육 이렇게 시켜라*. 제1권. 서울: 쉐마.

_____. (2010). *자녀들의 효도교육 이렇게 시켜라*. 제2권. 서울: 쉐마.

_____. (2010). *자녀들의 효도교육 이렇게 시켜라*. 제3권. 서울: 쉐마.

_____. (2011). *신앙명가 이렇게 세워라*, 제1권, 서울: 쉐마.

_____, (2011). 신앙명가 이렇게 세워라, 제2권, 서울: 쉐마.

_____, (2012). 성경이 말하는 남과 여, 부부-성신학, 서울: 쉐마.

_____, (2012). IQ-EQ 박사 현용수의 쉐마교육 개척기, 서울: 쉐마.

_____, (2013). 성경이 말하는 어머니의 EQ교육(부제: 현용수의 어머니 신학 노하우), 전 2권, 서울: 쉐마.

_____, (2013). 가정해체로 인한 인성교육 실종 대재앙을 막는 길, 서울: 쉐마.

_____, (2013). 한국형 주일가정식탁예배 예식서, 서울: 쉐마.

_____, (2014). 하나님의 독수리 자녀교육(고난의 역사교육 시리즈 제1권). 서울: 쉐마.

_____, (2015). 유대인의 고난의 역사교육(고난의 역사교육 시리즈 제2권). 서울: 쉐마.

_____, (2015). 승리보다 패배를 더 기억하는 유대인(고난의 역사교육 시리즈 제3권). 서울: 쉐마.

_____, (2018). 고난을 기억하는 유대인 절기 교육의 파워(고난의 역사교육 시리즈 제4권). 서울: 쉐마.

_____, (2016). 유대인이라면 박근혜 위기 어떻게 극복할까, 서울: 쉐마.

_____, (2016). 쉐마교육을 아십니까, 서울: 쉐마.

_____, (2020). 다음세대 기독교교육의 한계, 왜 유대인 교육이 답인가, 서울: 쉐마.

_____, (2020). 세계선교의 한계, 왜 유대인의 쉐마교육선교가 답인가, 서울: 쉐마.

_____, (2020). 하브루타, 왜 아버지가 나서야 하는가, 서울: 쉐마.

_____, (2020). 하브루타식 4차원 영재교육의 비밀, 서울: 쉐마.

홍기범, 가난한 선비와 약소국의 공통점은?, 전자신문, 2017년 9월 28일.

인터넷 자료

귀츨라프와 고대도교회, http://cafe.daum.net/StoryofGod/9DCo/27?q.

칼 귀츨라프학회, http://guetzlaff.kr/index.php?mid=page_ZNGa97.

누가 이분들에게 '꼰대세대'라고 하는가!
http://blog.naver.com/PostView.nhn?blogId=kjb09911&logNo=221739795632.

다음백과, 개천절, https://100.daum.net/encyclopedia/view/b01g1892a

두산백과, 교육(敎育), https://terms.naver.com/entry.nhn?docId=1065539&cid=40942&categoryId=31723

순천자존 역천자망(順天自存 逆天者亡)
http://cafe.daum.net/12107235/j15D/156?q=경천애인%20뜻.

신언서판(身言書判)의 유래, https://forseason.tistory.com/7407

아비부, http://m.blog.daum.net/thddudgh7/14115944?np_nil_b=2.

오화평, 유대인에게 빚진 한국교회, http://www.newswinkorea.com/news/article.html?no=1410.

이만열, 3·1운동은 기독교의 정의·사랑·평화에 기초, http://cafe.daum.net/InHissteps/ZTAz/2385.

이승만, 일본의 침략근성(Japan Inside Out), http://cfeorg.blog.me/220799270965.

이승헌, 천부경, http://blog.daum.net/greenew/293.

이종철, 미래의 조국 대한민국을 위하여: forum.chosun.com/message/messageView.forum?bbs_id=1010&message_id=911065.

이호, 4.19 혁명과 이승만의 최후, http://blog.daum.net/hjs0040/8480032)

인용한, (2012). 인요한의 '북한 방문기', http://blog.daum.net/slnam/6812759 2012년 2월 28일.

장호석, 미국의 대한무상원조 동결과 5.16혁명, http://blog.daum.net/sgkim5665/7391517, 2017년 6월 12일.

펜앤마이크, 교과서가 미쳤다. 중학생에게 10가지 피임법 알려주며 "콘돔 찢어지지 않게 조심하라", 2019, 1월 2일. http://www.pennmike.com/news/articleView.html?idxno=13582.

Wikipedia(영문판)

Wikipedia(한글판)

복음신문, 성경과 현실, http://cafe.daum.net/AmenComeJesus/2DDc/138?q=동방의%20한나라.

'동방의 해가 뜨는 나라', 예언가들: http://cafe.daum.net/bulseungsa/9EKk/232?q=동방의%20해뜨는%20나라.

승리신문. 한민족의 조상은 고대 이스라엘 민족, victor.or.kr/kor/sn_news/2005/09/050915_sub1.htm

한국민족문화대백과사전, 강화첨성단, encykorea.aks.ac.kr/Contents/Item/E0055281.

한국에 복음을 전한 최초 선교사는 유대인

http://blog.koreadaily.com/view/myhome.html?fod_style=B&med_usrid=peterhong7523&fod_no=38&cid=1117806

동영상

- 미국, 일본, 중국, 러시아 다 제치고 대한민국이 지구상에서 제일 똑똑하다는 증거가 나왔다, https://www.youtube.com/watch?v=SD0ZqAvAdlw, 2019년 8월 18일.

- 유대인의 특별한 IQ 지수; https://www.youtube.com/watch?v=SD0ZqAvAdlw, 2019년 8월 18일.
- 이나무, 팝뉴스, 영국 얼스터 대학교의 리처드 린 교수의 IQ조사, 2007년 1월 22일, yeosusimin.kr/event/photo/read.cgi?board=02_qa01&y_number=4&nnew=2.

- 이호 목사, *하나님의 기적, 대한민국 건국*. 1강 https://youtu.be/OGBg1IkFGhs

- 황장엽 선생이 경고한 햇볕 정책의 *3가지 거짓 가면*. https://www.youtube.com/watch?v=XWuI7CxJBXw

참고 사항

1. 본 책자에 사용된 사진의 불법 복사 및 사용을 금합니다.

2. 만약 독자가 본서에 포함된 사진을 사용하기를 원할 때에는 반드시 사진작가의 허가를 받아야 합니다.

3. 본 책자의 저자 이외의 사진은 저자가 권한을 갖고 있지 않으므로 직접 연락하시기 바랍니다.

자녀들이 대학을 졸업하면
90% 이상이 교회를 떠난다는 사실을 아십니까?
이는 기존 교회교육과 가정교육의 실패를 의미합니다.

그 대안은
유대인을 모델로 한 '인성교육 + 쉐마교육'에 있습니다.

교육 혁명이 시작되었습니다!
- 가정교육 · 교회교육 · 교회성장 위기의 대안 -

자녀교육 + 교회성장 고민하지요?

Q1: 왜 현대 교육은 점점 발달하는 데 인성은 점점 더 파괴되는가?
Q2: 왜 자녀들이 부모와 코드가 맞지 않아 갈등을 빚는가?
Q3: 왜 대학을 졸업하면 10%만 교회에 남는가? 교회학교의 90% 실패 원인은?
Q4: 왜 해외 교포 자녀들이 남은 10%라도 부모교회를 섬기지 않는가?
Q5; 왜 현대인에게 전도하기가 힘든가?

근본 대안은 유대인의 인성교육과 쉐마교육에 있습니다

- 어떻게 유대인은 위의 문제를 4,000년간 지혜롭게 해결하고 세계를 지배하고 있는가?
- 어떻게 유대인은 아브라함 때부터 현재까지 세대차이 없이 자손 대대로 말씀을 전수하는데 성공했는가?

■ 쉐마교육연구원은 무슨 일을 하나?

1. 2세 종교교육 방향제시
혼돈 속에 있는 2세 종교교육의 방향을 성경적이고 과학적인 연구에 의해 옳은 방향으로 제시해 준다.

2. 성경적 기독교교육 재정립
유대인의 자녀교육과 기존 기독교교육 자료를 중심으로 백년대계를 세울 수 있도록 한국인에 맞는 기독교교육 방법을 재정립한다.

3. 한국인에 맞는 기독교교육 자료(내용) 개발
현 한국 및 전 세계 한국인 디아스포라를 위해 한국인의 자녀교육에 맞는 기독교교육 내용을 개발한다.

4. 해외 및 기독교교육 문제 연구
시대와 각 지역 문화의 변화에 대처하기 위해 계속 연구하고 대안을 제시한다.

5. 교회교육 지도자 연수교육
각 지교회에 새로운 교회교육 지도자를 양성 보충하며 기존 지도자의 필요를 충족시켜준다.

6. 청소년 선도 교육 실시
효과적인 청소년 교육 프로그램을 개발하여 선도교육을 실시한다.

7. 효과적 성서 연구 및 보급
성경을 교육학적으로 보다 깊이 연구하고 효과적인 전달 방법을 개발하여 이를 보급한다.

8. 세계 선교 교육
본 연구원의 교육 이념과 자료가 세계 선교로 이어지게 한다.

■ '쉐마지도자클리닉'이란 무엇인가?

쉐마교육연구원은 세계 최초로 현용수 교수에 의해 설립된, 인간의 인성과 성경적 쉐마교육을 가르치는 인성교육 전문 교육기관이다. 본 연구원에서 가르치는 핵심 교육의 내용 역시 현 교수가 하나님이 주신 지혜로 계발한 것들이며, 거의 모두가 세계 최초로 소개된 인성교육의 원리와 실제를 함께 가르치는 성경적 지혜교육이다. 본 연구원은 바른 인성교육 원리와 쉐마교육신학으로 가정교육·교회교육·교회성장 위기의 대안을 제시해 준다.

쉐마교육연구원에서 주관하는 '쉐마지도자클리닉'은 전체 3학기로 구성되어 있다. 1주 집중 강의로 3차에 걸쳐 제1학기는 '유대인을 모델로 한 인성교육 노하우', 제2학기는 '유대인의 쉐마교육'이 국내에서 진행된다. 제3학기는 '유대인의 인성 및 쉐마교육 미국 Field Trip'으로 미국에서 진행되며 현용수 교수의 강의는 물론 L.A.에 소재한 유대인 박물관, 정통파 유대인 회당 및 안식일 가정 절기 견학 등 그들의 성경적 삶의 현장을 견학하고, 정통파 유대인 랍비의 강의, 서기관 랍비의 양피지 토라 필사 현장 체험을 한 후 현지에서 졸업식으로 마친다.

3학기를 모두 마친 이수자에게는 졸업 후 쉐마를 가르칠 수 있는 'Teacher's Certificate'를 수여하여 자신이 섬기는 곳에서 쉐마교육을 가르칠 수 있도록 도와준다.

■ 누가 참석해야 하는가?

● 기존 교육에 한계를 느끼고 자녀교육과 교회학교 문제로 고민하시는 분.
● 한국 민족의 후대 교육을 고민하며 그 대안을 간절히 찾고자 하시는 분.
● 하나님의 말씀을 자손에게 물려줄 수 있는 비밀을 알고자 하시는 분.
● 유대인의 효도교육의 비밀과 천재교육+EQ교육의 방법을 알고자 하는 분.

미국 : 3446 Barry Ave. Los Angeles, California 90066 USA
　　　쉐마교육연구원 (310) 397-0067
한국 : 02)3662-6567, 070-4216-6567, Fax. 02)2659-6567
　　　www.shemaiqeq.org shemaiqeq@naver.com

IQ · EQ 박사 현용수의 유대인 교육 총서

총론	인성교육론 + 쉐마교육론의 총론: IQ는 아버지 EQ는 어머니 몫이다 전3권		
인성교육 시리즈	현용수의 인성교육 노하우 1 - 인성교육이란 무엇인가 -	현용수의 인성교육 노하우 2 - 인성교육의 본질과 원리 -	현용수의 인성교육 노하우 3 - 인성교육과 EQ + 예절 교육 -
	현용수의 인성교육 노하우 4 - 다문화 속 인성 · 국가관 -	문화와 종교교육 - 박사 학위 논문을 편집한 책 -	IQ · EQ 박사 현용수의 쉐마교육 개척기 - 자서전 -
	가정해체로 인한 인성교육 실종 대재앙을 막는 길 - 논문 -	유대인이라면 박근혜의 위기, 어떻게 극복할까 - 논문 -	
쉐마교육 시리즈	쉐마교육을 아십니까 - 쉐마목회자클리닉 간증문 -	다음세대 기독교교육의 한계, 왜 유대인 교육이 답인가 - 부모여 자녀를 제자 삼아라1 -	세계선교의 한계, 왜 유대인의 쉐마교육선교가 답인가 - 부모여 자녀를 제자 삼아라2 -
	잃어버린 구약의 지상명령 쉐마 전3권 - 교육신학의 본질 -	하브루타, 왜 아버지가 나서야 하는가 - 아버지 신학 (제1권) -	유대인 아버지의 4차원 영재교육의 비밀 - 아버지 신학 (제2권) -
	자녀들아, 돈은 이렇게 벌고 이렇게 써라 - 경제 신학 -	자녀의 효도교육 이렇게 시 켜라 전3권 - 효신학 -	신앙명가 이렇게 시켜라 전2권 - 가정 신학 -
	성경이 말하는 남과 여 한 몸의 비밀 - 부부 · 성 신학 -	성경이 말하는 어머니의 EQ 교육 전2권 - 어머니 신학 -	한국형 주일가정식탁예배 예식서 + 순서지 - 가정예배 -
	하나님의 독수리 자녀교육 - 고난교육신학 1 -	유대인의 고난의 역사교육 - 고난교육신학 2 -	승리보다 패배를 더 기억하는 유대인 - 고난교육신학 3 -
	고난을 기억하는 유대인 절기교육의 파워 - 고난교육신학 4 -	유대인의 고난의 역사현장교육 - 고난교육신학 5 -	
탈무드 시리즈	탈무드 1 : 탈무드의 지혜 (원저 마빈 토카이어, 편저 현용수)	탈무드 2 : 탈무드와 모세오경 (원저 마빈 토카이어, 편저 현용수)	탈무드 3 : 탈무드의 처세술 (원저 마빈 토카이어, 편저 현용수)
	탈무드 4 : 탈무드의 생명력 (원저 마빈 토카이어, 편저 현용수)	탈무드 5 : 탈무드 잠언집 (원저 마빈 토카이어, 편저 현용수)	탈무드 6 : 탈무드의 웃음 (원저 마빈 토카이어, 편저 현용수)
	옷을 팔아 책을 사라 (원저 빅터 솔로몬, 편저 현용수, 쉐마)		

이런 순서로 읽으세요 〈전40권〉

- 인성교육론과 쉐마교육론 -

- 전체 유대인 자녀교육에 대한 총론을 알려면
  - 《IQ는 아버지 EQ는 어머니 몫이다》(전3권)
- 유대인을 모델로 한 인성교육의 원리를 이해하려면
  - 《현용수의 인성교육 노하우》(전4권)
- 인성교육론이 나오게 된 학문적 배경을 이해하려면
  - 《문화와 종교교육》(현용수의 박사학위 논문)
  - 《IQ·EQ 박사 현용수의 쉐마교육 개척기》(현용수의 자서전)
- 왜 기독교교육에 유대인 교육이 필요한지를 알려면
  - 《다음세대 기독교교육의 한계, 왜 유대인 교육이 답인가》
  - 《세계선교의 한계, 왜 유대인의 쉐마교육선교가 답인가》
- 쉐마교육론(교육신학)이 나오게 된 성경의 기본 원리를 알려면
  - 《잃어버린 구약의 지상명령 쉐마》(전3권)
- 가정 해체와 인성교육과의 관계를 알려면
  - 《가정 해체로 인한 인성교육 실종 대재앙을 막는 길》
- 대한민국 자녀의 이념교육 교재
  - 《유대인이라면 박근혜의 위기, 어떻게 극복할까》
- 쉐마교육에 대하여 자세히 알고 싶으시면
  - 《쉐마교육을 아십니까》

각 쉐마교육론을 더 깊이 연구하려면 다음 책들을 읽으세요

- 아버지 신학 《하브루타, 왜 아버지가 나서야 하는가》(제1권)
- 아버지 신학 《유대인 아버지의 4차원 영재교육의 비밀》(제2권)
- 경제 신학 《자녀들아, 돈은 이렇게 벌고 이렇게 써라》
- 효 신학 《자녀의 효도교육 이렇게 시켜라》(전3권)
- 가정 신학 《신앙명가 이렇게 세워라》(전2권)
- 부부·성 신학 《성경이 말하는 남과 여 한 몸의 비밀》
- 어머니 신학 《성경이 말하는 어머니의 EQ 교육》(전2권)
- 가정예배 《한국형 주일가정식탁예배 예식서》(별책부록: 순서지)
- 고난교육신학 1 《하나님의 독수리 자녀교육》
- 고난교육신학 2 《유대인의 고난의 역사교육》
- 고난교육신학 3 《승리보다 패배를 더 기억하는 유대인》
- 고난교육신학 4 《고난을 기억하는 유대인 절기교육의 파워》
- 고난교육신학 5 《유대인의 고난의 역사현장교육》

앞으로 더 많은 교육 교재가 발간될 예정입니다. 계속 기도해 주세요.